智能财税岗课赛证融通教材·高职系列

财务会计

<table>
<tr><td>中联集团教育科技有限公司</td><td>组　编</td></tr>
<tr><td>周雅顺　王文华　马慧东</td><td>主　编</td></tr>
<tr><td>徐　辉　柳春涛　徐　佳</td><td>副主编</td></tr>
</table>

侯冬梅	高　琳	郑美姣	姜　慧	李　庭
穆　静	刘　炎	于水英	王　琦	赵红瑞
王芳芳	李　洁	包桂兰	哈申图雅	刘　茜	参　编
赵玉静	王　健	林丽佳	吴凤霞	降艳琴
佐　岩				

（参编排名不分先后）

电子工业出版社
Publishing House of Electronics Industry
北京·BEIJING

内容简介

本书参照全国会计专业技术资格考试教材，对接《智能财税职业技能等级标准》（初级），结合智能财税技能赛项规程，遵循"以职业能力为本位、以任务驱动为导向、以典型案例为载体"的课程结构体系，分析企业实际工作过程和具体经济业务，设置7个单元教学内容：财务会计认知、资金筹集业务、生产准备业务、产品生产业务、商品销售业务、企业投资业务、财务成果业务。本书创设了符合企业实际的工作场景，设计了具有典型性的工作任务和工作过程，以真实业务场景、工作任务、工作技能为融通核心，用产业标准、实践技能作为融通要素，实现岗、课、赛、证综合育人，提升财会类专业学生的从业能力。

本书在内容、结构、体例上均有较大创新，既可作为高等职业院校财会类等专业学生的学习用书，也可作为智能财税职业技能等级证书考试和智能财税技能大赛参赛学员的培训参考用书。

未经许可，不得以任何方式复制或抄袭本书之部分或全部内容。

版权所有，侵权必究。

图书在版编目（CIP）数据

财务会计 / 周雅顺，王文华，马慧东主编 .— 北京：电子工业出版社，2022.3
ISBN 978-7-121-43166-1

Ⅰ. ①财… Ⅱ. ①周… ②王… ③马… Ⅲ. ①财务会计－高等学校－教材 Ⅳ. ① F234.4

中国版本图书馆 CIP 数据核字（2022）第 050144 号

责任编辑：贾瑞敏
  印 刷：北京建宏印刷有限公司
  装 订：北京建宏印刷有限公司
出版发行：电子工业出版社
      北京市海淀区万寿路 173 信箱 邮编 100036
开 本：787×1092 1/16 印张：16.25 字数：416 千字
版 次：2022 年 3 月第 1 版
印 次：2025 年 1 月第 3 次印刷
定 价：58.80 元

凡所购买电子工业出版社图书有缺损问题，请向购买书店调换。若书店售缺，请与本社发行部联系，联系及邮购电话：（010）88254888，88258888。

质量投诉请发邮件至 zlts@phei.com.cn，盗版侵权举报请发邮件至 dbqq@phei.com.cn。

本书咨询联系方式：邮箱 fservice@vip.163.com；手机 18310186571。

前言

长期以来，高等职业院校财会类专业的课程体系以本科学科本位的课程体系作为参考，从而导致其存在教学内容重复、过度"学问化"的弊端，使教学活动脱离了职业实践，进而导致学生职业能力和职业素质偏低。为此，本书在编写过程中"以职业能力为本位、以任务驱动为导向、以典型案例为载体"构建课程结构体系，"以教师为主导、以学生为主体、以调动学生的积极性"作为教学学习核心，融入"积极教学法""任务驱动法""情境教学法"，突出"做中学，做中教""教学做合一""理实一体化"的教学理念。本书以培养学生能力为根本，着眼于学生的职业发展，强化岗位技能，增强技能操作，注重学生职业素养的培养。本书体现了"校企合作"的职业教育、教学改革目标，倡导教学方式、方法的创新。本书遵循高等职业教育人才培养目标，突出人才培养模式改革的重点，充分吸收了国家示范性高等职业院校工学结合课程教学改革的成果，突出了职业性、开放性和实践性。

本书主要具有以下特色。

1. 打破传统，推陈出新

本书打破传统的章节模式，全书分7个单元，每个单元又包含若干个任务，融教、学、做于一体，让学生学习完整的工作过程，适应当前职业教育课程改革的需要。

2. 岗课赛证综合育人

本书根据会计工作流程，按照由浅入深、循序渐进的认识规律来安排总体结构和各单元内容。同时，将《智能财税职业技能等级标准》（初级）的标准、初级会计职称资格考试的内容、智能财税技能赛项的规程纳入其中，为学生搭建合理的知识结构，提供规范的实务操作案例，充分体现了高等职业教育"1+X"证书的办学要求。

3. 模块丰富，采用"问题+理论+解析+操作"的方式引导学习

本书设有任务情境、任务准备、任务实施、任务评价、知识/任务拓展、任务测试等模块，让学生真正做到"学以致用"，从而更好地培养学生的职业实践能力和职业素养。

此外，编者在编写本书的过程中，力求做到行文流畅、易读易记。编者衷心希望本书能够增强学生的学习兴趣，从而帮助其掌握会计职业基础知识和提高会计岗位职业能力。

本书由甘肃财贸职业学院周雅顺、内蒙古商贸职业学院王文华、山东科技职业学院马慧东担任主编，由甘肃财贸职业学院徐辉、晋中职业技术学院柳春涛、大连职业技术学院徐佳担任副主编，黄河水利职业技术学院侯冬梅、青岛酒店管理职业技术学院高琳、甘肃财贸职业学院郑美姣、哈尔滨职业技术学院姜慧、李庭，周口职业技术学院穆静、刘炎，

济南职业学院于水英，山东劳动职业技术学院王琦，晋中职业技术学院赵红瑞，德州职业技术学院王芳芳，乌海职业技术学院李洁，通辽职业学院包桂兰、哈申图雅，乌鲁木齐职业大学刘茜，陕西工业职业技术学院赵玉静，辽宁农业职业技术学院王健，山东信息职业技术学院林丽佳，北京经济管理职业学院吴凤霞，石家庄邮电职业技术学院降艳琴，兴安职业技术学院佐岩参编。具体分工为：单元一、二、五主要由周雅顺、徐辉负责统稿和修改；单元三主要由王文华负责统稿和修改；单元四主要由柳春涛负责统稿和修改；单元六主要由徐佳负责统稿和修改；单元七主要由马慧东负责统稿和修改。全书由周雅顺、徐辉负责统稿和修改。

在本书的编写过程中，编者参阅了大量的著作和文献资料，在此向相关作者表示感谢。

由于编者水平有限，编写时间仓促，书中疏漏与不当之处在所难免，敬请广大读者批评指正，以便不断修改和完善。

编　者

目 录

单元一 财务会计认知

任务一 财务会计基础知识 /1
    一、任务情境 /1
    二、任务准备 /2
    三、任务实施 /9
    四、任务评价 /9
    五、知识拓展 /10
    六、任务测试 /10

任务二 会计规范与岗位职责 /10
    一、任务情境 /10
    二、任务准备 /10
    三、任务实施 /14
    四、任务评价 /14
    五、任务拓展 /15
    六、任务测试 /15

单元二 资金筹集业务

任务一 货币资金核算 /16
  子任务一 库存现金核算 /16
    一、任务情境 /16
    二、任务准备 /17
    三、任务实施 /19
    四、任务评价 /20
    五、任务拓展 /20
    六、任务测试 /21

  子任务二 银行存款核算 /21
    一、任务情境 /21
    二、任务准备 /21
    三、任务实施 /29
    四、任务评价 /30
    五、任务拓展 /31
    六、任务测试 /31

  子任务三 其他货币资金核算 /31
    一、任务情境 /31
    二、任务准备 /32
    三、任务实施 /33
    四、任务评价 /34
    五、任务拓展 /34
    六、任务测试 /34

任务二 银行借款与金融负债核算 /35
    一、任务情境 /35
    二、任务准备 /36
    三、任务实施 /40
    四、任务评价 /41
    五、任务拓展 /42
    六、任务测试 /42

任务三 所有者权益核算 /42
    一、任务情境 /42
    二、任务准备 /43
    三、任务实施 /51
    四、任务评价 /52
    五、任务拓展 /52
    六、任务测试 /52

单元三　生产准备业务　53

任务一　存货核算　/53
　　一、任务情境　/53
　　二、任务准备　/54
　　三、任务实施　/78
　　四、任务评价　/80
　　五、任务拓展　/81
　　六、任务测试　/81

任务二　固定资产核算　/82
　　一、任务情境　/82
　　二、任务准备　/83
　　三、任务实施　/98
　　四、任务评价　/100
　　五、任务拓展　/101
　　六、任务测试　/101

任务三　无形资产核算　/102
　　一、任务情境　/102
　　二、任务准备　/102
　　三、任务实施　/105
　　四、任务评价　/106
　　五、任务拓展　/106
　　六、任务测试　/106

任务四　往来负债核算　/107
　　一、任务情境　/107
　　二、任务准备　/107
　　三、任务实施　/112
　　四、任务评价　/113
　　五、任务拓展　/113
　　六、任务测试　/114

单元四　产品生产业务　115

任务一　直接材料核算　/115
　　一、任务情境　/115
　　二、任务准备　/116
　　三、任务实施　/119
　　四、任务评价　/120
　　五、任务测试　/120

任务二　职工薪酬核算　/120
　　一、任务情境　/120
　　二、任务准备　/121
　　三、任务实施　/127
　　四、任务评价　/129
　　五、知识拓展　/129
　　六、任务测试　/129

任务三　其他费用核算　/130
　　一、任务情境　/130
　　二、任务准备　/130
　　三、任务实施　/131
　　四、任务评价　/132
　　五、任务测试　/133

任务四　完工产品核算　/133
　　一、任务情境　/133
　　二、任务准备　/134
　　三、任务实施　/138
　　四、任务评价　/139
　　五、任务拓展　/140
　　六、任务测试　/140

单元五　商品销售业务　141

任务一　收入核算　/142
　　一、任务情境　/142
　　二、任务准备　/143
　　三、任务实施　/157
　　四、任务评价　/159
　　五、任务拓展　/159
　　六、任务测试　/161

任务二　费用核算　/161
　　一、任务情境　/161
　　二、任务准备　/161

三、任务实施 /165
　　四、任务评价 /166
　　五、任务拓展 /166
　　六、任务测试 /166
任务三　税金核算 /167
　　一、任务情境 /167
　　二、任务准备 /167
　　三、任务实施 /176
　　四、任务评价 /177
　　五、知识拓展 /177
　　六、任务拓展 /178
　　七、任务测试 /178
任务四　往来账资产核算 /178
　　一、任务情境 /178
　　二、任务准备 /179
　　三、任务实施 /184
　　四、任务评价 /185
　　五、任务拓展 /186
　　六、任务测试 /186

单元六　企业投资业务　187

任务一　交易性金融资产核算 /187
　　一、任务情境 /187
　　二、任务准备 /188
　　三、任务实施 /191
　　四、任务评价 /192
　　五、任务拓展 /193
　　六、任务测试 /193
任务二　长期股权投资核算 /193
　　一、任务情境 /193
　　二、任务准备 /194
　　三、任务实施 /197
　　四、任务评价 /199
　　五、任务拓展 /200
　　六、任务测试 /200
任务三　投资性房地产核算 /200
　　一、任务情境 /200

　　二、任务准备 /201
　　三、任务实施 /209
　　四、任务评价 /209
　　五、任务拓展 /210
　　六、任务测试 /210

单元七　财务成果业务　211

任务一　利润核算 /211
　　一、任务情境 /211
　　二、任务准备 /212
　　三、任务实施 /218
　　四、任务评价 /220
　　五、任务拓展 /221
　　六、任务测试 /221
任务二　所得税核算 /221
　　一、任务情境 /221
　　二、任务准备 /222
　　三、任务实施 /225
　　四、任务评价 /226
　　五、知识拓展 /226
　　六、任务测试 /226
任务三　财务报告编制 /227
子任务一　资产负债表的编制 /227
　　一、任务情境 /227
　　二、任务准备 /228
　　三、任务实施 /231
　　四、任务评价 /234
　　五、任务测试 /234
子任务二　利润表的编制 /234
　　一、任务情境 /234
　　二、任务准备 /235
　　三、任务实施 /238
　　四、任务评价 /239
　　五、任务拓展 /240
　　六、任务测试 /240
子任务三　现金流量表编制 /240
　　一、任务情境 /240

二、任务准备　/240
　　三、任务实施　/243
　　四、任务评价　/245
　　五、任务拓展　/246
　　六、任务测试　/246

子任务四　所有者权益变动表及
　　　　　附注　/246
　　一、任务情境　/246
　　二、任务准备　/246
　　三、任务实施　/248
　　四、任务评价　/251
　　五、任务测试　/251

单元一

财务会计认知

↘ 思政目标
1. 树立正确的世界观、价值观、人生观。
2. 提高法律意识，遵守会计职业道德，诚信做账，做守法的会计人员。
3. 具备会计职业所需的财务会计基本理论和一定的会计法律知识。

↘ 知识目标
1. 了解财务会计概念、会计法规体系、会计法律规定、会计岗位及会计职责。
2. 理解会计职能和目标。
3. 掌握会计要素及其确认、会计基本假设、会计信息质量要求、会计基础与计量属性。

↘ 技能目标
1. 能够阐述财务会计的概念、会计职能、会计目标、会计要素及其确认、会计基本假设、会计信息质量要求、会计基础与计量属性的内容。
2. 能够查询相关会计法律制度、会计法规体系、会计机构的有关规定。
3. 能够描述会计岗位、会计人员岗位职责。

任务一　财务会计基础知识

一、任务情境

（一）任务场景

北京陈鸿商贸有限责任公司 2021 年 1 月发生如下经济业务。
① 本月预收下月销货款 5 000 元。
② 本月预付全年的水电费 2 400 元。
③ 本月销售货物 8 000 元。实际收到货款 5 000 元，余款下月收到。
④ 本月购入办公用品 1 000 元。款项尚未支付。

（二）任务布置

请根据北京陈鸿商贸有限责任公司 2021 年 1 月发生的经济业务，分别以权责发生制和收付实现制为核算基础进行本月收入及费用的确认,如表 1-1 所示。

表 1-1　北京陈鸿商贸有限责任公司 1 月份经济业务

	经济业务	权责发生制		收付实现制	
		收入	费用	收入	费用
1	本月预收下月销货款 5 000 元				
2	本月预付全年的水电费 2 400 元				
3	本月销售货物 8 000 元,实际收到货款 5 000 元,余款下月收到				
4	本月购入办公用品 1 000 元。款项尚未支付				

二、任务准备

(一)知识准备

1. 会计的概念

　　会计是随着社会生产力的提高和经济管理的需要而产生和发展起来的,是以货币为主要计量单位,采用专门方法和程序,对企业和行政、事业单位的经济活动进行完整的、连续的、系统的核算和监督,以提供经济信息和反映受托责任履行情况为主要目的的经济管理活动。对于现代会计来说,会计既是企业经济管理活动,也是处理经济信息的一个信息系统。在市场经济条件下,经济活动的各个领域无不需要并存在会计管理活动,而且经济越发展会计越重要的理念已被人们普遍接受。现代企业会计一般又分为财务会计和管理会计两大领域。

　　财务会计是现代企业一项重要的基础性工作,是通过对企业已经完成的资金运动进行全面、系统、连续和及时的核算与监督,以为企业外部有关利益群体提供企业的财务状况和经营成果等与其决策相关信息为主要目标而进行的一种经济管理活动。因为其侧重于满足企业外部有关方面的决策需求,对外提供财务报告,所以也称为对外报告会计。

课堂训练 1-1 会计以货币为计量单位,货币是唯一的计量单位吗?

　　不是。会计以货币为主要计量单位,但货币不是唯一的计量单位。会计以货币为主要计量单位(不是唯一计量),有完整的、连续的、系统的核算和监督,是一种经济管理工作。

2. 会计的职能

　　会计职能是指会计在经济管理过程中所具有的功能。会计的基本职能是核算职能和监督职能,拓展职能是预测经济前景、参与经济决策、评价经营业绩。

　　(1)核算职能

　　会计核算职能是指会计以货币为主要计量单位,对特定主体的经济活动进行确认、计量、记录和报告。会计核算是对单位经济活动的一种反映,其内容是指特定主体的资金运动,包括资金的投入、资金的循环周转、资金的退出 3 个阶段。会计核算的具体内容是由《中华人民共和国会计法》规定的。不同种类、不同行业、不同规模的单位虽然在经济业务的内容上有较大的差别,但归结起来,会计核算的具体内容不外乎 7 个方面:款项和有价证券的收付;财物的收发、增减和使用;债权债务的发生和结算;资本、基金的增减;收入、支出、费用、成本的计算;财务成果的计算和处理;需要办理会计手续、进行会计核算的其他事项。会计核算贯穿于经济活动的全过程，是会计最基本的职能。

（2）监督职能

会计监督职能是指对特定主体经济活动和相关会计核算的真实性、合法性与合理性进行审查。其中，真实性审查是指检查各项会计核算是否根据实际发生的经济业务进行，是否如实反映经济业务或事项的真实状况；合法性审查是指检查各项经济业务及其会计核算是否符合国家有关法律、法规，遵守财经纪律，执行国家各项方针政策，以杜绝违法乱纪行为；合理性审查是指检查各项财务收支是否符合客观经济规律及经营管理方面的要求，以保证各项财务收支符合特定的财务收支计划，实现预算目标。

会计核算和会计监督两者相辅相成、辩证统一。会计核算是会计监督的基础，没有核算所提供的各种信息，监督就失去了依据；会计监督又是会计核算质量的保障，只有核算没有监督，就难以保证核算提供信息的质量。

（3）拓展职能

① 预测经济前景是指根据财务报告等提供的信息，定量或定性地判断和推测经济活动的发展变化规律，以指导和调节经济活动，提高经济效益。

② 参与经济决策是指根据财务报告等提供的信息，运用定量分析和定性分析方法，对备选方案进行经济可行性分析，为企业经营管理等提供决策相关的信息。

③ 评价经营业绩是指利用财务报告等提供的信息，采用适当的方法对企业一定经营期间的资产运营、经济效益等经营成果用相应的评价标准进行定量及定性对比分析，做出真实、客观、公正的综合评判。

课堂训练 1-2 下列各项中，关于会计职能的表述正确的有（　　）。

A. 监督职能是核算职能的保障
B. 核算与监督是基本职能
C. 核算职能是监督职能的基础
D. 预测经济前景、参与经济决策和评价经营业绩是拓展职能

ABCD。会计核算与会计监督相辅相成、辩证统一。会计核算是会计监督的基础，没有核算提供的各种信息，监督就失去了依据；会计监督又是会计核算质量的保障，只有核算没有监督，核算提供信息的质量就难以保证。

3. 会计目标

会计目标是要求会计工作完成的任务或达到的标准，即向财务报告使用者提供企业财务状况（资产负债表）、经营成果（利润表）和现金流量（现金流量表）等有关的会计信息，以反映企业管理层受托责任履行情况，从而有助于财务报告使用者做出经济决策。

财务报告使用者主要包括投资者、债权人、政府及其有关部门和社会公众等。满足投资者的信息需要是企业财务报告编制的首要出发点，企业编制财务报告、提供会计信息必须与投资者的决策密切相关。

4. 会计基本假设

会计基本假设是对会计核算时间和空间范围等所做的合理假定，是企业会计确认、计量、记录和报告的前提。会计基本假设包括会计主体、持续经营、会计分期和货币计量。

（1）会计主体

会计主体是指会计工作服务的特定对象，是企业会计确认、计量和报告的空间范围。

会计核算应当集中反映某一特定企业的经济活动，并将其与其他经济实体区别开来。

在会计主体假设下，企业应当对其本身发生的交易或事项进行会计确认、计量和报告，以反映企业本身所从事的各项生产经营活动和其他相关活动。会计主体不一定是法律主体，法律主体一定是会计主体。

（2）持续经营

持续经营是指在可以预见的将来，企业将会按当前的规模和状态继续经营下去，既不会停业，也不会大规模地削减业务。在持续经营假设下，会计确认、计量和报告应当以企业持续、正常的生产经营活动为前提，如固定资产计提折旧。

（3）会计分期

会计分期是指将一个企业持续经营的生产经营活动划分为一个个连续的、长短相同的期间。

会计分期是将持续经营的生产经营活动划分成连续、相等的期间，据以结算盈亏，按期编报财务报告，从而及时向财务报告使用者提供有关企业财务状况、经营成果和现金流量的信息。持续经营是会计分期的前提。

（4）货币计量

货币计量是指会计主体在会计确认、计量和报告时以货币计量，反映会计主体的生产经营活动。选择货币作为共同尺度进行计量，具有全面、综合反映企业的生产经营情况的作用。其中，业务收支以外币为主的企业，可以选定某种外币作为记账本位币，但是编报财务会计报告时应折算为人民币。

课堂训练 1-3 下列各项中，可确认为会计主体的有（　　）。

A. 子公司　　　　　　　　B. 销售部门
C. 集团公司　　　　　　　D. 母公司

ABCD。会计主体是指会计工作服务的特定对象，既可以是一个特定的企业，也可以是一个企业某一特定部分（如分厂、分公司、某部门），甚至可以是若干家企业组成的集团公司。

5. 会计基础

会计基础是指会计确认、计量和报告的基础，具体包括权责发生制和收付实现制。

（1）权责发生制

权责发生制是指以取得款项的权利或支付款项的义务为标志来确定本期收入和费用的会计核算基础。其具体要求是：凡是当期已经实现的收入和已经发生或应当负担的费用，无论款项是否收付，都应当作为当期的收入和费用记入利润表；凡是不属于当期的收入和费用，即使款项已在当期收付，也不应当作为当期的收入和费用。

（2）收付实现制

收付实现制是指以现金的实际收支为标志来确定本期收入和支出的会计核算标准。收付实现制适用于政府会计中的预算会计，国务院另有规定的除外。

（3）使用范围

① 企业会计采用权责发生制。
② 政府会计的预算会计采用收付实现制；财务会计采用权责发生制。

6. 会计信息质量要求

会计信息质量要求是对企业财务报告所提供会计信息质量的基本要求，是使财务报告所提供的会计信息对投资者等信息使用者决策有用应具备的基本特征。其具体包括可靠性、相关性、可理解性、可比性、实质重于形式、重要性、谨慎性和及时性。

（1）可靠性

可靠性要求企业应当以实际发生的交易或事项为依据进行确认、计量和报告，如实反映符合确认和计量要求的会计要素及其他相关信息，保证会计信息真实可靠、内容完整。可靠性是高质量会计信息的重要基础和关键所在。

（2）相关性

相关性要求企业提供的会计信息应当与投资者等财务报告使用者的经济决策需要相关，有助于投资者等财务报告使用者对企业过去、现在或未来的情况做出评价或预测。

（3）可理解性

可理解性要求企业提供的会计信息应当清晰明了，便于投资者等财务报告使用者理解和使用。

（4）可比性

可比性要求企业提供的会计信息应当相互可比。其主要包括以下两层含义。

① 纵向可比。纵向可比是指同一企业不同时期可比，即同一企业不同时期发生的相同或者相似的交易或事项应当采用一致的会计政策，不得随意变更。但是，如果按照规定或在会计政策变更后能够提供更可靠、更相关的会计信息，则企业可以变更会计政策。有关会计政策变更的情况，应当在附注中予以说明。

② 横向可比。横向可比是指不同企业相同会计期间可比，即不同企业同一会计期间发生的相同或者相似的交易或事项应当采用规定的会计政策，确保会计信息口径一致、相互可比，以使不同企业按照一致的确认、计量和报告要求提供有关会计信息。

（5）实质重于形式

实质重于形式要求企业应当按照交易或事项的经济实质进行会计确认、计量和报告，而不应仅以交易或事项的法律形式为依据。例如，企业租入的资产（短期租赁和低值资产租赁除外）视为企业资产核算。

（6）重要性

重要性要求企业提供的会计信息应当反映与企业财务状况、经营成果和现金流量有关的所有重要交易或事项。企业发生的某些支出金额较小，从支出的受益期来看，可能需要在若干会计期间进行分摊，但根据重要性要求，可以一次性计入当期损益。重要性的应用需要依赖职业判断，企业应当根据其所处环境和实际情况，从项目的性质和金额大小两方面加以判断。

（7）谨慎性

谨慎性要求企业对交易或事项进行会计确认、计量和报告应当保持应有的谨慎，既不应该高估资产或收益，也不应低估负债或费用。例如，减值准备、保修义务、固定资产加速折旧。

（8）及时性

及时性要求企业对于已经发生的交易或事项应当及时进行确认、计量和报告，不得提前或延后。其具体要求是：及时搜集会计信息；及时处理会计信息；及时传递会计信息。

课堂训练 1-4 下列各项中，属于会计信息质量要求中谨慎性要求的有（ ）。
  A. 应收账款计提坏账   B. 预计负债
  C. 同一企业不同时期会计政策   D. 采用直线法摊销无形资产

AB。谨慎性要求企业既不高估资产或收益，也不低估负债或费用，选项 A、B 符合要求；选项 C，属于可比性要求；选项 D，体现不出会计信息质量要求。

7. 会计要素及其确认

会计要素是根据交易或事项的经济特征所确定的财务会计对象及其基本分类。其包括资产、负债、所有者权益、收入、费用、利润。

（1）资产

资产是指企业过去的交易或事项形成的，由企业拥有或控制的，预期会给企业带来经济利益的资源。资产具有 3 个方面的特征：企业拥有或控制的资源；预期会给企业带来经济利益；由企业过去的交易或事项形成的。企业资产分为流动资产和非流动资产两大类：流动资产包括货币资金、交易性金融资产、衍生金融资产、应收票据、应收账款等；非流动资产包括债权投资、其他债权投资、长期应收款、长期股权投资、其他权益工具投资、其他非流动金融资产、投资性房地产、固定资产、在建工程等。

将一项资源确认为资产，不仅需要符合资产的定义，还应同时满足以下两个条件。

① 与该资源有关的经济利益很可能流入企业。从资产的定义可以看出，能为企业带来经济利益是资产的一个本质特征。但是实务中，与资产有关的经济利益能否流入企业或流入多少存在不确定性。因此，资产的确认还应与对经济利益流入企业的不确定性程度的判断结合起来。

② 该资源的成本或价值能够可靠地计量。只有当有关资源的成本或价值能够可靠地计量时，资产才能予以确认。

（2）负债

负债是指企业过去的交易或事项形成的，预期会导致经济利益流出企业的现时义务。企业负债分为流动负债和非流动负债两大类：流动负债包括短期借款、交易性金融负债、衍生金融负债、应付票据、应付账款、预收款项、合同负债、应付职工薪酬、应交税费等；非流动负债包括长期借款、应付债券、租赁负债、长期应付款、预计负债等。

将一项现时义务确认为负债，不仅需要符合负债的定义，还需要同时满足以下两个条件。

① 与该义务有关的经济利益很可能流出企业。从负债的定义可以看出，预期会导致经济利益流出企业是负债的一个本质特征。但是实务中，企业履行义务所需流出的经济利益带有不确定性。因此，负债的确认应当与对经济利益流出企业的不确定性程度的判断结合起来。

② 未来流出的经济利益的金额能够可靠计量。

（3）所有者权益

所有者权益又称股东权益，是指企业资产扣除负债后，由所有者享有的剩余权益。所有者权益是所有者对企业资产的剩余索取权，是企业的资产扣除债权人权益后应由所有者享有的部分，既可以反映所有者投入资本的保值增值情况，又体现了保护债权人权益的理念。所有者权益的来源包括所有者投入的资本、其他综合收益、留存收益等，通常由股本（或实收资本）、资本公积（含股本溢价或资本溢价、其他资本公积）、其他综合收益、盈余公积和未分配利润等构成。

所有者权益体现的是所有者在企业中的剩余权益，因此所有者权益的确认和计量主要依赖于资产与负债的计量。

（4）收入

收入是指企业在日常活动中形成的，会导致所有者权益增加的、与所有者投入资本无关的经济利益的总流入。其中，日常活动的经济利益流入确认为收入（包括主营业务收入和其他业务收入，即营业收入）、非日常活动的经济利益流入确认为利得，是指由企业非日常活动所形成的、会导致所有者权益增加的、与所有者投入资本无关的经济利益的流入；导致所有者权益增加、与收入相关的经济利益的流入应当会导致所有者权益的增加，不会导致所有者权益增加的经济利益的流入不符合收入的定义，不应确认为收入，如借款。

当企业和客户之间的合同同时满足下列条件时，企业应当在客户取得相关商品控制权时确认收入。

① 合同各方已批准该合同并承诺将履行各自义务。

② 该合同明确了合同各方与所转让商品或提供劳务（以下简称转让商品）相关的权利和义务。

③ 该合同有明确的与所转让商品相关的支付条款。

④ 该合同具有商业实质，即履行该合同将改变企业未来现金流量的风险、时间分布或金额。

⑤ 企业因向客户转让商品而有权取得的对价很可能收回。

（5）费用

费用是指企业在日常活动中发生的、会导致所有者权益减少的、与向所有者分配利润无关的经济利益的总流出。其中，日常活动的经济利益流出确认为费用（主营业务成本、其他业务成本、管理费用等）、非日常活动的经济利益流出确认为损失，是指由企业非日常活动所发生的、会导致所有者权益减少的、与向所有者分配利润无关的经济利益的流出；导致所有者权益减少、与费用相关的经济利益的流出应当会导致所有者权益的减少，不会导致所有者权益减少的经济利益的流出不符合费用的定义，不应确认为费用，如还债。

费用的确认除了应当符合费用定义外，还应至少满足以下条件。

① 与费用相关的经济利益应当很可能流出企业。

② 经济利益流出企业的结果会导致资产的减少或负债的增加。

③ 经济利益的流出额能够可靠计量。

（6）利润

利润是指企业在一定会计期间的经营成果。通常情况下，如果企业实现了利润，则表明企业的所有者权益将增加；反之，如果企业发生亏损（即利润为负数），则表明企业的所有者权益将减少。利润包括收入减去费用后的净额（营业利润）、直接计入当期利润的利得和损失（营业外收支）等。其中，收入减去费用后的净额反映的是企业日常活动的业绩；直接计入当期利润的利得和损失，是指应当计入当期损益、会导致所有者权益发生增减变动的、与所有者投入资本或者向所有者分配利润无关的利得或损失。

利润反映的是收入减去费用、利得减去损失后的净额的概念。因此，利润的确认主要依赖于收入和费用，以及利得和损失的确认。其金额的确定，也主要取决于收入、费用、利得和损失金额的计量。

8. 会计计量属性

会计计量是为了将符合确认条件的会计要素登记入账并列报于财务报表而确定其金额的过程。会计计量属性主要包括历史成本、重置成本、可变现净值、现值和公允价值。

（1）历史成本

历史成本又称实际成本，是指取得或者制造某项财产物资时所实际支付的现金或现金等价物。其具体应用如下。

① 资产按照其购置时支付的现金或现金等价物的金额，或者按照购置时所付出对价的公允价值计量。

② 负债按照其因承担现时义务而实际收到的款项或资产的金额，或者按照承担现时义务的合同金额，或者按照日常活动中为偿还负债预期需要支付的现金或现金等价物的金额计量。

（2）重置成本

重置成本又称现行成本，是指按照当前市场条件，重新取得同样一项资产所需要支付的现金或现金等价物金额。其具体应用如下。

① 资产按照现在购买相同或者相似资产所需要支付的现金或现金等价物的金额计量。

② 负债按照现在偿付该项债务所需要支付的现金或现金等价物的金额计量。

（3）可变现净值

可变现净值是指在生产经营过程中，以预计售价减去进一步加工成本和销售所必需的预计税金、费用后的净值。其具体应用如下。

采用可变现净值计量时，资产按照其正常对外销售所能收到现金或现金等价物的金额，扣减该资产至完工时估计将要发生的成本、估计的销售费用及相关税费后的金额计量。其计算公式为：

可变现净值＝预计售价－进一步加工的成本－销售过程中的费用、税金

（4）现值

现值是指对未来现金流量以恰当的折现率进行折现后的价值，是考虑货币时间价值因素等的一种计量属性。其具体应用如下。

① 资产按照预计从其持续使用和最终处置中所产生的未来净现金流入量的折现金额计量。

② 负债按照预计期限内需要偿还的未来净现金流出量的折现金额计量。

（5）公允价值

公允价值是指市场参与者在计量日发生的有序交易中，出售一项资产所能收到或转移一项负债所需要支付的价格。

课堂训练 1-5 资产按照现在购买相同或者相似资产所需要支付的现金或现金等价物的金额计量，体现的会计计量属性是（　　）。

　　A．可变现净值　　　　　　B．重置成本
　　C．公允价值　　　　　　　D．现值

B。重置成本是指当前市场条件下，重新取得同样一项资产所需要支付的现金或现金等价物金额。

单元一　财务会计认知

（二）任务要领

从任务描述可知，北京陈鸿商贸有限责任公司 1 月份发生了两笔涉及取得款项和两笔涉及支付款项的经济业务。因此，根据权责发生制的具体要求：凡是当期已经实现的收入和已经发生或应当负担的费用，无论款项是否收付，都应当作为当期的收入和费用；凡是不属于当期的收入和费用，即使款项已在当期收付，也不应当作为当期的收入和费用。同时，根据收付实现制是以现金的实际收支为会计核算标准的特点，进而判断以权责发生制和收付实现制为核算基础下的收入与费用的确认。

三、任务实施

根据北京陈鸿商贸有限责任公司 2021 年 1 月发生的经济业务，分别以权责发生制和收付实现制为核算基础进行本月收入及费用的确认，如表 1-2 所示。

表 1-2　北京陈鸿商贸有限责任公司 1 月份经济业务　　　　　　　　　　　元

	经济业务	权责发生制		收付实现制	
		收入	费用	收入	费用
1	本月预收下月销货款 5 000 元			5 000	
2	本月预付全年的水电费 2 400 元		2 400		2 400
3	本月销售货物 8 000 元，实际收到货款 5 000 元，余款下月收到	8 000		5 000	
4	本月购入办公用品 1 000 元，款项尚未支付		1 000		

四、任务评价

根据任务要求实施并完成任务后，请填写本任务评价参考表，如表 1-3 所示。

表 1-3　财务会计基础知识评价参考表

评价主体	评价内容	得分
教师评价（50 分）	1. 学生出勤情况（10 分）	
	2. 学生课堂表现（10 分）	
	3. 任务完成情况	
	（1）权责发生制与收付实现制在确认上的区别（10 分）	
	（2）权责发生制下每笔业务的收入费用确认分析（10 分）	
	（3）收付实现制下每笔业务的收入费用确认分析（10 分）	
自我评价（50 分）	1. 课前预习情况（10 分）	
	2. 上课回答问题积极性（10 分）	
	3. 所学知识掌握情况	
	（1）能够了解财务会计的概念、会计职能和目标（10 分）	
	（2）能够理解会计基本假设、会计信息质量要求、会计基础与计量属性（10 分）	
	（3）能够掌握会计要素及其确认（10 分）	
合　计		

五、知识拓展

① "会计"一词起源于西周,《孟子正义》一书中的解释为"零星算之为计,总和算之为会"。会计是一门经济学科,是一份职业,还是一群从事会计和财务工作的人。

② 财务学博士、美国华盛顿大学教授罗伯特说过:"不完全懂得会计和财务管理工作的经营者就好比一个投篮而不得分的球手。"这说明,即使将来不直接从事会计工作,会计知识对于企业经营者来说也非常重要——不仅要懂得会计、懂得财务和重视财务,而且要读懂会计报表,善于利用会计信息做出更好的决策。

③ 数字经济驱动财税会计新业态,前瞻定位智能财经产业生态;专业服务搭载财税共享中心典型岗位,精准对焦产业技术升级,强力助推现代职业教育体系改革,支撑优质人才资源培养体系建设。

转型才不会被淘汰?
4 个重点告诉你

六、任务测试

在线测试

任务二　会计规范与岗位职责

一、任务情境

(一) 任务场景

陈文文大学毕业后在北京陈鸿商贸有限责任公司从事会计工作,公司负责人为了让陈文文尽快适应工作岗位,让其学习相关的会计规范,并在会计部门中进行工作的轮岗。

(二) 任务布置

① 为了尽快适应新工作,提高会计工作水平,陈文文需要了解哪些会计规范知识?
② 会计部门主要有哪些岗位?各个岗位的职责是什么?

二、任务准备

(一) 知识准备

1. 会计规范

会计规范是指人们在从事与会计相关的工作过程中,所应遵守的指导性或规范性的行为准则。从直观上看,会计规范是会计行为的标准。但从会计规范最终的效果上看,它实际上是一系列会计信息标准的总称,对会计信息处理、会计人员及其所从事的会计相关工作具有约束、评价和指导的作用。随着经济的发展,我国的会计工作也在不断地发展和完善,因此会计规范体系也必须做出相应的调整,逐渐形成以《中华人民共和国会计法》为中心，以国家制定的其他各项会计行政法规、制度为基础的相对完善的会计规范体系。该体系主要包括会计法律规范、会计行政法规、国家统一的会计制度和地方性会计法规等。

（1）会计法律规范

会计法律规范是指由全国人民代表大会及其常委会经过一定立法程序制定的有关会计工作的法律。我国基本的会计法律规范是《中华人民共和国会计法》《中华人民共和国注册会计师法》《中华人民共和国审计法》，其中《中华人民共和国会计法》是会计法律制度中层次最高的法律规范。同时，《中华人民共和国公司法》《中华人民共和国证券交易法》等一系列其他法律也对会计工作有一定的影响。

相对于其他规范，会计法律规范主要有三大鲜明的特色：一是只能由具有国家立法权的全国人民代表大会制定，其他机关无权制定或修改；二是其所规定的是会计工作中重要的、带有根本性的事项；三是会计法律规范是制定其他会计法规、规章及规范性文件的依据。

（2）会计行政法规

会计行政法规是指由国务院制定并发布，或者由国务院有关部门拟定并经过国务院批准发布的行政法规，用于调整经济生活中某些方面的会计工作。它的制定依据是《中华人民共和国会计法》，效力仅次于基本会计法律规范。会计行政法规通常以条例、办法、规定等具体名称出现。目前，会计行政法规主要有两部：第一部是1990年12月31日国务院发布的《总会计师条例》；第二部是2000年6月21日国务院颁布并于2001年1月1日施行的《企业财务会计报告条例》。

（3）国家统一的会计制度

国家统一的会计制度是指国务院财政部门根据《中华人民共和国会计法》制定的关于会计核算与监督、会计人员和机构及会计工作管理的制度，主要包括会计部门规章和会计规范性文件。

① 会计部门规章是指由财政部根据相关法律和行政法规等，在本部门的权限范围内制定的调整会计工作中某些方面的规范性文件，如2006年2月15日以财政部第33号令发布的修订后的《企业会计准则——基本准则》。相比于宪法、法律和行政法规，会计部门规章的法律效力要低一些。

② 会计规范性文件是指主管会计工作的财政部门制定并发布的制度办法，如《企业会计制度》、《会计基础工作规范》、《企业会计准则》中的38项具体准则及应用指南等。

（4）地方性会计法规

地方性会计法规是指省、自治区、直辖市人民代表大会及其常委会在与会计法律、会计行政法规不相抵触的前提下制定的地方性会计法规。

2. 会计机构

会计机构是指为了更好地开展会计工作，各单位所设置的办理会计事务的职能部门。根据会计相关法律规定，各单位应当根据会计工作的需要在内部设置会计机构，或者在有关机构中设置会计人员并指定会计主管人员。如果不具备设置条件，则各单位可以委托经批准可以从事会计代理记账业务的中介机构代理记账。其主要任务包括：有效地进行会计核算；合理地进行会计监督；制定本单位的会计制度和会计政策；参与本单位的各种计划的制订并考核计划的执行情况。为保证顺利、有效地完成上述任务，达到预期的会计目标，会计机构内部应进行合理的分工，按照会计核算的流程设置责任岗位，配备会计人员。

会计机构应遵循以下基本原则：①合规、合法原则，各单位内部从事会计相关工作应当自觉遵守国家有关法律法规，符合会计基础工作规范；②全员性原则，内部财务会计控制对企业内部从事会计工作的所有人员都起着约束作用，任何人在从事会计工作时都不得超越内部会计控制；③全面性与系统性结合原则，企业内部各项会计工作业务及岗位都应该按照内部财务会计控制进行；④权责明确、相互制衡原则，企业内部涉及会计工作的机构、岗位要设置合理，职责权限要划分明确，保证不相容职务相互分离，以确保不同机构和岗位之间权责分明、相互监督与制约；⑤成本效益原则，在内部控制过程中，应当遵循成本效益原则，以合理的成本达到最佳的控制效果；⑥动态性原则，内部财务会计控制应随着外部环境的变化，不断调整内部业务职能，提高管理要求。

3. 会计岗位与职责

企业的会计工作较为复杂，为了分工明确、高效地开展会计工作，各单位会计机构应该根据业务分工而设置不同的会计职能工作岗位。会计工作岗位可以一人一岗、一人多岗、一岗多人。企业应根据规模大小设置相应的会计岗位，一般可以分为如下会计岗位。

（1）总会计师岗位

一个企业的总会计师是会计工作中的主要负责人，要全面管理企业日常财务会计工作；指导制定企业财务管理政策及工作程序；对企业的各位财务会计的工作起到管理、组织、监督的作用，全面确保企业的会计工作有序进行。

（2）出纳岗位

该岗位的主要职责包括办理现金收付和结算业务，同时及时登记现金和银行存款日记账；保管企业的库存现金和有价证券等，严禁现金坐支和现金转移他用等违反财经纪律的行为。

（3）工资核算岗位

该岗位主要负责企业的应付工资、奖金、津贴等工资明细的核算；编写有关工资报表；按时计提缴纳四险一金；审核员工工资发放，等等。

（4）成本费用核算岗位

该岗位主要负责记录并核算在企业生产经营过程中发生的各项费用；制定成本费用计划，正确核算产品成本和期间费用；编制费用报表，并进行分析和预测。

（5）固定资产核算岗位

该岗位主要负责固定资产的核算与管理办法；记录并编写固定资产更新改造和大修理计划；计算并提取固定资产折旧和大修理资金；编写相关报表；定期参与固定资产的清查盘点。

（6）材料物资核算岗位

该岗位主要负责审查材料物资的采购资金计划并核算材料物资的明细账；编写材料物资的计划成本目录；配合有关部门制定材料物资消耗定额；定期参与材料物资的清查盘点。

（7）库存商品核算岗位

该岗位主要负责库存商品的明细分类核算；会同有关部门编制库存商品计划成本目录；配合有关部门制定库存商品的最低、最高限额；参与库存商品的清查盘点。

（8）财务成果核算岗位

该岗位主要负责编制收入与利润计划；办理销售款项结算业务；负责收入、利润及分配的明细核算；编写收入和利润报表。

（9）资金核算岗位

该岗位主要负责拟定资金管理和核算办法；编制资金收支计划及资金的调度；负责企业各项筹资与投资的明细分类核算。

（10）总账报表岗位

该岗位主要负责登记总账；负责编制资产负债表、利润表、现金流量表等有关财务会计报表；负责管理会计凭证和财务会计报表。

（11）稽核岗位

该岗位主要负责审查财务成本计划；审查各项财务收支；复核会计凭证和财务会计报表。

（12）其他岗位

其他岗位负责其他不属于上述岗位的会计相关工作，如往来核算岗位、无形资产核算岗位、金融资产核算岗位等。

企业可以根据自身规模大小及业务的复杂程度，适当增减会计岗位。例如，小企业规模较小，业务相对简单，可以只设置会计、成本、出纳等岗位。另外，为了促进企业会计人员对企业的会计工作全面了解，可以设置会计人员轮岗制度。

提示

智能财税平台中主要分为4个岗位：业务财务岗、财务会计岗、税务会计岗、财税主管岗。

4. 会计职业道德

会计人员在从事会计岗位相关的工作过程中，在努力提高工作效率和工作质量的同时，应该自觉遵守职业道德，严格按照会计规范办事。我国《会计基础工作规范》专门对会计人员的会计职业道德做了相关规定，具体内容如下。

① 爱岗敬业。要求会计人员热爱会计工作，安心本职岗位，忠于职守，尽心尽力，尽职尽责。

② 诚实守信。要求会计人员做老实人，说老实话，办老实事，执业谨慎，信誉至上，不为利益所诱惑，不弄虚作假，不泄露秘密。

③ 廉洁自律。要求会计人员公私分明，不贪不占，遵纪守法，清正廉洁。

④ 客观公正。要求会计人员端正态度，依法办事，实事求是，不偏不倚，保持应有的独立性。

⑤ 坚持准则。要求会计人员熟悉国家法律、法规和国家统一的会计制度，始终坚持按法律、法规和国家统一的会计制度的要求进行会计核算，实施会计监督。

⑥ 提高技能。要求会计人员增强提高专业技能的自觉性和紧迫感，勤学苦练，刻苦钻研，不断进取，提高业务水平。

⑦ 参与管理。要求会计人员在做好本职工作的同时，努力钻研相关业务，全面熟悉本单位经营活动和业务流程，主动提出合理化建议，协助领导决策，积极参与管理。

⑧ 强化服务。要求会计人员树立服务意识，提高服务质量，努力维护和提升会计职业的良好社会形象。

相关部门应该定期检查会计从业人员的会计职业道德，对于违反会计职业道德要求的，应该由所在单位进行处罚；情节严重的，应追究法律责任并由会计证颁发机关吊销相关证书。

（二）任务要领

① 结合北京陈鸿商贸有限责任公司的性质，讨论陈文文应该了解的会计规范。

② 根据企业的会计部门岗位设置，学习相关岗位职责，完成相应会计岗位的业务分工。

三、任务实施

第一，刚毕业入职的陈文文应该了解以《中华人民共和国会计法》为中心，以国家制定的其他各项会计行政法规、制度为基础的相对完善的会计规范体系。该体系主要包括会计法律规范、会计行政法规、国家统一的会计制度和地方性会计法规等。

第二，陈文文所在企业采用智能财税系统进行会计核算，会计部门岗位设置为业务财务岗、财务会计岗、税务会计岗、财税主管岗。涉及岗位主要有以下职责。

① 业务财务岗：票据采集；票据识别与查验；票据审核；存货模块设置；采购与付款业务处理；销售与收款业务处理；成本核算模块设置材料分配比例；商旅费用平台中提供预订机票、酒店等商旅服务，处理员工借款、报销业务。

② 财务会计岗：票据制单与审核；固定资产核算；职工薪酬和个人所得税业务处理；进行 RPA 开票流程设计并运用 RPA 记账机器人批量生成记账凭证。

③ 税务会计岗：发票开具；进行 RPA 开票流程设计并运用 RPA 开票机器人进行增值税专用发票、普通发票及电子发票的开具；通过票据管理系统开具的销售发票自动生成记账凭证；利用智能工资模块进行个人所得税专项扣除与专项附加扣除的检查与修改，进行个人所得税申报的检查与修改；增值税、附加税费、企业所得税（季报）的纳税申报；进行 RPA 报税流程设计并运用 RPA 报税机器人自动完成纳税申报。

④ 财税主管岗：进行会计核算系统设置、开票信息设置、辅助核算设置等；采购与付款业务系统初始设置、销售与收款业务系统初始设置；成本核算模块基础设置；在商旅费用平台中进行差旅费标准设置；智能工资模块基础设置；资产管理模块基础设置。

四、任务评价

根据任务要领实施并完成任务后，请填写本任务评价参考表，如表 1-4 所示。

表 1-4　会计规范与岗位职责评价参考表

评价主体	评价内容	得 分
教师评价 （50分）	1.学生出勤情况（10分）	
	2.学生课堂表现（10分）	
	3.任务完成情况	
	（1）结合实例谈谈对会计规范的认知（10分）	
	（2）结合实例谈谈对会计岗位职责的认知（10分）	
	（3）结合实例谈谈对会计职业道德的认知（10分）	
自我评价 （50分）	1.课前预习情况（10分）	
	2.上课回答问题积极性（10分）	
	3.所学知识掌握情况	
	（1）能够掌握会计法律规范并自觉遵守（10分）	

(续表)

评价主体	评价内容	得 分
自我评价 （50分）	（2）能够阐述会计岗位的划分及岗位职责（10分）	
	（3）能够遵守会计职业道德（10分）	
合 计		

五、任务拓展

2021年4月，A公司发生如下事项。

（1）会计孙某休病假，公司一时找不到合适人选，决定由出纳兼任孙某的收入、费用账目的登记工作。

（2）处理生产设备剩余的边角余料，取得收入（含增值税）2 145元。公司授意出纳张某将该笔收入在公司账册之外另行登记保管。

要求：根据上述情况，回答下列问题。

（1）A公司让出纳张某兼任会计孙某的收入、费用账目登记工作是否符合《中华人民共和国会计法》的规定？简要说明理由。

（2）A公司对处理边角余料的收入在公司会计账册之外另行登记保管的做法是否符合我国《中华人民共和国会计法》的规定？如不符合，根据《中华人民共和国会计法》的规定，A公司应当承担什么法律责任？

参考答案

在线测试

六、任务测试

单元二

资金筹集业务

↘ 思政目标
1. 树立正确的人生观、价值观、世界观。
2. 树立科学的企业筹资理念。
3. 遵守职业道德操守，遵纪守法。
4. 培养学生认真、细致、严谨、规范的实际操作技能。

↘ 知识目标
1. 能够了解库存现金管理和银行结算管理的有关规定，理解库存现金、银行存款、其他货币资金的概念、范围。
2. 能够理解借款、债券的概念。
3. 能够掌握短期借款、长期借款、应付债券的核算方法。
4. 能够理解所有者权益的含义、内容和来源构成，明确留存收益的内容，理解实收资本、资本公积、盈余公积的来源及用途。

↘ 技能目标
1. 能够正确进行库存现金、银行存款、其他货币资金相关业务的账务处理。
2. 能够准确处理短期借款与长期借款取得、利息、归还的经济业务。
3. 能够复述所有者权益的含义、内容和来源构成，以及资本公积、留存收益的内容和盈余公积的用途。
4. 能够描述实收资本、资本公积、盈余公积的账务处理流程，以及正确进行相关业务的账务处理。

任务一　货币资金核算

子任务一　库存现金核算

一、任务情境

（一）任务场景

北京陈鸿商贸有限责任公司 2021 年 12 月份发生如下经济业务。

① 总务部门采用定额备用金管理制度，经管理部门核定，定额为 4 000 元。1 日，财务部门拨付备用金 4 000 元给总务部门作为定额备用金。以现金支付。

② 1 日，开出现金支票，提取现金 6 000 元备用。

③ 2 日，办公室人员王强出差时预借了 800 元。以现金支付。

④ 15 日，王强出差归来报销差旅费 650 元，收回多余款项 150 元。

⑤ 21 日，以库存现金支付管理部门购买办公用品 100 元。

⑥ 30 日，总务部门到财务部门办理报销。报销金额为 3 500 元，财务部门用现金补足备用金差额。

⑦ 31 日，清查库存现金，发现溢余现金 150 元，将现金清查结果报领导审批，批复作为营业外收入处理。

（二）任务布置

根据上述经济业务，进行北京陈鸿商贸有限责任公司 12 月份的相关账务处理。

二、任务准备

（一）知识准备

1. 库存现金概述

（1）库存现金的定义

库存现金是指存放于企业财会部门、由出纳人员经管的货币，包括人民币现金和外币现金。

（2）库存现金的管理

① 库存现金的使用范围。

凡是在银行或其他金融机构开立账户的机关、团体、部队、企事业单位，必须依照《现金管理暂行条例》的规定收入和使用现金。现金的使用范围如下：

- 职工工资、津贴。
- 个人劳务报酬。
- 根据国家规定颁发给个人的科学技术、文化艺术、体育等各种奖金。
- 各种劳保、福利费用及国家规定的对个人的其他支出。
- 向个人收购农副产品和其他物资的款项。
- 出差人员必须随身携带的差旅费。
- 结算起点（1 000 元人民币）以下的零星支出。
- 中国人民银行确定需要支付现金的其他支出。

除上述情况可以用现金支付外，其他款项的支付应通过银行转账结算。

② 库存现金的限额。

为了保证企业日常零星开支的需要，企业的开户银行根据单位的实际情况，按照单位 3 至 5 天日常零星开支的需要来确定库存现金的限额。边远地区和交通不发达地区可按多于 5 天但不超过 15 天的日常零星开支的需要确定。开户单位必须严格遵守核定后的库存现金限额，每日结存的现金超过部分要及时存入银行。低于限额的部分，可签发现金支票提现。

③ 现金日常收支的内部控制。

企业在办理有关现金收支业务时，应遵守以下规定。

- 开户单位收入现金应于当日送存开户银行，当日送存确有困难的，由开户银行确定送存时间。
- 开户单位支付现金，可以从单位库存现金限额中支付或从开户银行提取，不得从本单位的现金收入中直接支付，即不得坐支现金。因特殊情况需要坐支现金的单位，应当事先报经开户银行审查批准，由开户银行核定坐支范围和限额。
- 提取现金时，应如实写明用途，由本单位财会部门负责人签字盖章，经开户银行审查批准后予以支付现金。
- 不得用白条抵库；不准谎报用途套取现金；不准用银行账户代其他单位和个人存入或支出现金；不准用单位收入的现金以个人名义储蓄；不准保留账外公款，即不得公款私存，不得私设"小金库"等。银行对于违反上述规定的单位，将按照违规金额的一定比例予以处罚。
- 不相容岗位要相互分离。出纳人员不得兼管稽核、会计档案保管和收入、费用、债权、债务账目的登记工作。
- 建立严格的授权审批制度。明确本单位库存现金开支范围；明确各种报销凭证；规定各种库存现金支付业务的报销手续和办法；确定各种现金支出的审批权限。
- 收据、发票、支票等票证应指定专人购买、保管和发放。购入票证时应及时登记，妥善保管；发放时必须按编号顺序使用，详细登记，领用人员应在登记簿上签名。
- 企业内部审计人员或者稽核人员应定期或不定期地对库存现金进行核查。

2. 库存现金的核算

（1）现金收入的核算

现金收入的内容包括从银行提取现金、职工出差报销时交回的剩余借款、收取结算起点以下的零星收入款、收取对个人的罚款、无法查明原因的现金溢余等。收取现金时，借记"库存现金"账户，贷记有关账户。

（2）现金支出的核算

企业应当严格按照国家有关现金管理制度的规定，在允许的范围内办理现金支出业务，企业按照现金开支范围的规定支付现金时，借记有关账户，贷记"库存现金"账户。

（3）现金清查的核算

现金清查是指出纳人员每日终了前对库存现金的核对及清查小组进行的定期或不定期的现金盘点、核对。现金清查一般采用实地盘点法。清查后，如果账实不符，则有待查明原因的现金短缺或溢余，应通过"待处理财产损溢"账户核算。

如果为现金短缺，则应按短缺的金额，借记"待处理财产损溢——待处理流动资产损溢"账户，贷记"库存现金"账户。待查明原因后，应分情况处理：属于应由责任人赔偿或保险公司赔偿的部分，记入"其他应收款"账户；属于无法查明的其他原因，根据管理权限经批准后记入"管理费用"账户。

如果为现金溢余，则应按溢余的金额，借记"库存现金"账户，贷记"待处理财产损溢——待处理流动资产损溢"账户。待查明原因后，应分情况处理：属于应支付给有关人员或单位的，应借记"待处理财产损溢——待处理流动资产损溢"账户，贷记"其他应付款"账户；属于无法查明原因的，经批准后借记"待处理财产损溢——待处理流动资产损溢"账户，贷记"营业外收入"账户。

（4）备用金的核算

备用金是指企业拨付给企业内部用款单位或职工个人作为零星开支的备用款项。企业备用金的账务处理，一般通过"其他应收款"账户核算，也可专设"备用金"账户进行核算。备用金的管理制度有两种：定额管理和非定额管理。

定额备用金管理制度是指企业按用款部门的实际需要核定备用金定额，并按定额拨付现金的管理办法。用款部门按规定的开支范围支用备用金后，凭有关支出凭证向财会部门报销，财会部门如数付给现金，使备用金仍与定额保持一致。如果实行定额备用金管理制度，则拨给企业内部各单位周转使用的备用金时，借记"其他应收款"等账户，贷记"库存现金"或"银行存款"账户。财会部门根据内部各单位提供的备用金报销清单，定期实报实销，补足备用金，按照部门借记"管理费用"等账户，贷记"库存现金"或"银行存款"账户。除了增加或减少拨付的备用金外，使用或报销有关备用金支出时不再通过"其他应收款"等账户核算。

非定额备用金管理制度是指企业用款部门根据实际需要向财会部门领款的管理办法。当预支款项时，根据借款单等单据，借记"其他应收款"等账户，贷记"库存现金"或"银行存款"账户。实际报销时，根据实际报销金额，借记"管理费用"等账户，按退回的余款或补付款，借记或贷记"库存现金"账户，同时冲销"其他应收款"账户。

（二）任务要领

① 库存现金属于资产类账户，借方表示库存现金的增加，贷方表示库存现金的减少。
② 库存现金的使用要按照《现金管理暂行条例》实施。
③ 现金清查时，没有查明原因的短缺记入"管理费用"账户，没有查明原因的溢余记入"营业外收入"账户。
④ 采用定额备用金管理制度时，使用或报销有关备用金支出时不再通过"其他应收款"等账户核算。

三、任务实施

步骤1　财务部门拨付备用金给总务部门。
借：其他应收款——总务部门　　　　　　　　　　　　　　4 000
　　　贷：库存现金　　　　　　　　　　　　　　　　　　　　　4 000

步骤2　开出现金支票提取现金。
借：库存现金　　　　　　　　　　　　　　　　　　　　　6 000
　　　贷：银行存款　　　　　　　　　　　　　　　　　　　　　6 000

步骤3　支付现金给王强作为差旅费。
借：其他应收款——王强　　　　　　　　　　　　　　　　800
　　　贷：库存现金　　　　　　　　　　　　　　　　　　　　　800

步骤4　王强出差归来报销差旅费并收回多余款项。
借：库存现金　　　　　　　　　　　　　　　　　　　　　150
　　管理费用　　　　　　　　　　　　　　　　　　　　　650

贷：其他应收款——王强　　　　　　　　　　　　　　　　800

步骤5　以库存现金支付管理部门购买办公用品费用。
　　　借：管理费用　　　　　　　　　　　　　　　　　　　　100
　　　　贷：库存现金　　　　　　　　　　　　　　　　　　　　100

步骤6　总务部门到财务部门办理报销，财务部门用现金补足备用金差额。
　　　借：管理费用　　　　　　　　　　　　　　　　　　　　3 500
　　　　贷：库存现金　　　　　　　　　　　　　　　　　　　　3 500

步骤7　清查库存现金，将现金清查结果报领导审批处理。
　　　借：库存现金　　　　　　　　　　　　　　　　　　　　150
　　　　贷：待处理财产损溢——待处理流动资产损溢　　　　　　150
　　　借：待处理财产损溢——待处理流动资产损溢　　　　　　150
　　　　贷：营业外收入　　　　　　　　　　　　　　　　　　　150

四、任务评价

根据任务要求实施并完成任务后，请填写本任务评价参考表，如表2-1所示。

表2-1　库存现金核算评价参考表

评价主体	评价内容	得　分
教师评价（50分）	1. 学生出勤情况（10分）	
	2. 学生课堂表现（10分）	
	3. 任务完成情况	
	（1）库存现金收入与支出的账务处理（10分）	
	（2）库存现金清查的账务处理（10分）	
	（3）备用金的账务处理（10分）	
自我评价（50分）	1. 课前预习情况（10分）	
	2. 上课回答问题积极性（10分）	
	3. 所学知识掌握情况	
	（1）库存现金收入与支出的账务处理（10分）	
	（2）库存现金清查的账务处理（10分）	
	（3）备用金的账务处理（10分）	
合　计		

五、任务拓展

月末，北京陈鸿商贸有限责任公司清查库存现金，发现短缺现金50元，发现系应收员工李某的罚款。

要求：进行相关账务处理。

参考答案

六、任务测试

在线测试

子任务二　银行存款核算

一、任务情境

（一）任务场景

北京陈鸿商贸有限责任公司 2021 年 12 月发生如下经济业务。

① 1 日，开出转账支票，支付前欠长海公司材料款 5 200 元。

② 4 日，销售产品一批给黄河公司。开出的增值税专用发票上注明的价款为 30 000 元、增值税税额为 3 900 元。收到对方开来的转账支票一张。审核无误后，填写进账单，连同支票一起送交开户银行办理转账。

③ 5 日，购买原材料 a1，材料已入库。收到的增值税专用发票上注明的价款为 20 000 元、增值税税额为 2 600 元。开出银行承兑汇票用以支付货款。

④ 8 日，开户银行转来委托收款结算凭证，系上月电费 3 400 元。

⑤ 15 日，电汇款项 30 000 元给外地供应商 Z 公司，用以偿还前欠货款。

⑥ 30 日，销售电器一批，价款为 40 000 元、增值税税额为 5 200 元。货物已委托周桥物流公司运送，开出转账支票支付代垫运费 800 元。采用托收承付方式，已办好相关手续。

（二）任务布置

根据上述经济业务，进行北京陈鸿商贸有限责任公司 12 月份的相关账务处理。

二、任务准备

（一）知识准备

1. 银行存款概述

（1）银行存款的定义

银行存款是指企业存在开户银行及其他金融机构的货币资金。每个单位都应按照中国人民银行的有关规定，向当地银行申请开立有关存款账户，办理单位存放在银行的货币资金。

（2）银行结算账户的管理

银行结算账户是指存款人在经办银行开立的办理资金收付结算的人民币活期存款账户，可以分为基本存款账户、一般存款账户、临时存款账户和专用存款账户。每个企业都应按照《人民币银行结算账户管理办法》的规定开设和使用银行账户。

① 基本存款账户是指企业办理日常转账结算和现金收付的账户。存款人日常经营活动的资金收付及其工资、奖金和现金的支取，应通过该账户办理。一个单位只能开设一个基本存款账户。

② 一般存款账户是存款人因借款或其他结算需要，在基本存款账户开户银行以外的银行营业机构开立的银行结算账户。一般存款账户用于办理存款人借款转存、借款归还和其他结算的资金收付。该账户可以办理现金缴存，但不得办理现金支取。

③ 临时存款账户是指用于办理临时机构及存款人临时经营活动发生的资金收付的账户。该账户既可以办理转账结算，又可以根据现金管理规定存取现金。临时存款账户的有效期最长不得超过 2 年。

④ 专用存款账户是指存款人按照法律、行政法规和规章，对其特定用途资金进行专项管理和使用而开立的银行结算账户。专用存款账户用于办理各项专用资金的收付，适用于基本建设资金，更新改造资金，财政预算外资金，粮、棉、油收购资金等。

企业必须严格遵守结算纪律，将企业库存限额以外的所有货币资金存入银行。企业与各单位发生的各种结算款项除规定可以直接使用现金外，其他都必须通过银行转账结算。同时，任何企业和单位不得出租、出借银行账户，不准套取银行信用，不准无理拒绝付款，不准利用多头开户转移资金。

2. 银行支付结算办法的种类及其核算

根据《支付结算办法》的规定，当前我国采用的结算办法主要有银行汇票、银行本票、支票、商业汇票、汇兑、托收承付、委托收款、信用卡、信用证等。

（1）银行汇票的核算

银行汇票是出票银行签发的，由其在见票时按照实际结算金额无条件支付给收款人或持票人的票据。银行汇票的出票银行为银行汇票的付款人。银行汇票的相关规定如下。

① 单位和个人各种款项结算，均可使用银行汇票。银行汇票可以用于转账，填写"现金"字样的银行汇票也可以用于支取现金。

② 银行汇票的提示付款期限为自出票日起 1 个月内。持票人超过付款期限提示付款的，代理付款人可不予受理。

③ 申请人使用银行汇票，企业应向出票银行提交一式三联银行汇票申请书：第一联是存根；第二联是银行支款凭证；第三联为银行收入凭证。银行汇票申请书要填明收款人名称、汇票金额及用途、申请人名称及账号、申请日期等事项并签章，签章为其预留银行的签章。

④ 收款人受理申请人交付的银行汇票时，应在出票金额以内，根据实际需要的款项办理结算。

⑤ 收款人可以将银行汇票背书转让给被背书人。

⑥ 在银行开立存款账户的持票人向开户银行提示付款时，应在汇票背面"持票人向银行提示付款签章"处签章，签章必须与预留银行签章相同，并将银行汇票和解讫通知、进账单送交开户银行。银行审查无误后办理转账。

银行汇票核算的一般程序如图 2-1 所示。

（2）银行本票的核算

银行本票是申请人将款项交存银行，由银行签发的，承诺在见票时无条件支付确定金额给收款人或持票人的票据。银行本票的相关规定如下。

① 银行本票分为不定额本票和定额本票两种。定额本票面额为 1 000 元、5 000 元、10 000 元和 50 000 元。

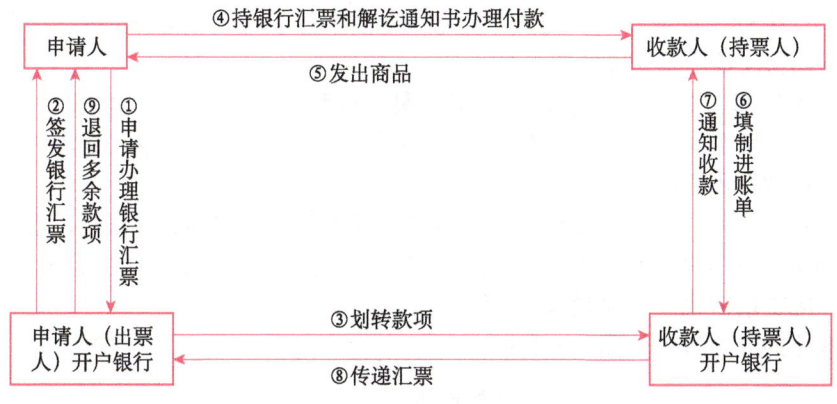

图 2-1 银行汇票核算的一般程序

② 银行本票的提示付款期限自出票日起最长不得超过 2 个月。

③ 银行本票丧失，丧失的不定额银行本票在付款期后 2 个月内确未被冒领的，失票人可以凭人民法院出具的其享有票据权利的证明，向出票银行请求付款或退款。

银行本票核算的一般程序如图 2-2 所示。

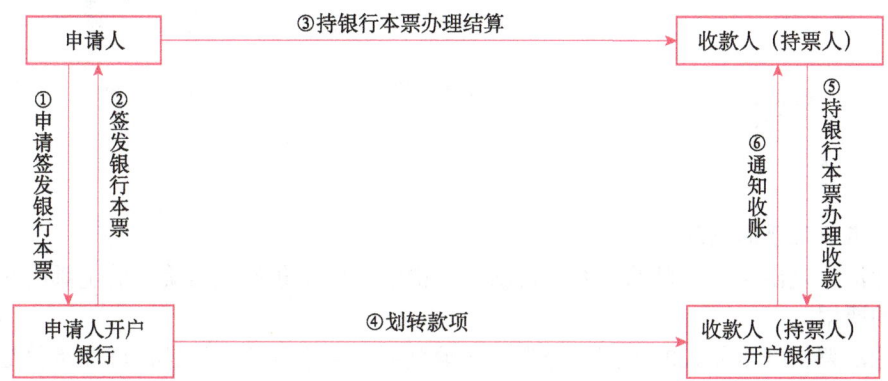

图 2-2 银行本票核算的一般程序

（3）支票的核算

支票是单位或个人签发的，委托办理支票存款业务的银行在见票时无条件支付确定的金额给收款人或持票人的票据。支票在我国全国范围内均可使用。支票的相关规定如下。

① 支票由银行统一印制，支票上印有"现金"字样的为现金支票。

② 支票上印有"转账"字样的为转账支票，转账支票只能用于转账；未印有"现金"或"转账"字样的为普通支票，普通支票既可以用于支取现金，也可以用于转账；在普通支票左上角画有两条平行线的，为划线支票，划线支票只能用于转账，不得用于支取现金。

③ 支票的提示付款期限为自出票日起 10 日内，中国人民银行另有规定的除外。

④ 支票签发必须使用墨汁笔或碳素墨笔，写明支款用途、金额、日期，并加盖与预留银行相符的印鉴。凡添注、涂改的支票一律无效。作废的支票不准撕毁，应予注销并妥善保管。

⑤ 出票人不得签发空头支票，对于签发空头支票、印章与预留印鉴不符或支付密码

错误的支票，银行予以退票，并处支票金额 5% 但不低于 1 000 元的罚款；持票人也有权要求出票人赔偿支票金额 2% 的赔偿金。

采用支票结算方式时，出票人应根据支票存根和发票等有关原始凭证，借记"原材料"等账户，按照缴纳的增值税税额，借记"应交税费——应交增值税（进项税额）"账户，贷记"银行存款"账户。

收款人收到支票，应在提示付款期内填制进账单，连同支票送存银行，根据银行盖章的进账单回单联和发票等原始凭证，借记"银行存款"账户，贷记"主营业务收入""应交税费——应交增值税（销项税额）"等账户。

支票核算的一般程序如图 2-3 所示。

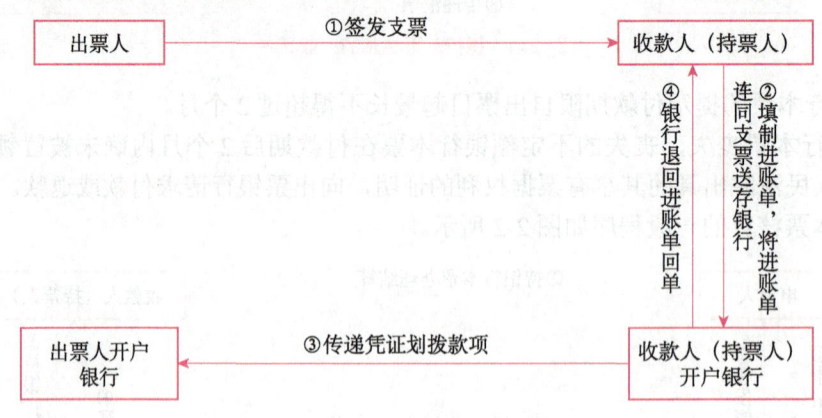

图 2-3 支票核算的一般程序

（4）商业汇票的核算

商业汇票是出票人签发的，委托付款人在指定日期无条件支付确定的金额给收款人或持票人的票据。

商业汇票根据承兑人的不同，分为商业承兑汇票和银行承兑汇票：商业承兑汇票是指由收款人签发，经付款人承兑，或者由付款人签发并承兑的票据；银行承兑汇票是指收款人或承兑申请人签发，并由承兑申请人向开户银行申请，经银行审查同意承兑的票据。商业汇票的相关规定如下。

① 付款人承兑商业汇票，应当在汇票正面记载"承兑"字样和承兑日期并签章。

② 付款人承兑商业汇票，不得附有条件。

③ 商业汇票一律记名，允许背书转让。

④ 银行承兑汇票的承兑银行，应按票面金额向出票人收取 0.5‰ 的手续费。

⑤ 商业汇票的付款期限，最长不超过 6 个月。

⑥ 商业汇票的提示付款期限为自汇票到期日起 10 日内。

⑦ 符合条件的商业汇票的持票人可持未到期的商业汇票连同贴现凭证向银行申请贴现。

商业承兑汇票核算的一般程序如图 2-4 所示；银行承兑汇票核算的一般程序如图 2-5 所示。

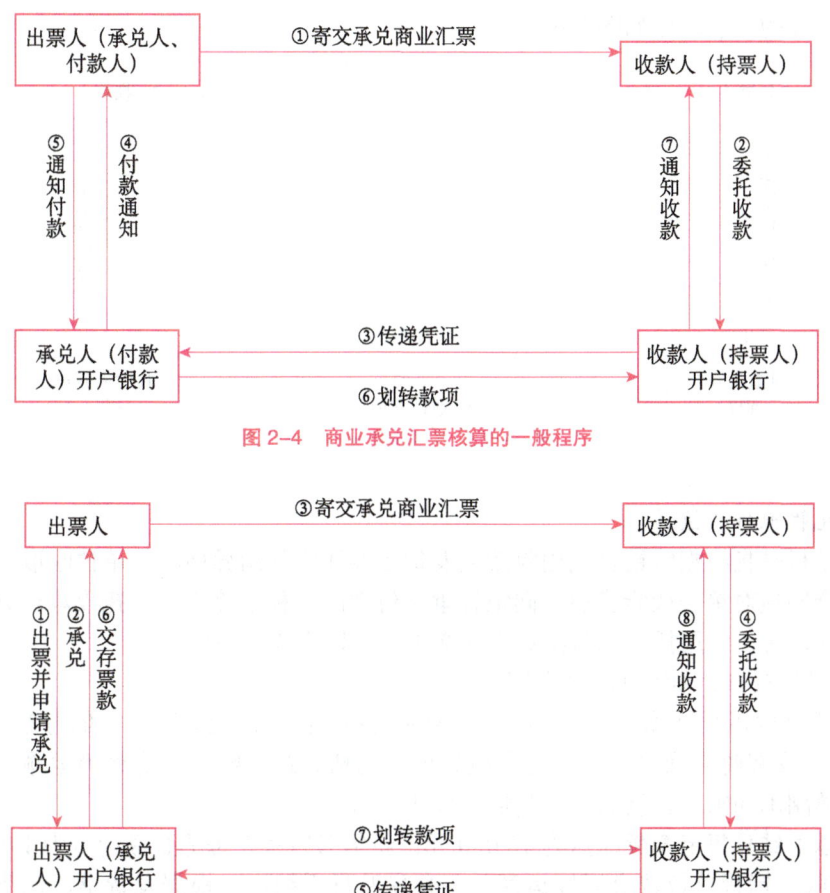

图2-4 商业承兑汇票核算的一般程序

图2-5 银行承兑汇票核算的一般程序

（5）汇兑的核算

汇兑是指汇款人委托银行将其款项支付给收款人的结算方式。汇兑适用于单位和个人各种款项的结算，分为信汇和电汇两种。汇兑的相关规定如下。

① 办理汇兑时，应填写"信汇"或"电汇"凭证，填明地点、银行名称、收款人姓名或收款单位名称、汇款用途等内容。

② 汇入银行对开立存款账户的收款人，应将汇给其的款项直接转入收款人账户，并向其发出收账通知。

③ 未在银行开立存款账户的收款人，凭信汇、电汇的取款通知或"留行待取"的，向汇入银行支取款项，必须交验本人的身份证件。

④ 支取现金的，信汇、电汇凭证上必须有按规定填明的"现金"字样才能办理。未填明"现金"字样，需要支取现金的，由汇入银行按国家现金管理规定审查支付。

⑤ 转账支付的，应由原收款人向银行填制支款凭证，并由本人交验其身份证件办理支付款项。

汇款单位应根据汇兑结算凭证的回单联，借记"应付账款"账户，贷记"银行存款"账户。收款单位收到款项时，根据银行转来的汇兑结算凭证收账通知，借记"银行存款"账户，贷记"应收账款""主营业务收入""应交税费"等账户。

汇兑核算的一般程序如图 2-6 所示。

图 2-6　汇兑核算的一般程序

（6）托收承付的核算

托收承付是指根据购销合同由收款人发货后委托银行向异地购货单位收取货款，购货单位根据合同核对单证或验货后，向银行承认付款的一种结算方式。托收承付分邮寄划回和电报划回两种。采用托收承付结算方式必须符合以下 3 个条件。

① 收付款双方必须签订经济合同。

② 办理托收承付结算的款项，必须是商品交易及因商品交易而产生的劳务的款项。

③ 必须具有商品确定已发运的有效凭证（包括铁路、航运、公路等运输部门签发的运单，运单副本和邮局包裹回执及其他有效凭证）。

托收承付结算每笔金额起点为 10 000 元；新华书店系统每笔金额起点为 1 000 元。

① 托收。销货单位按合同发运商品，办妥发货手续后，根据发货票、代垫运杂费单据等填制托收承付结算凭证，连同发货票、运单一并送交开户银行办理托收。开户银行接到托收承付结算凭证及其附件后，应认真进行审查。对审查无误、同意办理的，应将托收承付结算凭证的回单联盖章后退回销货单位。

② 承付。购货单位收到银行转来的托收承付结算凭证及所附单证后，应在规定的承付期内审查核对，安排资金。承付货款分为验单付款和验货付款两种，由收付双方商量选用，并在合同中明确规定。

付款单位承付货款后，根据银行转来的付款通知及有关原始凭证，借记"材料采购""应交税费——应交增值税（进项税额）"等账户，贷记"银行存款"账户。

收款单位向银行办妥托收手续后，根据托收凭证回单及其他有关原始凭证，借记"应收账款"账户，贷记"主营业务收入""应交税费——应交增值税（销项税额）"等账户。收到款项时，根据银行转来的收账通知，借记"银行存款"账户，贷记"应收账款"账户。

托收承付核算的一般程序如图 2-7 所示。

（7）委托收款的核算

委托收款是收款人委托银行向付款人收取款项的结算方式。这种结算方式分邮寄和电报划回两种，收款人可根据需要选择使用。委托收款结算方式便于单位主动收款，在同城和异地都可使用。委托收款的相关规定如下。

① 委托收款结算方式分为委托和付款两个阶段。

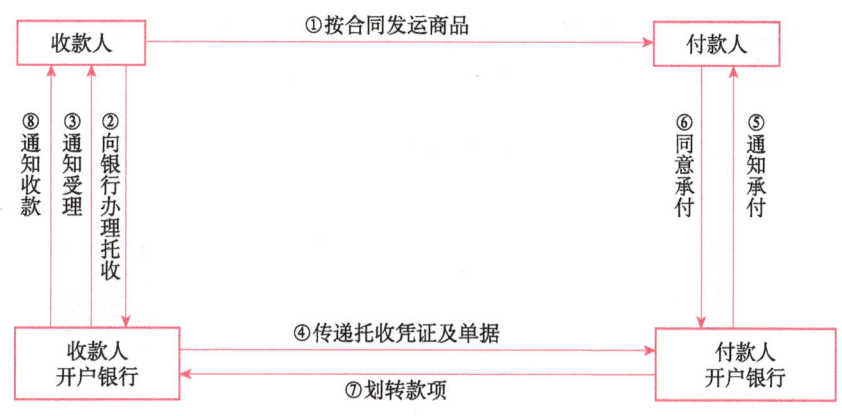

图 2-7 托收承付核算的一般程序

② 付款人在付款期满而存款账户不足支付的，应将其债务证明连同未付款项通知书邮至收款人开户银行，转交收款人。

③ 付款人审查有关债务证明后，对收款人委托收取的款项拒绝付款的，应在付款期内出具拒绝付款理由书，持有债务证明的，应将其送交开户银行。银行将拒绝付款理由书、债务证明和有关凭证一并寄给被委托银行，转交收款人。

委托收款核算的一般程序如图 2-8 所示。

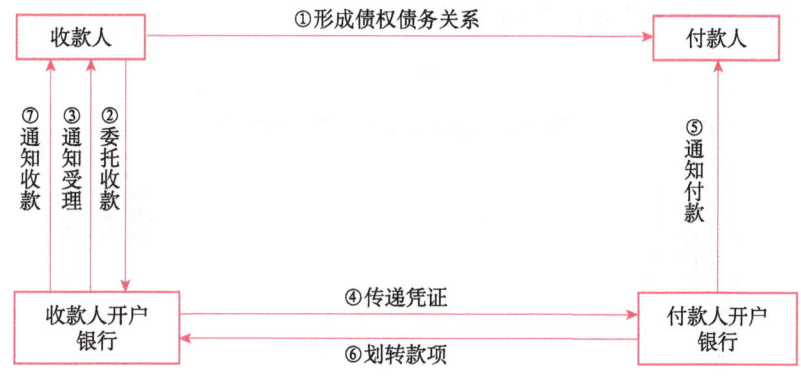

图 2-8 委托收款核算的一般程序

（8）信用卡的核算

信用卡是商业银行向个人和单位发行的，凭以向特约单位购物、消费和向银行存取现金，且具有消费信用的特制载体卡。信用卡按使用对象分为单位卡和个人卡，按信誉等级分为金卡和普通卡，适用于同城和异地的特约单位购物、消费。信用卡的相关规定如下。

① 单位申领信用卡，应按规定填制申请表，连同有关资料一并送交发卡银行。符合条件并按一定要求交存一定金额的备用金后，银行为申请人开立信用卡存款户，并发给信用卡。

② 单位卡账户的资金一律从其基本存款账户转账存入，既不得交存库存现金，也不得将销货收入的款项存入其账户。

③ 信用卡仅限于合法持卡人本人使用，持卡人本人不得出租或转借信用卡。

④ 单位卡一律不得用于支取库存现金。

⑤信用卡在规定的限额和期限内允许善意透支。透支期限最长为60天。

信用卡核算的一般程序如图2-9所示。

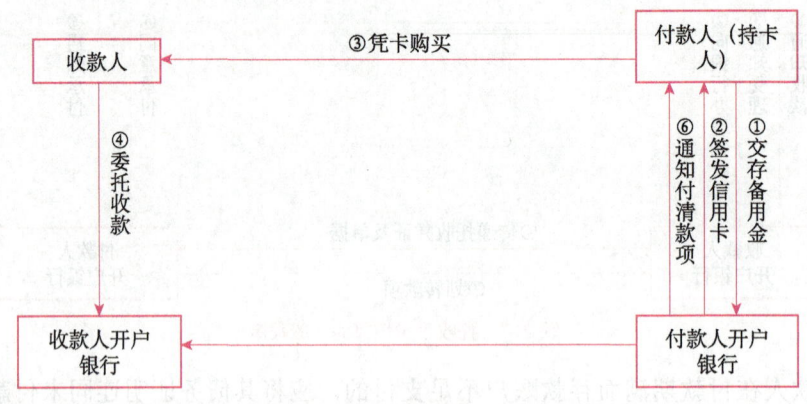

图2-9　信用卡核算的一般程序

（9）信用证的核算

信用证结算方式是国际结算的一种主要方式。经中国人民银行批准经营结算业务的商业银行总行及经商业银行总行批准开办信用证结算业务的分支机构，可以办理国内企业之间商品交易的信用证结算业务。

信用证核算的一般程序如图2-10所示。

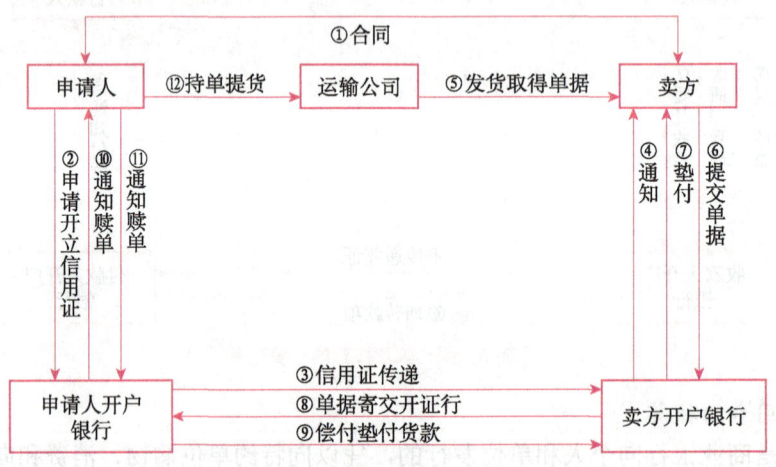

图2-10　信用证核算的一般程序

3. 银行支付结算方式的发展

随着经济的发展和信息技术的进步，支付系统从手工操作走向电子化和网络化，从而出现了网上银行。网上银行是指以互联网为媒介，以客户发出的电子信息为依据向客户提供金融服务，使客户足不出户就能够安全快捷地管理存款、支票、信用卡及投资等的电子银行。它具有运作速度快、处理效率高、全天候服务等特点，正被越来越多的企业所接受。

4. 银行存款的清查与核对

企业必须经常（每月至少一次）核对和清查银行存款，以保证核算内容的正确性。如果发现记账错误，就要立即进行更正，属于银行的差错，应及时通知银行更正；由于有未达账项，因此当造成银行对账单上的存款余额与企业银行存款日记账的存款余额不相一致时，应当根据查对结算进行调整，编制银行存款余额调节表。

所谓未达账项，是指一方已经入账，而另一方由于尚未收到有关收付结算凭证，因而尚未入账的账款。未达账项有以下 4 种情况。

① 银行已经收款入账，而企业尚未收款入账的款项。
② 银行已经付款入账，而企业尚未付款入账的款项。
③ 企业已经收款入账，而银行尚未收款入账的款项。
④ 企业已经付款入账，而银行尚未付款入账的款项。

银行存款余额调节表的编制方法，就是根据双方的账面余额，采用各自加上对方已经收款入账，本单位尚未收款入账的数额，减去对方已经付款入账，本单位尚未付款入账的数额。经调整后，双方余额如果相等，则基本确认双方记账相符，否则需要查明不符原因并予以更正。

银行存款余额调节表只起对账作用，不能作为调账的依据。对银行已登记入账而企业尚未登记入账的未达账项，企业只有在银行结算凭证到达后才能进行账务处理。

（二）任务要领

① 支票、汇兑、委托收款、托收承付结算方式涉及"银行存款"账户。
② 商业汇票结算方式涉及"应收票据"或"应付票据"账户。

三、任务实施

（一）任务流程（见图 2-10）

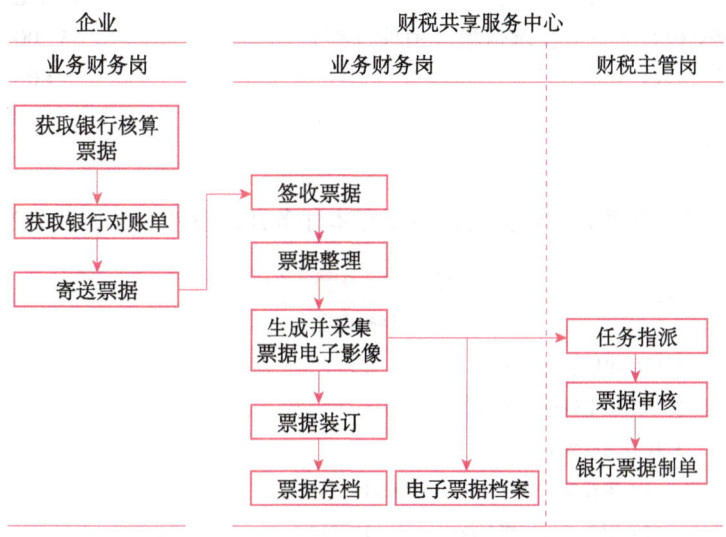

图 2-10　银行存款核算的流程

（二）任务操作

步骤 1 开出转账支票支付前欠材料款。

借：应付账款　　　　　　　　　　　　　　　　　5 200
　　贷：银行存款　　　　　　　　　　　　　　　　5 200

步骤 2 收到转账支票办理转账。

借：银行存款　　　　　　　　　　　　　　　　　33 900
　　贷：主营业务收入　　　　　　　　　　　　　　30 000
　　　　应交税费——应交增值税（销项税额）　　　3 900

步骤 3 开出银行承兑汇票支付货款。

借：原材料——a1　　　　　　　　　　　　　　　20 000
　　应交税费——应交增值税（进项税额）　　　　　2 600
　　贷：应付票据　　　　　　　　　　　　　　　　22 600

步骤 4 委托收款结算电费。

借：应付账款　　　　　　　　　　　　　　　　　3 400
　　贷：银行存款　　　　　　　　　　　　　　　　3 400

步骤 5 电汇方式偿还前欠货款。

借：应付账款　　　　　　　　　　　　　　　　　30 000
　　贷：银行存款　　　　　　　　　　　　　　　　30 000

步骤 6 托收承付方式销售电器。

借：应收账款　　　　　　　　　　　　　　　　　46 000
　　贷：主营业务收入　　　　　　　　　　　　　　40 000
　　　　应交税费——应交增值税（销项税额）　　　5 200
　　　　银行存款　　　　　　　　　　　　　　　　800

四、任务评价

根据任务要求实施并完成任务后，请填写本任务评价参考表，如表2-2所示。

表2-2　银行存款核算评价参考表

评价主体	评价内容	得　分
教师评价（50分）	1. 学生出勤情况（10分）	
	2. 学生课堂表现（10分）	
	3. 任务完成情况	
	（1）银行支付结算办法的种类（10分）	
	（2）银行支付结算办法的账务处理（10分）	
	（3）银行存款余额调节表的编制（10分）	
自我评价（50分）	1. 课前预习情况（10分）	
	2. 上课回答问题积极性（10分）	
	3. 所学知识掌握情况	

(续表)

评价主体	评价内容	得 分
自我评价 （50分）	（1）银行支付结算办法的种类（10分）	
	（2）银行支付结算办法的账务处理（10分）	
	（3）银行存款余额调节表的编制（10分）	
合 计		

五、任务拓展

北京陈鸿商贸有限责任公司2021年12月31日银行存款日记账账面余额为226 600元。"银行对账单"余额为269 700元。经核对，存在未达账项如下。

（1）12月29日，公司销售产品，收到转账支票一张，金额为23 000元。银行尚未入账。

（2）12月29日，公司开出转账支票一张，支付购买材料款58 500元。持票单位尚未向银行办理手续。

（3）12月30日，银行代公司收到销货款24 600元。公司尚未收到收款通知。

（4）12月30日，银行代公司付出电费17 000元。公司尚未收到付款通知。

要求：根据以上资料，编制银行存款余额调节表。

参考答案

在线测试

六、任务测试

子任务三　其他货币资金核算

一、任务情境

（一）任务场景

北京陈鸿商贸有限责任公司2021年12月发生如下经济业务。

① 3日，向银行申请汇出存款20 000元到外地临时开立采购专户，并派采购员张衡到外地采购。

② 9日，采购员张衡用外地采购专户存款支付材料款。收到的增值税专用发票上注明的价款为10 000元、增值税税额为1 300元。取得的增值税专用发票已经税务机关认证，并可予抵扣。材料已验收入库。

③ 13日，采购员张衡回来，采购专户结束。余款划回。

④ 18日，向银行申请签发银行汇票40 000元。银行同意办理。

⑤ 21日，持上述银行汇票购买原材料。收到的增值税专用发票上注明的价款为30 000元、增值税税额为3 900元。取得的增值税专用发票均已经税务机关认证，并可予抵扣。材料已验收入库。

⑥ 26日，收到银行转来本月18日签发的银行汇票多余款6 100元。

（二）任务布置

根据上述经济业务，进行北京陈鸿商贸有限责任公司12月份的相关账务处理。

二、任务准备

（一）知识准备

1. 其他货币资金概述

（1）其他货币资金的定义

其他货币资金是指企事业单位除现金、银行存款以外的其他各种货币资金。

（2）其他货币资金的种类

其他货币资金主要包括企业的外埠存款、银行汇票存款、银行本票存款、信用证存款、信用卡存款和存出投资款等。

① 外埠存款是指企业到外地进行临时或零星采购时，汇往采购地银行开立采购专户的款项。

② 银行汇票存款是指企业为取得银行汇票，按照规定存入银行的款项。

③ 银行本票存款是指企业为取得银行本票，按照规定存入银行的款项。

④ 信用证存款是指采用信用证结算方式的企业为开具信用证而存入银行信用证保证金专户的款项。

⑤ 信用卡存款是指企业为取得信用卡而存入银行信用卡专户的款项。

⑥ 存出投资款是指已存入证券公司但尚未进行短期投资或长期投资的现金。

2. 其他货币资金的核算

（1）外埠存款的核算

外埠存款的核算程序可分为3个步骤：汇出资金并开户；采购付款；余额转回。外埠存款采购资金存款不计利息，除采购员差旅费可以支取少量现金外，其他一律转账。采购专户只付不收，付完注销账户。

（2）银行汇票存款的核算

银行汇票存款的核算可分为3个环节：取得汇票；用票付款；余额转回。企业在填送银行汇票委托书并将款项交存银行，取得银行汇票后，根据银行盖章退回的委托书存根联，借记"其他货币资金"账户，贷记"银行存款"账户。使用银行汇票后，企业应根据发票账单及开户行转来的银行汇票第四联等有关凭证，借记"材料采购"等账户，贷记"其他货币资金"账户。如果有多余款或因汇票超过付款期限等原因而退回款项时，则借记"银行存款"账户，贷记"其他货币资金"账户。

（3）银行本票存款的核算

银行本票存款的核算和银行汇票存款的核算在核算程序与核算方法上大体相同，只是银行汇票存款的多余款项可由银行自动退回汇款人，而银行本票存款只办理全额结算，票面金额和实际交易金额之间的差额由交易双方自行结清。

（4）信用证存款的核算

企业向银行提交信用证委托书委托银行对境外供货单位开出信用证时，根据开户行盖章退回的委托书回单，借记"其他货币资金"账户，贷记"银行存款"账户。收到境外供货单位信用证结算凭证及所附发票账单经校对无误后，借记"材料采购"等账户，贷记"其他货币资金"账户。接到银行收账通知，将未用完的信用证余额转回银行结算户时，借记"银行存款"账户，贷记"其他货币资金"账户。

（5）信用卡存款的核算

付款单位办理信用卡，存入备用金及支付手续费时，根据支票存根、手续费收据等原始凭证，借记"其他货币资金——信用卡存款""财务费用"等账户，贷记"银行存款"账户。持卡人持发票来报销凭卡购物、消费的开支时，根据审核无误的发票等原始凭证，借记"材料采购""应交税费——应交增值税（进项税额）"等账户，贷记"其他货币资金——信用卡存款"账户。

收款单位根据汇（总）计单、进账单回单等原始凭证，借记"银行存款"账户，贷记"主营业务收入""应交税费——应交增值税（销项税额）"等账户。

（6）存出投资款的核算

企业向证券公司划出资金时，应借记"其他货币资金——存出投资款"账户，贷记"银行存款"账户；企业购买股票、债券时，应借记"交易性金融资产"等账户，贷记"其他货币资金——存出投资款"账户。

（二）任务要领

① 其他货币资金的分类。
② 银行汇票存款的余额由银行自动退回。
③ 银行本票存款的余额由交易双方自行结清。

三、任务实施

步骤1　开立临时采购专户。
借：其他货币资金——外埠存款　　　　　　　　　　　　20 000
　　贷：银行存款　　　　　　　　　　　　　　　　　　　　20 000

步骤2　支付材料款。
借：原材料　　　　　　　　　　　　　　　　　　　　　10 000
　　应交税费——应交增值税（进项税额）　　　　　　　　1 300
　　贷：其他货币资金——外埠存款　　　　　　　　　　　11 300

步骤3　采购专户余款划回。
借：银行存款　　　　　　　　　　　　　　　　　　　　8 700
　　贷：其他货币资金——外埠存款　　　　　　　　　　　8 700

步骤4　申请签发银行汇票。
借：其他货币资金——银行汇票存款　　　　　　　　　　40 000
　　贷：银行存款　　　　　　　　　　　　　　　　　　　40 000

步骤5　用银行汇票购买材料。
借：原材料　　　　　　　　　　　　　　　　　　　　　30 000
　　应交税费——应交增值税（进项税额）　　　　　　　　3 900

贷：其他货币资金——银行汇票存款　　　　　　　　　　　　33 900

步骤 6　收回银行汇票多余款。

借：银行存款　　　　　　　　　　　　　　　　　　　　　6 100

　　贷：其他货币资金——银行汇票存款　　　　　　　　　　　6 100

四、任务评价

根据任务要求实施并完成任务后，请填写本任务评价参考表，如表 2-3 所示。

表 2-3　其他货币资金核算评价参考表

评价主体	评价内容	得　分
教师评价 （50 分）	1. 学生出勤情况（10 分）	
	2. 学生课堂表现（10 分）	
	3. 任务完成情况	
	其他货币资金业务的账务处理（30 分）	
自我评价 （50 分）	1. 课前预习情况（10 分）	
	2. 上课回答问题积极性（10 分）	
	3. 所学知识掌握情况	
	其他货币资金业务的账务处理（30 分）	
合　计		

五、任务拓展

北京陈鸿商贸有限责任公司 2021 年 12 月 2 日通过转账方式向证券资金账户划入资金 200 000 元，准备用于投资股票。11 日，购入 A 公司股票 5 000 股，成交价为 156 300 元。假定不考虑相关税费。

要求：进行相关的账务处理。

参考答案

六、任务测试

在线测试

单元二　资金筹集业务

任务二　银行借款与金融负债核算

一、任务情境

（一）任务场景

北京陈鸿商贸有限责任公司2021年有关经济业务如下。

① 1月1日，从银行借入一笔生产经营用短期借款。共计50 000元，期限为3个月，年利率为4.8%。根据与银行签署的借款协议，该项借款的本金到期后一次归还，利息按季支付。

② 1月1日，从银行取得3年期借款1 000 000元用于日常经营活动。年利率6.3%，每年年末支付利息，到期一次归还本金。

③ 1月1日，按面值发行债券3 000 000元。期限5年，票面利率12%，每年年末计息一次，到期一次还本付息。资金用于日常经营活动。

④ 1月31日，编制上述借款应付利息计算表（见表2-4）并进行账务处理。

表2-4　应付利息计算表

付息单位：北京陈鸿商贸有限责任公司　　　2021年1月31日　　　截止日期2021年1月31日

序号	起讫期	借款种类	计息基数	年利率	利息/元
1					
2					
3					
合计		—	—	—	

会计：　　　　　　　复核：　　　　　　　制单：

⑤ 3月31日，支付短期借款利息600元。

⑥ 4月1日，偿还短期借款本金50 000元。

⑦ 4月5日，到期归还2019年4月1日借入的2年借款本金150 000元。利息已付清。

⑧ 4月15日，偿付2017年4月1日发行的4年期债券，面值120 000元。利息已付清。

（二）任务布置

① 进行短期借款、长期借款、应付债券取得的账务处理。

② 月末计算短期借款、长期借款、应付债券利息，并进行账务处理。

③ 进行季末（年末）支付短期借款利息的账务处理。

④ 进行到期偿还借款（债券）本金（及利息）的账务处理。

二、任务准备

（一）知识准备

1. 负债概述

（1）负债的概念

负债是指企业过去的交易或事项形成的，预期会导致经济利益流出企业的现时义务。

（2）负债的分类

负债一般按其偿还速度或偿还时间的长短划分为流动负债和非流动负债两类。

① 流动负债是指将在一年或超过一年的一个营业周期内偿还的债务，主要包括短期借款、应付票据、应付账款、预收账款、应付职工薪酬、应交税费、应付利润、其他应付款、预提费用等。

② 非流动负债是指偿还期在一年或超过一年的一个营业周期以上的债务，包括长期借款、应付债券、长期应付款。

2. 短期借款

（1）短期借款的概念

短期借款是指企业从银行或其他金融机构等借入的偿还期限在一年以下（含一年）的各种款项。

（2）短期借款的账务处理

为了核算短期借款的取得及偿还情况，企业应设置"短期借款"账户。该账户属于负债类账户，贷方登记企业取得的短期借款本金数额，借方登记企业偿还的短期借款本金数额；期末余额在贷方，表示尚未偿还的短期借款本金数额。短期借款的账务处理如表2-5所示。

表2-5 短期借款的账务处理

时　点	账务处理
取得借款	按实际收到的金额，借记"银行存款"账户，贷记"短期借款"账户
借款利息	企业每期支付借款利息时，借记"财务费用"账户，贷记"银行存款"账户。如果借款利息按季支付，则当企业按月预提借款利息时，借记"财务费用"账户，贷记"应付利息"账户。支付预提利息时，借记"应付利息"账户，贷记"银行存款"账户
归还本金	企业归还借款本金时，借记"短期借款"账户，贷记"银行存款"账户

课堂训练 2-1 2021年1月1日，甲公司从银行借入一笔生产经营用短期借款，共计1 200 000元，期限为9个月，年利率为4%。根据与银行签署的借款协议，该项借款的本金到期后一次归还，利息按季支付。

（1）1月1日，借入短期借款

借：银行存款　　　　　　　　　　　　　　　1 200 000
　　贷：短期借款　　　　　　　　　　　　　　　　1 200 000

（2）1月末，计提1月份应付利息

借：财务费用　　　　　　　　　　　　　　　4 000
　　贷：应付利息　　　　　　　　　　　　　　　　4 000

本月应计提的利息=1 200 000×4%÷12=4 000（元）

2月末计提利息费用的处理与1月份相同。
(3) 3月末，支付第一季度银行借款利息

借：财务费用　　　　　　　　　　　　　　　　　　4 000
　　应付利息　　　　　　　　　　　　　　　　　　8 000
　　　贷：银行存款　　　　　　　　　　　　　　　　　　12 000

第二、三季度的会计处理同上。
(4) 10月1日，偿还银行借款本金

借：短期借款　　　　　　　　　　　　　　　　　　1 200 000
　　　贷：银行存款　　　　　　　　　　　　　　　　　　1 200 000

> **提示**
>
> 对于借款利息，预提方式与非预提方式的区别：预提方式通过"应付利息"账户核算。
>
> 预提方式　　　　　　　　　　非预提方式
> 借：财务费用　　　　　　　　借：财务费用
> 　　贷：应付利息　　　　　　　　贷：银行存款
> 借：应付利息
> 　　贷：银行存款

3. 长期借款

（1）长期借款的概念

长期借款是指企业从银行或其他金融机构借入的期限在一年以上（不含一年）的各项借款。长期借款一般用于固定资产的购建、改扩建工程等方面，是企业非流动负债的重要组成部分。长期借款的利息费用应当按照权责发生制原则的要求，按期预提计入所购建固定资产的成本（即予以资本化）或直接计入当期财务费用。

（2）长期借款的账务处理

企业应设置"长期借款"账户核算长期借款的取得、计息和归还情况。该账户贷方登记实际借入的本金及利息等，借方登记归还的本金和利息；期末贷方余额，反映企业尚未偿还的长期借款。该账户按贷款单位和贷款种类设置明细账，分别设置"本金""利息调整""应计利息"等账户进行明细核算。利息调整是指合同利率与实际利率之差造成的利息差。长期借款的账务处理如表2-6所示。

表2-6　长期借款的账务处理

时　点	账务处理
取得借款	按照实际收到的金额，借记"银行存款"账户，贷记"长期借款——本金"账户；按照其差额，借记"长期借款——利息调整"账户
借款利息	属于分期付息的，记入"应付利息"账户；属于到期一次还本付息的，记入"长期借款——应计利息"账户。长期借款计算确定的利息费用应当按照《企业会计准则第17号——借款费用》的处理原则进行；属于筹建期间的，记入"管理费用"账户；属于生产经营期间的，记入"财务费用"账户。如果长期借款用于购建固定资产等符合资本化条件的资产，则在资产尚未达到预定可使用状态前，所发生的利息支出应当予以资本化，分别记入"在建工程""制造费用""研发支出——资本化支出"等账户
归还利息	借记"长期借款——本金"账户；按照归还的利息，借记"应付利息"或"长期借款——应计利息"账户，贷记"银行存款"账户

财务会计

课堂训练 2-2 为自建厂房，甲公司2021年1月1日从银行取得3年期借款2 000 000元。其利率为7.2%，每年年末支付利息，到期一次归还本金。2021年1月1日，以银行存款2 180 000元向工程承包单位支付工程价款，增值税税率为9%。工程于2022年12月31日竣工交付使用。

（1）2021年1月1日取得借款时

借：银行存款	2 000 000
贷：长期借款——本金	2 000 000

（2）2021年1月1日支付工程价款时

借：在建工程	2 000 000
应交税费——应交增值税（进项税额）	180 000
贷：银行存款	2 180 000

（3）2021年1月31日，计提借款利息

借款利息=2 000 000×7.2%÷12=12 000（元）

借：在建工程	12 000
贷：应付利息	12 000

2月至11月末计提利息处理同上。

（4）2021年12月31日，年末支付利息时

借：应付利息	132 000
在建工程	12 000
贷：银行存款	144 000

（5）2022年年末工程完工交付使用时

借：固定资产	2 288 000
贷：在建工程	2 288 000

（6）2023年1月31日，计提借款利息

借：财务费用	12 000
贷：应付利息	12 000

2月至11月末计提利息处理同上。

（7）2023年12月31日，支付利息

借：应付利息	132 000
财务费用	12 000
贷：银行存款	144 000

（8）2024年1月1日，偿还本金

借：长期借款——本金	2 000 000
贷：银行存款	2 000 000

延伸

如果上述付息方式是到期一次还本付息，则计提利息的账务处理如下。

借：在建工程/财务费用	12 000
贷：长期借款——应计利息	12 000

4. 应付债券

（1）应付债券的概念

应付债券是指企业为筹措长期资金依法定程序对外发行、约定在一定期限还本付息的有价证券。企业发行的超过一年以上的债券，构成了一项非流动负债，企业会在未来某一特定日期按债券所记载的利率、期限等约定还本付息。

企业债券的发行价格一般取决于债券票面金额、债券票面利率、发行时的市场利率及债券期限的长短等因素。市场利率是指债券发行时金融市场上资金提供双方公司竞争形成的利率（相当于同期银行存款利率）。由于企业发行债券时票面利率既可能等于市场利率，也可能高于或低于市场利率，因此企业发行债券可采用3种不同的发行方式。

① 面值发行。

当债券的票面利率等于发行时的市场利率时，债券的发行价格等于面值，称为面值发行。在这种情况下，债券购买者现在为取得债券所付出的金额与预期未来收回本金及收取各期利息金额的现值是相等的。

② 溢价发行。

当债券的票面利率高于发行时的市场利率时，债券的发行价格高于面值，称为溢价发行。债券发行价格高出债券面值的部分称为债券溢价。债券购买者因溢价多付出的价款，可以从以后各期多得利息收入获得补偿；发行公司因溢价发行多得的收入是对以后各期多付利息的一项调整，不能将溢价视为发行时的收益。

③ 折价发行。

当债券的票面利率低于发行时的市场利率时，债券的发行价格低于面值，称为折价发行。债券发行价格低于债券面值的部分称为债券折价，债券购买者因折价少付出的价款，是对以后各期少得利息收入的预先补偿；发行公司因折价发行少得的收入，实质上既是预先付给债券购买者的利息，也是对利息费用的一项调整。

（2）应付债券的账务处理

企业应设置"应付债券"账户核算应付债券的发行、计提利息、还本付息等情况。该账户贷方登记应付债券的本金和利息，借方登记归还的债券本金和利息；期末贷方余额表示企业尚未偿还的长期债券。"应付债券"账户下分别设置"面值""利息调整""应计利息"等明细账户进行明细核算。应付债券的账务处理如表2-7所示。

表2-7 应付债券的账务处理

时 点	账务处理
发行债券	按照实际收到的金额，借记"银行存款"等账户，按照债券的票面金额，贷记"应付债券——面值"账户。存在差额的，还应按实际收到的款项和票面价值之间的差额，贷记或借记"应付债券——利息调整"账户
资产负债表日	按照应付债券的摊余成本和实际利率计算确定的债券利息费用，借记"在建工程""制造费用""财务费用""研发支出"等账户，按照票面利率计算确定的应付未付利息，贷记"应付利息"或"应付债券——应计利息"账户；按照其差额，借记或贷记"应付债券——利息调整"账户
归还本息	按归还的本息，借记"应付债券——面值"、"应付利息"或"应付债券——应计利息"账户，贷记"银行存款"账户

课堂训练 2-3 甲公司于 2021 年 1 月 1 日，按面值发行债券 600 万元。期限 5 年，票面利率 10%，每年年末计息一次，到期一次还本付息。资金用于日常经营活动。

（1）发行债券时

借：银行存款　　　　　　　　　　　　　　　　　6 000 000
　　贷：应付债券——面值　　　　　　　　　　　　　　　　6 000 000

（2）年末，计提债券利息

由于按照平价发行，所以实际利率与票面利率相同。

债券利息 = 6 000 000 × 10% = 600 000（元）

借：财务费用　　　　　　　　　　　　　　　　　600 000
　　贷：应付债券——应计利息　　　　　　　　　　　　　　600 000

（3）2026 年 1 月 1 日，偿还本金和利息

借：应付债券——面值　　　　　　　　　　　　　6 000 000
　　应付债券——应计利息　　　　　　　　　　　3 000 000
　　贷：银行存款　　　　　　　　　　　　　　　　　　　　9 000 000

（二）任务要领

① 根据借款或债券合同，确定借款本金（债券面值）、期限、利率、付息方式。

② 按照本金（面值）确认"短期借款""长期借款——本金""应付债券——面值"账户金额，按照实际收到金额确认银行存款；两者如果有差额，则记入"长期借款（应付债券）——利息调整"账户。

③ 根据"利息 = 本金 × 利率（年利率）÷ 12"计算本月利息。

④ 月末（年末）计提利息，根据付息方式分别记入"应付利息"（分期付息）、"长期借款（应付债券）——应计利息"账户。

⑤ 季末支付利息根据前两个月计提的利息，借记"应付利息"账户，第 3 个月利息直接记入"财务费用"账户。

三、任务实施

步骤 1　进行短期借款、长期借款、应付债券取得的账务处理。

（1）取得短期借款的账务处理

借：银行存款　　　　　　　　　　　　　　　　　50 000
　　贷：短期借款　　　　　　　　　　　　　　　　　　　　50 000

（2）取得长期借款的账务处理

借：银行存款　　　　　　　　　　　　　　　　　1 000 000
　　贷：长期借款——本金　　　　　　　　　　　　　　　　1 000 000

（3）发行债券的账务处理

借：银行存款　　　　　　　　　　　　　　　　　3 000 000
　　贷：应付债券——面值　　　　　　　　　　　　　　　　3 000 000

步骤2　月末计算短期借款、长期借款、应付债券利息，并进行账务处理。
（1）计算利息（见表2-8）

表2-8　应付利息计算表

2021年1月31日

付息单位：北京陈鸿商贸有限责任公司

序号	起讫期	借款种类	计息基数/元	年利率	利息/元
1	2021年1月1日—2021年1月31日	长期借款	1 000 000	6.30%	5 250
2	2021年1月1日—2021年1月31日	应付债券	3 000 000	12.00%	30 000
3	2021年1月1日—2021年1月31日	短期借款	50 000	4.80%	200
合计		—	—	—	35 450

会计：　　　　　　　　　　　复核：　　　　　　　　　　　制单：

（2）账务处理
借：财务费用　　　　　　　　　　　　　　　　35 450
　　贷：应付利息　　　　　　　　　　　　　　　　35 450

步骤3　进行季末（年末）进行支付短期借款利息的账务处理。
（1）季末支付短期借款利息
借：应付利息　　　　　　　　　　　　　　　　400
　　财务费用　　　　　　　　　　　　　　　　200
　　贷：银行存款　　　　　　　　　　　　　　　　600

步骤4　到期偿还借款（债券）本金（及利息）的账务处理。
（1）偿还短期借款
借：短期借款　　　　　　　　　　　　　　　　50 000
　　贷：银行存款　　　　　　　　　　　　　　　　50 000
（2）偿还长期借款
借：长期借款——本金　　　　　　　　　　　　150 000
　　贷：银行存款　　　　　　　　　　　　　　　　150 000
（3）偿还长期借款
借：应付债券——面值　　　　　　　　　　　　120 000
　　贷：银行存款　　　　　　　　　　　　　　　　120 000

四、任务评价

根据任务要求实施并完成任务后，请填写本任务评价参考表，如表2-9所示。

财务会计

表 2-9 银行借款与金融负债核算评价参考表

评价主体	评价内容	得 分
教师评价（50分）	1. 学生出勤情况（10分）	
	2. 学生课堂表现（10分）	
	3. 任务完成情况	
	银行借款与金融负债业务的账务处理（30分）	
自我评价（50分）	1. 课前预习情况（10分）	
	2. 上课回答问题积极性（10分）	
	3. 所学知识掌握情况	
	银行借款与金融负债业务的账务处理（30分）	
合 计		

五、任务拓展

2021年12月31日，乙公司委托证券公司以7 755万元的价格发行3年期分期付息公司债券用于生产经营活动。该债券面值为8 000万元，票面年利率4.5%（每年应付利息360万），实际年利率5.64%，每年付息一次，到期后按面值偿还。假定不考虑交易费用，各年度利息的实际支付日期均为下年度的1月10日；2024年1月10日支付2023年度利息，一并偿付面值。

要求：

（1）完成乙公司发行债券的账务处理。

（2）完成乙公司计提债券利息、支付利息的账务处理。

（3）完成乙公司到期支付本息的账务处理。

参考答案

在线测试

六、任务测试

任务三　所有者权益核算

一、任务情境

（一）任务场景

A、B、C共同投资设立北京陈鸿商贸有限责任公司，注册资本为10 000 000元。A、B、C持股比例分别为60%、30%、10%。按照章程规定，A、B、C投入资本分别为6 000 000元、3 000 000元和1 000 000元。北京陈鸿商贸有限责任公司已如期收到各投资者一次缴足的款项。

（二）任务布置

完成接受现金投资的账务处理。

二、任务准备

（一）知识准备

所有者权益是指企业资产扣除负债后由所有者享有的剩余权益。公司所有者权益又称为股东权益。所有者权益具有以下特征：第一，除非发生减资、清算或分派现金股利，企业不需要偿还所有者权益；第二，企业清算时，只有在清偿所有的负债后，所有者权益才返还给所有者；第三，所有者凭借所有者权益能够参与企业利润的分配。

所有者权益包括实收资本（或股本）、资本公积、盈余公积和未分配利润等。其中，盈余公积和未分配利润合称为留存收益。

1. 实收资本的核算

实收资本是指企业按照章程规定或合同、协议约定，接受投资者投入企业的资本。实收资本的构成比例或股东的股份比例，既是确定所有者在企业所有者权益中份额的基础，也是企业进行利润或股利分配的主要依据。

为了反映和监督投资者投入资本的增减变动情况，除股份有限公司外，其他各类企业应设置"实收资本"账户进行核算。"实收资本"账户属于所有者权益类账户，该账户贷方登记实收资本的增加数额，借方登记实收资本的减少数额；期末贷方余额反映企业期末实收资本的实有数额。本账户可按投资者进行明细分类核算。

（1）接受现金资产投资

① 股份有限公司以外的企业接受现金资产投资。

企业接受现金资产投资时，应以实际收到的金额，借记"银行存款"等账户，按投资合同或协议约定的投资者在企业注册资本中所占份额的部分，贷记"实收资本"账户，企业实际收到的金额超过投资者在企业注册资本中所占份额的部分，贷记"资本公积——资本溢价"账户。

课堂训练 2-4 A 公司、B 公司共同投资设立北京陈鸿商贸有限责任公司，注册资本为 10 000 000 元。A 公司、B 公司持股比例分别为 60%、40%。按照章程规定，A 公司、B 公司投入资本分别为 6 000 000 元、4 000 000 元。北京陈鸿商贸有限责任公司已如期收到各投资者一次缴足的款项。

借：银行存款　　　　　　　　　　　　　　　　10 000 000
　　贷：实收资本——A 公司　　　　　　　　　　6 000 000
　　　　实收资本——B 公司　　　　　　　　　　4 000 000

课堂训练 2-5 北京陈鸿商贸有限责任公司注册资本为 10 000 000 元，现有 D 公司出资现金 2 000 000 元，使得注册资本增加到 12 000 000 元。其中，D 公司占注册资本的比例为 10%。北京陈鸿商贸有限责任公司接受 D 公司出资。

借：银行存款　　　　　　　　　　　　　　　　2 000 000
　　贷：实收资本——D 公司　　　　　　　　　　1 200 000

　　　　资本公积——资本溢价　　　　　　　　　　　　　　　　　　800 000
　　②股份有限公司接受现金资产投资。
　　　　股份有限公司应设置"股本"账户，核算公司实际发行股票的面值总额。该账户贷方登记在核定的股份总额及股本总额范围内实际发行股票的面值总额，借方登记公司按照法定程序经批准减少的股本数额；期末贷方余额反映公司股本实有数额。
　　　　股份有限公司应按照实际收到的款项，借记"银行存款"账户，按照实际发行的股票面值总额，贷记"股本"账户；按其差额，贷记"资本公积——股本溢价"账户。

课堂训练 2-6 南钢公司按面值发行普通股 10 000 000 股，每股面值 1 元。股票发行成功，股款 10 000 000 元已全部收到，并存入银行。
　　借：银行存款　　　　　　　　　　　　　　　　　10 000 000
　　　　贷：股本　　　　　　　　　　　　　　　　　　　　10 000 000

课堂训练 2-7 南钢公司发行普通股 10 000 000 股，每股面值 1 元，每股发行价格 6 元。假定股票发行成功，股款 60 000 000 元已全部收到，不考虑发行过程中的税费等因素。
　　借：银行存款　　　　　　　　　　　　　　　　　60 000 000
　　　　贷：股本　　　　　　　　　　　　　　　　　　　　10 000 000
　　　　　　资本公积——股本溢价　　　　　　　　　　　　50 000 000

　（2）接受非现金资产投资
　　企业接受投资者作价投入的非现金资产，应按投资合同或协议约定价值确定入账价值（但投资合同或协议约定价值不公允的除外）和在注册资本中应享有的份额。如果入账价值超过其在注册资本中所占份额的部分，则应当计入资本公积。
　　①接受投入固定资产。
　　企业接受投资者作价投入的房屋、建筑物、机器设备等固定资产，应按投资合同或协议约定价值确定固定资产价值（但投资合同或协议约定价值不公允的除外）和在注册资本中应享有的份额。

课堂训练 2-8 北京陈鸿商贸有限责任公司于设立时收到甲公司作为资本投入的不需要安装的机器设备一台，合同约定该机器设备的价值为 500 000 元，增值税进项税额为 65 000 元（由投资方支付税款，并提供或开具增值税专用发票）。经约定，北京陈鸿商贸有限责任公司接受甲公司的投入资本为 565 000 元（合同约定的价值与公允价值相符，不考虑其他因素）。
　　借：固定资产　　　　　　　　　　　　　　　　　500 000
　　　　应交税费——应交增值税（进项税额）　　　　　 65 000
　　　　贷：实收资本——甲公司　　　　　　　　　　　　　565 000
　　本课堂训练中，该项固定资产合同约定的价值与公允价值相符，北京陈鸿商贸有限责任公司接受甲公司投入的固定资产按合同约定金额与增值税进项税额作为实收资本。因此，可按 565 000 元的金额贷记"实收资本"账户。
　　②接受投入材料物资。
　　企业接受投资者作价投入的材料物资，应按投资合同或协议约定价值确定材料物资价值（但投资合同或协议约定价值不公允的除外）和在注册资本中应享有的份额。

单元二　资金筹集业务

课堂训练 2-9　北京陈鸿商贸有限责任公司于设立时收到乙公司作为资本投入的原材料一批。该批原材料投资合同或协议约定的价值（不含可抵扣的增值税进项税额部分）为 200 000 元，增值税进项税额为 26 000 元（由投资方支付税款，并提供或开具增值税专用发票）。假设合同约定的价值与公允价值相符，不考虑其他因素，原材料按实际成本进行日常核算。

借：原材料　　　　　　　　　　　　　　　　　　　　200 000
　　应交税费——应交增值税（进项税额）　　　　　　 26 000
　　贷：实收资本——乙公司　　　　　　　　　　　　　　　226 000

本课堂训练中，原材料的合同约定价值与公允价值相符，因此可按 200 000 元金额借记"原材料"账户。同时，该进项税额允许抵扣，因此增值税专用发票上注明的增值税税额为 26 000 元，应借记"应交税费——应交增值税（进项税额）"账户。北京陈鸿商贸有限责任公司接受的乙公司投入的原材料按合同约定金额与增值税进项税额之和作为实收资本，因此可按 226 000 元的金额贷记"实收资本"账户。

③ 接受投入无形资产。

企业收到以无形资产方式投入的资本，应按投资合同或协议约定价值确定无形资产价值（但投资合同或协议约定价值不公允的除外）和在注册资本中应享有的份额。

课堂训练 2-10　北京陈鸿商贸有限责任公司于设立时收到丙公司作为资本投入的非专利技术一项，该非专利技术投资合同约定价值为 60 000 元。假定北京陈鸿商贸有限责任公司接受该非专利技术符合国家注册资本管理的有关规定，可按合同约定作为实收资本入账，合同约定的价值与公允价值相符。不考虑其他因素。

借：无形资产——非专利技术　　　　　　　　　　　　60 000
　　贷：实收资本——丙公司　　　　　　　　　　　　　　　60 000

（3）实收资本（或股本）的增减变动

一般情况下，企业的实收资本应相对固定不变，但在某些特定情况下，实收资本也可能发生增减变化。我国企业法人登记管理条例规定，除国家另有规定外，企业的注册资金应当与实收资本相一致，当实收资本比原注册资金增加或减少的幅度超过 20% 时，应持资金使用证明或者验资证明，向原登记主管机关申请变更登记。如擅自改变注册资本或抽逃资金，就要受到市场监督管理局的处罚。

① 实收资本（或股本）的增加。

一般企业增加资本主要有 3 个途径：接受投资者追加投资；资本公积转增资本；盈余公积转增资本。

课堂训练 2-11　A 公司、B 公司、C 公司共同投资设立北京陈鸿商贸有限责任公司，原注册资本为 10 000 000 元。A 公司、B 公司、C 公司持股比例分别为 60%、30%、10%。A 公司、B 公司、C 公司分别出资 6 000 000 元、3 000 000 元和 1 000 000 元。为扩大经营规模，经批准，北京陈鸿商贸有限责任公司注册资本扩大为 20 000 000 元，A 公司、B 公司、C 公司按照原出资比例分别追加投资 6 000 000 元、3 000 000 元和 1 000 000 元。北京陈鸿商贸有限责任公司如期收到 A 公司、B 公司、C 公司追加的现金投资。

借：银行存款　　　　　　　　　　　　　　　　　　10 000 000
　　贷：实收资本——A 公司　　　　　　　　　　　　　6 000 000
　　　　实收资本——B 公司　　　　　　　　　　　　　3 000 000

　　　　实收资本——C公司　　　　　　　　　　　　　　　　　　1 000 000

课堂训练 2-12 承课堂训练 2-11，因扩大经营规模需要，经批准，北京陈鸿商贸有限责任公司按原出资比例将资本公积 5 000 000 元转增资本。

　　借：资本公积　　　　　　　　　　　　　　　　　　　　　5 000 000
　　　　贷：实收资本——A公司　　　　　　　　　　　　　　　　3 000 000
　　　　　　实收资本——B公司　　　　　　　　　　　　　　　　1 500 000
　　　　　　实收资本——C公司　　　　　　　　　　　　　　　　　500 000

课堂训练 2-13 承课堂训练 2-11，因扩大经营规模需要，经批准，北京陈鸿商贸有限责任公司按原出资比例将盈余公积 2 000 000 元转增资本。

　　借：盈余公积　　　　　　　　　　　　　　　　　　　　　2 000 000
　　　　贷：实收资本——A公司　　　　　　　　　　　　　　　　1 200 000
　　　　　　实收资本——B公司　　　　　　　　　　　　　　　　　600 000
　　　　　　实收资本——C公司　　　　　　　　　　　　　　　　　200 000

② 实收资本（或股本）的减少

　　企业实收资本减少的原因大体有两种：一是资本过剩；二是企业发生重大损失。有限责任公司和一般企业返还资本比较简单，按法定程序报经批准减少，按减少的注册资本金额，借记"实收资本"账户，贷记"银行存款"等账户。

课堂训练 2-14 北京陈鸿商贸有限责任公司因生产经营规模缩小，投资者 A 公司决定撤回对公司的投资 2 000 000 元。公司以银行存款予以支付。

　　借：实收资本——A公司　　　　　　　　　　　　　　　　　2 000 000
　　　　贷：银行存款　　　　　　　　　　　　　　　　　　　　2 000 000

　　股份有限公司减资时采用收购并注销本公司股票的方式，通过"库存股"账户核算回购股份的金额。回购股份时，借记"库存股"账户，贷记"银行存款"等账户；注销股份时，按股票面值和注销股数计算的股票面值总额冲减股本，借记"股本"账户，按注销库存股的账面余额，贷记"库存股"账户；如果回购股票支付的价款高于面值总额的，则按其差额借记"资本公积——股本溢价"账户。股本溢价不足以冲减的，应依次借记"盈余公积""利润分配——未分配利润"等账户。如果回购股票支付的价款低于面值总额，则按其差额贷记"资本公积——股本溢价"账户。

课堂训练 2-15 北京陈鸿商贸有限责任公司的股本为 10 000 000 元（面值为 1 元）、资本公积（股本溢价）为 3 000 000 元、盈余公积为 4 000 000 元、未分配利润为 2 000 000 元。经股东大会批准，北京陈鸿商贸有限责任公司以现金回购本公司股票 2 000 000 股并注销。假定北京陈鸿商贸有限责任公司按每股 2 元回购股票。不考虑其他因素。

　　（1）回购本公司股份时
　　借：库存股　　　　　　　　　　　　　　　　　　　　　　4 000 000
　　　　贷：银行存款　　　　　　　　　　　　　　　　　　　　4 000 000
　　库存股成本 =2 000 000×2=4 000 000（元）
　　（2）注销本公司股份时
　　借：股本　　　　　　　　　　　　　　　　　　　　　　　2 000 000

资本公积——股本溢价　　　　　　　　　　　　　2 000 000
　　　贷：库存股　　　　　　　　　　　　　　　　　　　　4 000 000
应冲减的资本公积=2 000 000×2-2 000 000×1=2 000 000（元）

课堂训练 2-16 承课堂训练 2-15，假定北京陈鸿商贸有限责任公司按每股 3 元回购股票。其他条件不变。

（1）回购本公司股份时
　　借：库存股　　　　　　　　　　　　　　　　　　　　6 000 000
　　　贷：银行存款　　　　　　　　　　　　　　　　　　　　6 000 000
库存股成本=2 000 000×3=6 000 000（元）
（2）注销本公司股份时
　　借：股本　　　　　　　　　　　　　　　　　　　　　2 000 000
　　　资本公积——股本溢价　　　　　　　　　　　　　3 000 000
　　　盈余公积　　　　　　　　　　　　　　　　　　　1 000 000
　　　贷：库存股　　　　　　　　　　　　　　　　　　　　6 000 000
应冲减的资本公积=2 000 000×3-2 000 000×1=4 000 000（元）

本课堂训练中，注销股本后，由于应冲减的资本公积大于公司现有的资本公积，因此只能冲减资本公积 3 000 000 元，剩余的 1 000 000 元应冲减盈余公积。

课堂训练 2-17 承课堂训练 2-15，假定北京陈鸿商贸有限责任公司按每股 5 元回购股票。其他条件不变。

（1）回购本公司股份时
　　借：库存股　　　　　　　　　　　　　　　　　　　　10 000 000
　　　贷：银行存款　　　　　　　　　　　　　　　　　　　　10 000 000
库存股成本=2 000 000×5=6 000 000（元）
（2）注销本公司股份时
　　借：股本　　　　　　　　　　　　　　　　　　　　　2 000 000
　　　资本公积——股本溢价　　　　　　　　　　　　　3 000 000
　　　盈余公积　　　　　　　　　　　　　　　　　　　4 000 000
　　　利润分配——未分配利润　　　　　　　　　　　　1 000 000
　　　贷：库存股　　　　　　　　　　　　　　　　　　　　10 000 000

本课堂训练中，注销股本后，由于资本公积、盈余公积均不够冲减，因此只能依次冲减资本公积 3 000 000 元、盈余公积 4 000 000 元，剩余的 1 000 000 元应冲减"利润分配——未分配利润"账户。

课堂训练 2-18 承课堂训练 2-15，假定北京陈鸿商贸有限责任公司按每股 0.8 元回购股票。其他条件不变。

（1）回购本公司股份时
　　借：库存股　　　　　　　　　　　　　　　　　　　　1 600 000
　　　贷：银行存款　　　　　　　　　　　　　　　　　　　　1 600 000
库存股成本=2 000 000×0.8=1 600 000（元）

（2）注销本公司股份时
借：股本　　　　　　　　　　　　　　　　　　　　2 000 000
　　贷：库存股　　　　　　　　　　　　　　　　　　　1 600 000
　　　　资本公积——股本溢价　　　　　　　　　　　　　400 000
应增加的资本公积=2 000 000×1-2 000 000×0.8=400 000（元）
本课堂训练中，由于折价回购，所以股本与库存股成本的差额400 000元应作为增加资本公积处理。

2. 资本公积的核算

资本公积是企业收到投资者出资额超出其在注册资本（或股本）中所占份额的部分，以及其他资本公积等。资本公积包括资本溢价（或股本溢价）和其他资本公积等。形成资本溢价（或股本溢价）的原因有投资者超额缴入资本、溢价发行股票等。其他资本公积是指除净损益、其他综合收益和利润分配以外所有者权益的其他变动。如果企业的长期股权投资采用权益法核算，则因被投资单位除净损益、其他综合收益和利润分配以外所有者权益的其他变动，投资企业按拥有的表决权资本的比例计算应享有的份额，并将其计入资本公积。

资本公积的核算包括资本溢价（或股本溢价）的核算、其他资本公积的核算和资本公积转增资本的核算等内容。

为核算企业资本公积的增减变动情况，应设置"资本公积"账户进行核算。该账户贷方登记企业资本公积的增加数额，借方登记企业资本公积的减少数额；期末贷方余额反映企业资本公积的实有数额。企业应在"资本公积"账户下分别设置"资本溢价""股本溢价""其他资本公积"等账户进行明细核算。

（1）资本溢价（或股本溢价）

① 资本溢价

除股份有限公司外的其他类型的企业，在企业创立时，投资者认缴的出资额往往与注册资本一致，一般不会产生资本溢价。但在企业重组或有新的投资者加入时，为了维护原投资者的权益，常常会出现资本溢价。其原因主要有两点：一是在企业进行正常生产经营后，其资本利润率通常要高于企业初创阶段；二是企业存在内部积累，新投资者加入企业后，对这些积累也享有分配权，所以新加入的投资者往往要付出大于原投资者的出资额，才能取得与原投资者相同的出资比例。投资者的出资额超出其在注册资本中所占份额的部分就形成了资本溢价。

课堂训练 2-19 北京陈鸿商贸有限责任公司注册资本为10 000 000元。一年后，为扩大经营规模，经批准，北京陈鸿商贸有限责任公司注册资本增加到12 000 000元，并引入新投资者加入。现有D公司出资现金2 000 000元，使得注册资本增加到12 000 000元，同时享有北京陈鸿商贸有限责任公司股份的10%。北京陈鸿商贸有限责任公司已收到该现金投资。假定不考虑其他因素。

借：银行存款　　　　　　　　　　　　　　　　　　2 000 000
　　贷：实收资本　　　　　　　　　　　　　　　　　　1 200 000
　　　　资本公积——资本溢价　　　　　　　　　　　　　800 000

② 股本溢价

股份有限公司是以发行股票的方式筹集股本的，股票既可按面值发行，也可按溢价发行，我国目前不允许折价发行股票。与其他类型的企业不同，股份有限公司在成立时可能会溢价发行股票，因而在成立之初，就可能会产生股本溢价。股本溢价的数额等于股份有限公司发行股票时实际收到的款额超过股票面值总额的部分。

在按面值发行股票的情况下，企业发行股票取得的收入，应全部作为股本处理；在溢价发行股票的情况下，企业发行股票取得的收入，等于股票面值部分作为股本处理，超出股票面值的溢价收入应作为股本溢价处理。

发行股票相关的手续费、佣金等交易费用，如果是溢价发行股票的，则应从溢价中抵扣，冲减"资本公积——股本溢价"账户；无溢价发行股票或溢价金额不足抵扣的，应将不足抵扣的部分冲减"盈余公积"和"利润分配——未分配利润"账户。

课堂训练 2-20 北京陈鸿商贸有限责任公司委托某证券公司首次公开发行了普通股 20 000 000 股，每股面值1元，每股发行价格为3元。与证券公司约定，按发行收入的3%支付佣金，从发行收入中扣除。假定收到的股款已存入银行。

收到发行收入时

借：银行存款　　　　　　　　　　　　　　　　　　　　58 200 000
　　贷：股本　　　　　　　　　　　　　　　　　　　　20 000 000
　　　　资本公积——股本溢价　　　　　　　　　　　　38 200 000

本课堂训练中记入"资本公积——股本溢价"账户的金额 =20 000 000×(3-1)-20 000 000×3×3%=38 200 000（元）

（2）其他资本公积

其他资本公积包括在权益法下，被投资单位除净损益、其他综合收益和利润分配以外所有者权益的其他变动时，投资企业所确认的资本公积和权益结算的股份支付在等待期内确认的资本公积等。本教材以被投资单位除净损益、其他综合收益和利润分配以外的所有者权益的其他变动为例，介绍相关的其他资本公积的核算。

企业对被投资单位的长期股权投资采用权益法核算时，在持股比例不变的情况下，对被投资单位除净损益、其他综合收益和利润分配以外的所有者权益的其他变动，应按持股比例计算其应享有或应分担被投资单位所有者权益的增减数额，借记或贷记"长期股权投资——其他权益变动"账户，贷记或借记"资本公积——其他资本公积"账户。在处置长期股权投资时，应转销与该笔投资相关的其他资本公积，按照结转的长期股权投资的投资成本比例结转原记入"资本公积——其他资本公积"账户的金额，借记或贷记"资本公积——其他资本公积"账户，贷记或借记"投资收益"账户。

课堂训练 2-21 北京陈鸿商贸有限责任公司于2021年7月20日向E公司投资 6 000 000 元，拥有该公司20%的股份，并对该公司有重大影响，因而对E公司长期股权投资采用权益法核算。2021年12月31日，E公司除净损益、其他综合收益和利润分配以外的所有者权益增加了 1 000 000 元。假定除此之外，E公司的所有者权益没有变化，北京陈鸿商贸有限责任公司的持股比例没有变化，E公司资产的账面价值与公允价值一致。不考虑其他因素。

借：长期股权投资——E公司——其他权益变动　　　　200 000
　　贷：资本公积——其他资本公积　　　　　　　　　　200 000

对E公司投资增加的资本公积 =1 000 000×20%=200 000（元）

本课堂训练中，北京陈鸿商贸有限责任公司对 E 公司的长期股权投资采用权益法核算，持股比例未发生变化，E 公司发生了除净损益、其他综合收益和利润分配以外的所有者权益的其他变动，北京陈鸿商贸有限责任公司应将按其持股比例计算应享有的 E 公司权益数额 200 000 元作为增加其他资本公积处理。

（3）资本公积转增资本

经股东大会或类似机构决议，用资本公积转增资本时，应冲减资本公积。同时，按照转增资本前的实收资本（或股本）的结构或比例，将转增资本的金额记入"实收资本"（或"股本"）账户下各所有者的明细分类账户中，借记"资本公积"账户，贷记"实收资本"（或"股本"）账户。

3. 盈余公积的核算

盈余公积是指企业按照有关规定从净利润中提取的各种积累资金，包括法定盈余公积和任意盈余公积。

法定盈余公积是指按照企业净利润和法定比例计提的盈余公积。按照《中华人民共和国公司法》有关规定，公司制企业应当按照净利润（减弥补以前年度亏损，下同）的 10% 提取法定盈余公积。非公司制企业法定盈余公积的提取比例可超过净利润的 10%。法定盈余公积累计额已达注册资本的 50% 时可以不再提取。值得注意的是，如果以前年度未分配利润有盈余（即年初未分配利润余额为正数），则在计算提取法定盈余公积的基数时，不应包括企业年初未分配利润；如果以前年度有亏损（即年初未分配利润余额为负数），则应先弥补以前年度亏损再提取盈余公积。

企业应通过"盈余公积"账户，核算盈余公积的提取、使用等情况，并分别设置"盈余公积——法定盈余公积""盈余公积——任意盈余公积"账户进行明细核算。

"盈余公积"账户的贷方登记企业按照规定提取的各项盈余公积的数额，借方登记企业因将盈余公积用于弥补亏损、转增资本及分配现金股利或利润等而减少盈余公积的数额等；期末贷方余额表示企业提取的盈余公积结存的数额。企业提取的盈余公积经批准可用于弥补亏损、转增资本、发放现金股利或利润等。

（1）盈余公积的提取

课堂训练 2-22 北京陈鸿商贸有限责任公司本年实现净利润 2 000 000 元，年初未分配利润为 0。经股东大会批准，北京陈鸿商贸有限责任公司按当年净利润的 10%、5% 分别提取法定盈余公积和任意盈余公积。盈余公积的计提情况如表 2-10 所示。

表 2-10 盈余公积计提表

2021 年 12 月 31 日   元

项 目	计提比例	金 额
计提法定盈余公积	10%	200 000.00
计提任意盈余公积	5%	100 000.00

借：利润分配——提取法定盈余公积　　　　　　　　　200 000
　　利润分配——提取任意盈余公积　　　　　　　　　100 000

贷：盈余公积——法定盈余公积　　　　　　　　　　　　200 000
　　　　盈余公积——任意盈余公积　　　　　　　　　　　　100 000
（2）盈余公积的用途
① 盈余公积补亏。

课堂训练 2-23 北京陈鸿商贸有限责任公司经股东大会批准，用以前年度提取的盈余公积弥补当年亏损，当年弥补亏损的数额为 100 000 元。假定不考虑其他因素。

　　借：盈余公积　　　　　　　　　　　　　　　　　　　　100 000
　　　贷：利润分配——盈余公积补亏　　　　　　　　　　　100 000
② 盈余公积转增资本。

课堂训练 2-24 北京陈鸿商贸有限责任公司因扩大经营规模需要，经股东大会批准，将盈余公积 200 000 元转增股本。假定不考虑其他因素。

　　借：盈余公积　　　　　　　　　　　　　　　　　　　　200 000
　　　贷：股本　　　　　　　　　　　　　　　　　　　　　200 000
③ 用盈余公积发放现金股利或利润。

课堂训练 2-25 北京陈鸿商贸有限责任公司经股东大会批准，以盈余公积 1 000 000 元发放现金股利。

（1）确认股利时
　　借：盈余公积　　　　　　　　　　　　　　　　　　　 1 000 000
　　　贷：应付股利　　　　　　　　　　　　　　　　　　 1 000 000
（2）支付股利时
　　借：应付股利　　　　　　　　　　　　　　　　　　　 1 000 000
　　　贷：银行存款　　　　　　　　　　　　　　　　　　 1 000 000

（三）任务要领
① 接受现金资产的投资。
② 实收资本增加。
③ 实收资本减少。
④ 盈余公积的核算。

三、任务实施

　　借：银行存款　　　　　　　　　　　　　　　　　　　10 000 000
　　　贷：实收资本——A 公司　　　　　　　　　　　　　　6 000 000
　　　　　实收资本——B 公司　　　　　　　　　　　　　　3 000 000
　　　　　实收资本——C 公司　　　　　　　　　　　　　　1 000 000

四、任务评价

根据任务要求实施并完成任务后，请填写本任务评价参考表，如表 2-11 所示。

表 2-11　所有者权益核算评价参考表

评价主体	评价内容	得　分
教师评价 （50 分）	1. 学生出勤情况（10 分）	
	2. 学生课堂表现（10 分）	
	3. 任务完成情况	
	（1）所有者权益的含义和内容构成（6 分）	
	（2）所有者权益的来源渠道（6 分）	
	（3）实收资本相关业务的账务处理（6 分）	
	（4）资本公积相关业务的账务处理（6 分）	
	（5）盈余公积相关业务的账务处理（6 分）	
自我评价 （50 分）	1. 课前预习情况（10 分）	
	2. 上课回答问题积极性（10 分）	
	3. 所学知识掌握情况	
	（1）所有者权益的含义和内容构成（6 分）	
	（2）所有者权益来源渠道（6 分）	
	（3）实收资本相关业务的账务处理（6 分）	
	（4）资本公积相关业务的账务处理（6 分）	
	（5）盈余公积相关业务的账务处理（6 分）	
合　计		

五、任务拓展

甲、乙两公司投资组建一个新的有限责任公司 A 公司。

（1）甲公司投入生产用设备一台，双方确认价值为 200 万元（与公允价值一致），税务部门认定增值税税额为 26 万元，并开具了增值税专用发票。

（2）乙公司投入货币资金 200 万元。

（3）2 年后，丙公司向 A 公司追加投资，其缴付该公司的出资额为 300 万元，协议约定丙公司享有的注册资本金额为 280 万元。

假设甲公司、乙公司出资额与其在注册资本中所享有的份额相等，不产生资本公积。

要求：根据上述资料，不考虑其他因素，分别对 A 有限责任公司接受甲公司、乙公司、丙公司投资进行相关的账务处理（答案中的金额单位用万元表示）。

参考答案

六、任务测试

在线测试

单元三

生产准备业务

↘ 思政目标
1. 树立诚信为本、操守为重、遵循准则、不做假账的会计职业道德。
2. 培养认真严谨的学习态度。
3. 培养精益求精的工作精神。

↘ 知识目标
1. 理解存货、固定资产、无形资产、往来负债的概念及特征。
2. 掌握存货、固定资产、无形资产的确认条件和分类。
3. 掌握货款结算、增值税、支付采购费用、采购成本核算等生产准备业务的账务处理。

↘ 技能目标
1. 依据平台,能够对生产准备业务的原始单据进行采集、归类。
2. 依据业务场景,能辨别其记账凭证是否自动生成。如果是系统自动生成的,则学会查看系统中自动生成的记账凭证并完善凭证;如果系统不能自动生成记账凭证,则学会在系统里手动生成其记账凭证。
3. 依据原始凭证填制、审核记账凭证。

任务一　存货核算

一、任务情境

(一) 任务场景

北京陈鸿商贸有限责任公司为增值税一般纳税人,税率13%。该公司生产产品电器A,主要耗用原材料a1。该材料采用计划成本法进行日常核算,计划单位成本为每千克20元。2021年12月初,该公司原材料a1和材料成本差异的借方余额为30 000元和3 152元。该原材料未计提过跌价准备。该公司12月份发生以下经济业务。

① 5日,从乙公司购入5 000千克原材料a1。增值税专用发票上注明的价款为90 000元、增值税税额为11 700元。支付该批材料的运费2 000元、增值税税额180元。已取得

增值税专用发票。上述款项均以银行存款转账付讫,材料尚未运抵。

② 8日,从乙公司购入的材料到达,验收入库时发现短缺50千克。经查明,短缺为运输中的合理损耗。按实际数量入库。

③ 10日,领用材料5 000千克,用于生产产品电器A。

④ 15日,发出材料400千克,委托丙公司加工成产品电器A。

⑤ 25日,领用材料300千克,用于公司专设销售机构办公用具的日常维修。

⑥ 30日,将库存200千克原材料a1出售给丁公司。开具的增值税专用发票上注明的价款为5 000元、增值税税额为650元。全部款项已存入银行。

⑦ 根据发料凭证汇总表,做发出原材料的账务处理。

发料凭证汇总表如表3-1所示。

表3-1 发料凭证汇总表

原材料:a1　　　　　　　　　　　　　　　　　　2021-12-31

2021年		用 途	领 用		
月	日		数量/千克	计划成本/(元/千克)	金额/元
12	10	生产领用	5 000	20	100 000
	15	发出材料委托加工	400	20	8 000
	25	维修领用	300	20	6 000
	30	销售	200	20	4 000
	31	合　计	5 900	20	118 000

⑧ 31日,结转发出材料应负担的材料成本差异。

⑨ 31日,原材料的可变现净值为10 000元,符合存货计提减值准备的条件。

(二)任务布置

① 计算购入原材料的实际成本。

② 完成所有业务的账务处理。

③ 登记原材料和材料成本差异明细账。

④ 计算期末结存原材料的实际成本,并计算在资产负债表中"存货"项目的期末金额。

二、任务准备

(一)知识准备

1.存货概述

(1)存货的含义和特征

存货是指企业在日常活动中持有以备出售的产品或商品、处在生产过程中的在产品、正在生成过程中或提供劳务过程中耗用的材料和物料等,包括各类材料、在产品、半成品、产成品、商品及包装物、低值易耗品、委托代销商品等。存货具有如下特征。

① 企业持有存货的目的是出售。例如:在经营过程中予以出售,如商品、产成品及某

些半成品等；或者在生产或提供劳务的过程中耗用，制成产成品后再予以出售，如材料、包装物等；或者仍处于生产过程中，如产品、在产品等。一项资产是否属于存货，不是取决于该项资产的物质实体，而是取决于该资产在生产经营过程中的用途或所起到的作用。例如，同一项机器设备，对于销售该机器设备的企业来说属于存货，而对于使用该机器设备的企业来说则属于固定资产。又如，企业为建造固定资产而储备的各种材料，虽然在物质形体上与生产产品储备的原材料类似，但不符合存货的概念，因而不能作为企业的存货进行核算。

② 存货属于有形资产，具有实物形态。存货的这一特性，使其与企业的许多其他无实物形态的资产相区别，如应收账款、无形资产、交易性金融资产等。同时，也将现金和银行存款排除在存货的范围之外。

③ 存货属于流动资产，具有较大的流动性，但其流动性又低于现金、应收账款等流动资产。存货的这一特性，使其区别于企业其他各种有物质实体存在的资产，如固定资产、在建工程等。企业的低值易耗品由于价值较低、易损坏、使用期限较短、具有较大的流动性，因此也将其列为存货。

④ 存货具有时效性和发生潜在损失的可能性。在正常的生产经营过程中，存货能够转化为货币资产或其他资产。但长期不能销售的商品或耗用材料，有可能变为积压物资或需要降价销售，从而给企业造成损失。

（2）存货的确认条件

存货必须在符合定义的前提下，同时满足以下条件，才能予以确认。

① 与该存货有关的经济利益很可能流入企业。存货是企业的一项重要的流动资产，因此对存货的确认，关键是判断其是否很可能给企业带来经济利益或其所包含的经济利益是否很可能流入企业。通常拥有存货的所有权是与该存货有关的经济利益很可能流入本企业的一个重要标志。一般情况下，根据销售合同已经售出（取得现金或收取现金的权利），所有权已经转移的存货，因其所含经济利益已不能流入本企业，因而不能再作为企业的存货进行核算，即使该存货尚未运离该企业。

② 该存货的成本能够可靠地计量。存货作为企业资产的组成部分要予以确认，必须能够对其成本可靠地进行计量。存货的成本能够可靠地计量必须以取得确凿、可靠的证据为依据，并且具有可验证性。如果存货成本不能可靠地计量，则不能确认为一项存货。例如，企业承诺的订货合同，由于并未实际发生，不能可靠地确定其成本，因此就不能确认为购买企业的存货。

（3）存货的分类

存货的具体内容和类别应依企业所处行业的性质而定。以制造业为例，存货按经济内容可分为原材料、在产品、自制半成品、产成品、周转材料、委托代销商品和商品。

2. 存货的计量

存货的种类

（1）存货的初始计量

《企业会计准则》规定，存货应当按照成本进行初始计量。存货的成本包括采购成本、加工成本和其他成本。不同的存货，其成本构成内容也不同：原材料、商品等通过购买而取得的存货的成本由采购成本构成；产成品、在产品、委托加工物资等通过进一步加工而取得的存货的成本由采购成本、加工成本及使存货达到目前场所和状态所发生的其他成本构成。

存货的来源不同，其成本的构成内容也不同。除特别规定外，企业以相同方式取得的各种存货，其取得的成本计价原则保持一致。

① 存货的采购成本。

存货采购成本的主要包括以下几项。

- 采购价款：企业购入时取得的发票账单上列明的价款，但不包括按规定可以抵扣的增值税税额。
- 相关税费：企业购买存货可能发生的进口关税、消费税、资源税和不能从销项税额中抵扣的增值税进项税额等。
- 运杂费：企业购买存货可能负担的运输费、装卸费、保险费、储存费、包装费等。
- 运输途中的合理损耗。
- 入库前的挑选整理费用：包括整理挑选中发生的人工费支出和数量损耗，并扣除回收的下脚料价值。

上述后 3 项属于其他可直接归属于存货采购的费用，这些费用能分清负担对象的，应直接计入存货的采购成本；不能分清负担对象的，应选择合理的分配方法，分配计入有关存货的采购成本。分配方法通常包括按所购存货的重量或采购价格比例进行分配。

对于采购中发生的物资损毁、短缺等，除合理的损耗应当作为存货的其他可直接归属于存货采购的费用计入采购成本外，应分不同情况进行会计处理：应向供应单位、外部运输机构等收回的存货短缺或其他赔款，应冲减所购存货的采购成本；遭受意外灾害发生的损失和尚未查明原因的途中损耗，不得增加存货的采购成本，应暂作为待处理财产损溢进行核算，待查明原因后再做处理；不能归属于使存货达到目前场所和状态的其他支出，不符合存货的定义和确认条件，应在发生时计入当期损益，不得计入存货成本，如采购人员的差旅费等。

② 存货的加工成本。

存货的加工成本是指在存货的加工过程中发生的追加费用，包括直接人工及按照一定方法分配的制造费用等。直接人工是指企业在生产产品过程中直接从事产品生产的职工薪酬；制造费用是指企业为生产产品和提供劳务而发生的各种间接费用。委托加工存货应以加工过程中实际耗用的原材料或半成品的成本加工费、运杂费等费用及按规定应计入成本的税金作为实际成本。

③ 存货的其他成本。

存货的其他成本是指除采购成本、加工成本以外的使存货达到目前场所和状态所发生的其他支出，如企业在生产过程中为达到下一个生产阶段所必需的仓储费用。企业提供劳务的，所发生的劳务提供人员的直接人工薪酬和其他直接费用及可归属的间接费用应当计入存货成本。为取得存货而发生的借款费用，应当按照《企业会计准则第 17 号——借款费用》的规定进行处理，即满足借款费用资本化条件的，应当计入存货成本；不满足借款费用资本化条件的，应当计入当期损益。

其他方式接受存货的计量方法

（2）发出存货的计量

① 个别计价法。

个别计价法也称个别认定法、具体辨认法、分批实际法，其特征是注重所发出存货（包括原材料和其他存货）具体项目的实物流转和成本流转之间的联系，逐一辨认各批发出存货和期末存货所属的购进批别或生产批别，分别按其购入或生产时所确定的单位成本作为计算各批发出存货和期末存货的成本,即按每一种存货的实际成本作为计算发出存货成本和期末存货成本的基础。

个别计价法的成本计算准确,符合实际情况。但在存货收发频繁的情况下,其发出成本分辨的工作量较大。因此,这种方法适用于一般不能替代使用的存货、为特定项目专门购入或制造的存货及提供的劳务,如珠宝、名画等贵重物品。

② 先进先出法。

先进先出法是以先取得的存货(包括原材料和其他存货)应先发出(销售或耗用)这样一种存货实物流动假设为前提,对发出存货进行计价的一种方法。采用这种方法,先购入的存货成本在后购入存货成本之前转出,据此确定发出存货和期末存货的成本。其具体方法是:收入存货时,逐笔登记收入存货的数量、单价和金额;发出存货时,按照先进先出的原则逐笔登记存货的发出成本和结存金额。

先进先出法可以随时结转存货发出成本,但比较烦琐,当存货收发业务较多且存货单价不稳定时,其工作量较大。在物价持续上升时,期末存货成本接近于市价,而发出成本偏低,会高估企业当期利润和存货价值;反之,会低估企业存货价值和当期利润。

课堂训练 3-1 北京陈鸿商贸有限责任公司为增值税一般纳税人。2021 年 12 月份原材料 a1 的收发存情况如表 3-2 所示。

表 3-2 原材料收发存情况

原材料:a1　　　　　　　　　　　　　2021 年 12 月

日期	摘要	收入		发出		结存数量/千克
		数量/千克	单位成本/(元/千克)	数量/千克	单位成本/(元/千克)	
12月1日	结存	30 000	2.00			30 000
12月8日	购入	20 000	2.20			50 000
12月14日	发出			40 000		10 000
12月20日	购入	30 000	2.30			40 000
12月28日	发出			20 000		20 000
12月31日	购入	20 000	2.50			40 000

利用先进先出法计算原材料 a1 购入成本、发出成本、期末结存成本的具体计算过程如表 3-3 所示。

表 3-3 原材料成本计算(先进先出法)

原材料:a1　　　　　　　　　　　　　2021 年 12 月

日期	收入			发出			结存		
	数量/千克	单位成本/(元/千克)	总成本/元	数量/千克	单位成本/(元/千克)	总成本/元	数量/千克	单位成本/(元/千克)	总成本/元
12月1日							30 000	2.00	60 000
12月8日	20 000	2.20	44 000				30 000 20 000	2.00 2.20	60 000 44 000
12月14日				30 000 10 000	2.00 2.20	60 000 22 000	10 000	2.20	22 000

（续表）

日期	收入			发出			结存		
	数量/千克	单位成本/(元/千克)	总成本/元	数量/千克	单位成本/(元/千克)	总成本/元	数量/千克	单位成本/(元/千克)	总成本/元
12月20日	30 000	2.30	69 000				10 000 30 000	2.20 2.30	22 000 69 000
12月28日				10 000 10 000	2.20 2.30	22 000 23 000	20 000	2.30	46 000
12月31日	20 000	2.50	50 000				20 000 20 000	2.30 2.50	46 000 50 000
合计	70 000		163 000	60 000		127 000	40 000		96 000

③ 月末一次加权平均法。

月末一次加权平均法是以当月全部进货数量加上月初结存存货数量作为权数，去除当月全部进货成本加上月初结存存货成本，计算出存货平均单位成本，以此为基础计算当月发出存货成本和月末结存存货成本的一种方法。其相关的计算公式为：

存货平均单位成本＝（月初结存存货实际成本＋本月进货实际成本）÷
（月初结存存货数量＋本月进货数量）

本月发出存货的成本＝本月发出存货的数量×存货平均单位成本

本月月末结存存货成本＝月末结存存货的数量×存货平均单位成本

采用月末一次加权平均法只在月末一次计算加权平均单价，比较简单，有利于简化成本计算工作。但由于平时无法从账上提供发出和结存存货的单价及金额，因此不利于存货成本的日常管理与控制。

课堂训练 3-2 承课堂训练 3-1 的资料，采用月末一次加权平均法计算原材料 a1 发出及期末结存成本。

采用月末一次加权平均法计算原材料 a1 的成本如下。

原材料单位成本 =（60 000+163 000）÷（30 000+70 000）= 2.23（元/千克）

本月发出原材料成本 = 60 000×2.23=133 800（元）

月末结存原材料成本 = 40 000×2.23=89 200（元）

④ 移动加权平均法。

移动加权平均法是指以每次进货的成本加上原有结存存货的成本，除以每次进货数量与原有结存存货的数量之和，据以计算存货平均单位成本，作为在下次进货前计算各次发出存货成本的依据。

采用移动加权平均法能够使企业管理层及时了解存货的结存情况，计算的平均单位成本及发出和结存的存货成本比较客观。但由于每次收货都要计算一次平均单位成本，因此计算工作量较大，对收发货较频繁的企业不适用。

其相关的计算公式为：

存货平均单位成本＝（原有结存存货实际成本＋本次进货实际成本）÷
（原有结存存货数量＋本次进货数量）

本次发出存货的成本＝本次发出存货的数量×本次发出存货前存货平均单位成本

本月月末结存存货成本＝月末结存存货的数量×本月月末存货平均单位成本

课堂训练 3-3 承课堂训练 3-1 的资料，采用移动加权平均法计算月末原材料 a1 成本及每次收货后的新的平均单位成本。

每次购货后平均单位成本计算如下：
第一批购货后的平均单位成本＝(60 000+44 000)÷(30 000+20 000)=2.08（元/千克）
第二批购货后的平均单位成本＝(20 800+69 000)÷(10 000+30 000)=2.245（元/千克）
第三批购货后的平均单位成本＝(44 900+50 000)÷(20 000+20 000)=2.372 5（元/千克）

由以上所述可知，发出存货成本的计价方法不同，直接影响当期销售成本和期末存货价值的大小，进而影响企业损益的计算及资产负债表中相关项目的价值表现。因此，企业应根据自身的经营性质、经营规模及存货收发等实际情况，选用合适的发出存货成本的计量方法。方法一旦确定，就不得随意变更。如需要变更，应在附注中予以说明。

3. 原材料

原材料是指企业在生产过程中经加工改变其形态或性质并构成产品主要实体的各种原料及主要材料、辅助材料、外购半成品（外购件）、修理备用件（备用备件）、包装材料、燃料等。原材料在核算时可以采用实际成本法和计划成本法。

（1）原材料核算的实际成本法

原材料采用实际成本法进行核算时，原材料的收入、发出、结存，无论是总分类核算还是明细分类核算，均按实际成本计价，需要设置的账户主要有"原材料""在途物资"等。

① 外购原材料的核算。

企业外购材料由于结算方式和采购地点的不同，材料入库、货款支付、收到发票账单在时间上不一定同时，因此相应的账务处理也有所不同。

实际成本法下账户的设置

〈1〉发票账单与原材料同时到达。

对于发票账单与原材料同时到达的采购业务，企业在原材料验收入库后，应根据发票账单等结算凭证确定的材料成本，借记"原材料"账户，根据取得的增值税专用发票上注明的增值税税额，借记"应交税费——应交增值税（进项税额）"账户；按实际支付或应支付的金额，贷记"银行存款""应付账款""应付票据"等账户。

如果取得的原材料等存货用于非应纳增值税项目或免征增值税项目的，以及未按规定取得增值税专用发票的一般纳税人和小规模纳税人取得原材料等存货，应将支付的增值税税额计入取得原材料等存货的成本。

课堂训练 3-4 北京陈鸿商贸有限责任公司 2021 年 12 月 15 日从乙公司购入原材料 a1。取得的增值税专用发票上注明的材料价款为 200 000 元、增值税税额为 26 000 元。另外，对方垫付运输费 1 090 元，增值税专用发票上注明运费为 1 000 元、增值税税额为 90 元。发票等结算凭证已经收到，全部款项已转账支付。原材料已验收入库。

增值税进项税额＝26 000+90=26 090（元）
原材料采购成本＝200 000+1 000=201 000（元）
借：原材料——a1　　　　　　　　　　　　　　　　　201 000
　　应交税费——应交增值税（进项税额）　　　　　　 26 090
　　贷：银行存款　　　　　　　　　　　　　　　　　227 090

课堂训练 3-5 承课堂训练 3-4 的资料，假如北京陈鸿商贸有限责任公司为小规模纳税人。

借：原材料——a1　　　　　　　　　　　　　　　　227 090
　　贷：银行存款　　　　　　　　　　　　　　　　　　　227 090

〈2〉发票账单已到，原材料未到。

对于发票账单已到、原材料未到的业务，应根据发票账单等结算凭证所确定的材料成本，借记"在途物资""应交税费——应交增值税（进项税额）"账户，按实际支付或应付的金额，贷记"银行存款""应付账款""应付票据"等账户；待材料到达验收入库后，再根据收料单，借记"原材料"账户，贷记"在途物资"账户。

课堂训练 3-6 北京陈鸿商贸有限责任公司 2021 年 12 月 20 日采用汇兑结算方式从乙公司购入原材料 a2 一批。发票账单已收到，增值税专用发票上注明的价款为 20 000 元、增值税税额为 2 600 元。支付保险费 1 000 元，开具的增值税专用发票上注明的保险费为 943 元、增值税税额为 57 元。材料尚未到达。

借：在途物资——乙公司　　　　　　　　　　　　　20 943
　　应交税费——应交增值税（进项税额）　　　　　 2 657
　　贷：银行存款　　　　　　　　　　　　　　　　　　　23 600

课堂训练 3-7 承课堂训练 3-6，25 日购入的原材料 a2 验收入库。

借：原材料——a2　　　　　　　　　　　　　　　　20 943
　　贷：在途物资——乙公司　　　　　　　　　　　　　　20 943

〈3〉原材料已到，发票账单未到。

在这种情况下，发票账单未到，无法确定实际成本，期末应按照暂估价值先入账，借记"原材料"账户，贷记"应付账款——暂估应付账款"账户；下月初做相反的会计分录予以冲回。收到发票账单后再按照实际金额入账。

课堂训练 3-8 北京陈鸿商贸有限责任公司 2021 年 12 月 29 日购入原材料 a3 一批，材料已验收入库。31 日发票账单尚未收到，无法确定其实际成本，暂估价值为 30 000 元。

借：原材料——a3　　　　　　　　　　　　　　　　30 000
　　贷：应付账款——暂估应付账款　　　　　　　　　　　30 000

下月初做相反的会计分录予以冲回。

借：应付账款——暂估应付账款　　　　　　　　　　30 000
　　贷：原材料——a3　　　　　　　　　　　　　　　　　30 000

课堂训练 3-9 承课堂训练 3-8，上述购入的原材料 a3 于次月 2 日收到发票账单。增值税专用发票上注明的价款为 30 000 元、增值税税额为 3 900 元。对方代垫保险费 2 000 元。已用银行存款付讫。

借：原材料——a3　　　　　　　　　　　　　　　　32 000
　　应交税费——应交增值税（进项税额）　　　　　 3 900
　　贷：银行存款　　　　　　　　　　　　　　　　　　　35 900

〈4〉采用预付货款的方式采购原材料。

采用预付货款的方式采购材料物资，应在预付材料物资价款时，按照实际预付金额，借记"预付账款"账户，贷记"银行存款"账户；已经预付货款的材料验收入库，根据发票账单等所列的价款、税额等，借记"原材料""应交税费——应交增值税（进项税额）"账户，贷记"预付账款"账户；预付款项不足，补付上项货款，按补付金额借记"预付账款"账户，贷记"银行存款"账户；退回上项多付的款项，借记"银行存款"账户，贷记"预付账款"账户。

课堂训练 3-10 北京陈鸿商贸有限责任公司于12月4日向乙公司预付材料款30 000元用于购买原材料b1。12月20日材料运到并验收入库，收到的乙公司开具的增值税专用发票上注明的价款为40 000元、增值税税额为4 200元。北京陈鸿商贸有限责任公司当日以银行转账方式补付余额。

（1）12月4日，预付材料款时
借：预付账款——乙公司　　　　　　　　　　　　　30 000
　　贷：银行存款　　　　　　　　　　　　　　　　　　30 000
（2）12月20日，材料到达并验收入库时
借：原材料——b1　　　　　　　　　　　　　　　　40 000
　　应交税费——应交增值税（进项税额）　　　　　 4 200
　　贷：预付账款——乙公司　　　　　　　　　　　　44 200
（3）补付余款时
借：预付账款——乙公司　　　　　　　　　　　　　14 200
　　贷：银行存款　　　　　　　　　　　　　　　　　14 200

② 实际成本法下原材料发出的核算。

由于企业材料的日常领发业务比较频繁，因此为了简化日常核算工作，平时一般只登记材料明细分类账，反映各种材料的收入、发出、结存金额；月末或定期根据发料凭证，按领用部门和用途汇总编制发料凭证汇总表，据以编制记账凭证。其主要账务处理如下。

按生产产品领用原材料金额，借记"生产成本——基本生产成本"账户；按辅助生产车间领用原材料金额，借记"生产成本——辅助生产成本"账户；按车间一般耗用领用原材料金额，借记"制造费用"账户；按行政管理部门领用原材料金额，借记"管理费用"账户；按销售部门领用原材料金额，借记"销售费用"账户；按对外出售发出原材料金额，借记"其他业务成本"账户；按福利部门领用原材料金额，借记"应付职工薪酬——职工福利"账户；按在建工程领用原材料金额，借记"在建工程"账户；按发出原材料金额，贷记"原材料"账户。涉及增值税和消费税等相关税费的，还要进行相应的账务处理。

课堂训练 3-11 北京陈鸿商贸有限责任公司根据材料出库单汇总计算所有材料的发出情况，按领用部门和用途汇总编制发料凭证汇总表，如表3-4所示。

表3-4　发料凭证汇总表

2021年12月31日　　　　　　　　　　　　　　　　　　　　　　　　元

领用部门	原材料a1	原材料a2	辅助材料	燃　料	合　计
基本生产车间	123 800	50 000	8 500	2 500	184 800
车间一般耗用	8 000	7 000	3 000	3 000	21 000
行政管理部门	2 000			1 800	3 800
销售部门				800	800
合　计	133 800	57 000	11 500	8 100	210 400

借：生产成本——基本生产成本　　　　　　　184 800
　　　制造费用　　　　　　　　　　　　　　21 000
　　　管理费用　　　　　　　　　　　　　　 3 800
　　　销售费用　　　　　　　　　　　　　　　 800
　　贷：原材料——a1　　　　　　　　　　　133 800
　　　　原材料——a2　　　　　　　　　　　 57 000
　　　　原材料——辅助材料　　　　　　　　 11 500
　　　　原材料——燃料　　　　　　　　　　　8 100

（2）原材料核算的计划成本法

计划成本法是指存货的收入、发出和结存都按企业制定的计划成本计算，同时将实际成本和计划成本之间的差额，单独设置"材料成本差异"账户反映，期末将发出存货和期末存货由计划成本调整为实际成本。

① 购入原材料的核算。

〈1〉购入原材料的发票账单已到。

计划成本法下账户的设置

应根据发票账单等结算凭证所确定的实际材料成本，借记"材料采购""应交税费——应交增值税（进项税额）"等账户，按实际支付或应支付的金额，贷记"银行存款""应付账款""应付票据"等账户；待材料验收入库后，按计划成本借记"原材料"账户，贷记"材料采购"账户；按实际成本大于计划成本的差异，借记"材料成本差异"账户，贷记"材料采购"账户；按实际成本小于计划成本的差异，借记"材料采购"账户，贷记"材料成本差异"账户。

〈2〉原材料已到、发票账单未到。

期末应按照计划成本暂估入账，下月初做相反的会计分录予以冲回，有关账务处理与实际成本法相同。收到发票账单后，再按照计划成本入账，借记"原材料""应交税费——应交增值税（进项税额）"账户，贷记"银行存款""应付账款""应付票据"等账户，并同时结转入库材料的成本差异。

〈3〉采用预付货款的方式采购原材料。

有关预付货款比照实际成本法进行核算，入库材料按照计划成本入账。

课堂训练 3-12 北京陈鸿商贸有限责任公司为增值税一般纳税人，其原材料按计划成本计价。原材料a1的计划单价为12元/千克。2021年12月发生的原材料a1的采购业务如下。

1）2日，从兴顺公司购入10 000千克。单价为12.5元/千克，价款为125 000元，增值税税额为16 250元。发票账单已到，货款已通过银行存款支付。材料已验收入库。

2）6日，从苏南公司购入5 000千克。单价为11.80元/千克，价款为59 000元，增值税税额为7 670元。发票等结算凭证已到，货款已通过银行存款支付。但材料尚未到达。8日，该批材料到达并验收入库。

3）10日，从捷达公司购入8 000千克。单价为12.20元/千克，价款为97 600元，增值税税额为12 688元。收到捷达公司提供的代垫运费的专用发票，注明运费为1 500元、增值税税额为135元。北京陈鸿商贸有限责任公司签发一张2个月后到期的商业承兑汇票结算材料价款和运杂费，材料尚未验收入库。16日，该批材料到达并验收入库。

4）18日，根据合同，向景阳公司预付购买原材料a1 4 500千克的货款40 000元。

5）23 日，预付货款的 4 500 千克原材料 a1 已到达并验收入库。收到发票账单等结算凭证，共计应支付货款 52 200 元，增值税进项税额为 6 786 元。通过银行补付 18 986 元。

6）28 日，根据合同从京都公司采购的原材料 a1 6 000 千克已经到达并验收入库。但发票账单等结算凭证月末尚未到达。货款尚未支付，按计划成本暂估入账。

北京陈鸿商贸有限责任公司应编制如下会计分录。

（1）2021 年 12 月 2 日购入材料并验收入库时

借：材料采购——a1　　　　　　　　　　　　　　125 000
　　应交税费——应交增值税（进项税额）　　　　 16 250
　　　贷：银行存款　　　　　　　　　　　　　　　　　141 250

同时，

借：原材料——a1　　　　　　　　　　　　　　　120 000
　　材料成本差异——a1　　　　　　　　　　　　　 5 000
　　　贷：材料采购——a1　　　　　　　　　　　　　　125 000

（2）2021 年 12 月 6 日采购业务发生时

借：材料采购——a1　　　　　　　　　　　　　　 59 000
　　应交税费——应交增值税（进项税额）　　　　　7 670
　　　贷：银行存款　　　　　　　　　　　　　　　　　 66 670

2021 年 12 月 8 日材料验收入库时

借：原材料——a1　　　　　　　　　　　　　　　 60 000
　　　贷：材料采购——a1　　　　　　　　　　　　　　 59 000
　　　　　材料成本差异——a1　　　　　　　　　　　　 1 000

（3）2021 年 12 月 10 日发生采购业务时

借：材料采购——a1　　　　　　　　　　　　　　 99 100
　　应交税费——应交增值税（进项税额）　　　　 12 883
　　　贷：应付票据——捷达公司　　　　　　　　　　　111 983

2021 年 12 月 16 日材料验收入库时

借：原材料——a1　　　　　　　　　　　　　　　 96 000
　　材料成本差异——a1　　　　　　　　　　　　　 3 100
　　　贷：材料采购——a1　　　　　　　　　　　　　　 99 100

（4）2021 年 12 月 18 日购入时

借：预付账款——景阳公司　　　　　　　　　　　 40 000
　　　贷：银行存款　　　　　　　　　　　　　　　　　 40 000

（5）2021 年 12 月 23 日购入时

借：材料采购——a1　　　　　　　　　　　　　　 52 200
　　应交税费——应交增值税（进项税额）　　　　　6 786
　　　贷：预付账款——景阳公司　　　　　　　　　　　 58 986

补付货款

借：预付账款——景阳公司　　　　　　　　　　　 18 986
　　　贷：银行存款　　　　　　　　　　　　　　　　　 18 986

材料验收入库时

借：原材料——a1　　　　　　　　　　　　　　　54 000
　　贷：材料采购——a1　　　　　　　　　　　　　52 200
　　　　材料成本差异——a1　　　　　　　　　　　 1 800

（6）2021年12月31暂估入账时

借：原材料——a1　　　　　　　　　　　　　　　72 000
　　贷：应付账款——暂估应付款　　　　　　　　　72 000

（下月初，编制相反的会计分录予以冲回）

为简化核算，上述已入库的材料平时可不进行入库的核算，而在期末汇总后一次性进行入库核算并计算材料成本差异。继课堂训练3-11，月末将已入库的原材料a1汇总应编制如下会计分录。

借：原材料——a1　　　　　　　　　　　　　　 330 000
　　材料成本差异——a1　　　　　　　　　　　　 5 300
　　贷：材料采购——a1　　　　　　　　　　　　335 300

其他方式取得原材料的核算

② 发出原材料的核算。

采用计划成本法核算发出的原材料，不论原材料被用于何处，均先按计划成本计算发出成本，然后月末计算本月发出原材料应分摊的成本差异，根据领用原材料的用途计入相关资产的成本或当期损益，从而将发出材料的计划成本调整为实际成本。应分摊的成本差异的金额通过计算材料的成本差异率来实现。材料成本差异率的计算公式为：

本期材料成本差异率=（月初结存材料成本差异+本月验收入库材料成本差异）÷
　　　　　　　　　　（月初结存材料计划成本+本月验收入库材料计划成本）×100%

公式中本月验收入库材料的计划成本不包括暂估入账材料的计划成本。其中：

材料成本差异=实际成本－计划成本

材料成本差异超支额应用"+"表示，节约额应用"-"表示。相应的，材料成本差异率计算结果为正，表示超支；计算结果为负，表示节约。

根据材料成本差异率，可以将发出材料和结存材料的计划成本调整为实际成本。其计算公式为：

发出材料应负担的成本差异=发出材料的计划成本×材料成本差异率
发出材料的实际成本=发出材料的计划成本+发出材料应负担的成本差异
结存材料应负担的成本差异=结存材料的计划成本×材料成本差异率
结存材料的实际成本=结存材料的计划成本+结存材料应负担的成本差异

课堂训练 3-13 承课堂训练3-12，假设12月初北京陈鸿商贸有限责任公司结存的原材料a1的计划成本为85 000元，月初材料成本差异为节约600元。根据该公司12月份的发料凭证汇总表——a1（略），发出原材料a1的计划成本分别为：基本生产车间生产产品耗用256 000元；车间一般耗用38 600元；行政管理部门耗用12 000元；销售部门耗用8 000元。

（1）根据发料凭证汇总表——a1，编制会计分录

借：生产成本——基本生产成本　　　　　　　　 256 000
　　制造费用　　　　　　　　　　　　　　　　　38 600
　　管理费用　　　　　　　　　　　　　　　　　12 000

销售费用　　　　　　　　　　　　　　　　　　　　8 000
　　　　贷：原材料——a1　　　　　　　　　　　　　　　　314 600
（2）计算原材料a1的成本差异率
材料成本差异率 =（-600+5 300）÷（85 000+33 000）×100% =1.13%
（3）编制原材料a1成本差异计算表（见表3-5）

表3-5　原材料a1成本差异计算表（12月份）　　　　　　　　　　　　　　元

领用部门	发出材料		
	计划成本	材料成本差异	合　计
基本生产车间	256 000	2 893	258 893
车间一般耗用	38 600	436	39 036
行政管理部门	12 000	136	12 136
销售部门	8 000	90	8 090
合　计	314 600	3 555	318 155

　　借：生产成本——基本生产成本　　　　　　　　2 893
　　　　制造费用　　　　　　　　　　　　　　　　　436
　　　　管理费用　　　　　　　　　　　　　　　　　136
　　　　销售费用　　　　　　　　　　　　　　　　　 90
　　　　　贷：材料成本差异　　　　　　　　　　　　　　　3 555

计划成本法
的作用

4．周转材料
（1）周转材料概述
周转材料是指企业能够多次使用、逐渐转移其价值但仍然保持原有形态、不确认固定资产的材料，包括包装物和低值易耗品等。
（2）低值易耗品的核算
低值易耗品是指不能作为固定资产的各种用具物品，如工具、管理用具、玻璃器皿、劳动保护用品，以及在经营过程中周转使用的容器等。其特点是单位价值较低，或者使用期限相对于固定资产较短，在使用过程中保持其原有实物形态基本不变。低值易耗品的价值通过使用逐渐发生转移。

周转材料账户
的设置

① 实际成本法下发出低值易耗品的核算
在实际成本法下，比照原材料选用个别计价法、先进先出法、移动加权平均法和月末一次加权平均法确定发出低值易耗品的实际成本。企业应当根据低值易耗品的性质和用途，选用一次转销法或分次摊销法摊销其发出成本。
〈1〉一次转销法
对于低值易耗品而言，一次转销法通常适用于价值较低或极易损坏的管理用具和小型工具、卡具及在单件小批生产方式下为制造某批订货所用的专用工具等低值易耗品。
按照领用低值易耗品的实际成本，借记"制造费用"（生产领用）、"管理费用"（行政管理部门领用）等账户，贷记"周转材料——低值易耗品"账户。
低值易耗品因不能使用报废时，按其残料价值，借记"原材料"等账户，贷记"制造费用""管理费用"等账户。

课堂训练 3—14 北京陈鸿商贸有限责任公司行政管理部门领用管理用具一批。实际成本为1 800元。不符合固定资产定义，采用一次转销法摊销成本。

借：管理费用　　　　　　　　　　　　　　　　　1 800
　　贷：周转材料——低值易耗品　　　　　　　　　　　　1 800

(2) 分次摊销法。

采用分次摊销法，低值易耗品在领用时摊销其账面价值的单次平均摊销额。分次摊销法适用于多次反复使用的低值易耗品。在分次摊销法下，应在"周转材料——低值易耗品"账户下设置"在库""在用""摊销"等明细账户。

课堂训练 3—15 北京陈鸿商贸有限责任公司基本生产车间领用专用工具一批，领料单显示该工具成本为3 000元。不符合固定资产定义，采用分次摊销法进行摊销，摊销次数为2次。

（1）第一次领用时

借：周转材料——低值易耗品（在用）　　　　　　3 000
　　贷：周转材料——低值易耗品（在库）　　　　　　　　3 000

同时，摊销领用低值易耗品成本一半。

借：制造费用　　　　　　　　　　　　　　　　　1 500
　　贷：周转材料——低值易耗品（摊销）　　　　　　　　1 500

（2）第二次领用时摊销其价值的另一半

借：制造费用　　　　　　　　　　　　　　　　　1 500
　　贷：周转材料——低值易耗品（摊销）　　　　　　　　1 500

同时，

借：周转材料——低值易耗品（摊销）　　　　　　3 000
　　贷：周转材料——低值易耗品（在用）　　　　　　　　3 000

采用计划成本法核算的企业，月度终了，应结转当月领用低值易耗品应分摊的成本差异，通过"材料成本差异"账户进行调整。

（3）包装物的核算

① 包装物的含义和内容。

包装物是指为了包装本企业商品而储备的各种包装容器，如桶、箱、瓶、坛、袋等。其主要作用是盛装、装潢产品或商品。其核算内容包括：

- 生产过程中用于包装产品作为产品组成部分的包装物。
- 随同商品出售而不单独计价的包装物。
- 随同商品出售单独计价的包装物。
- 出租或出借给购买单位使用的包装物。

包装物按其储存保管地点，可分为库存包装物和使用中包装物两大类。其中，库存包装物按其是否已经使用，分为库存未用包装物和库存已用包装物。

不属于包装物核算的范围

② 实际成本法下发出包装物的核算。

在实际成本法下，比照原材料选用个别计价法、先进先出法、移动加权平均法或月末一次加权平均法确定发出包装物的实际成本。

单元三 生产准备业务

〈1〉生产领用包装物。

生产领用包装物，应按照领用包装物的实际成本，借记"生产成本"账户，贷记"周转材料——包装物"账户。

课堂训练 3-16 北京陈鸿商贸有限责任公司第一生产车间领用包装物用于产品电器 B 的外包装，实际成本为 4 680 元。

借：生产成本——电器 B   4 680
    贷：周转材料——包装物   4 680

〈2〉随同商品出售而不单独计价的包装物。

随同商品出售而不单独计价的包装物应按其实际成本借记"销售费用"账户，贷记"周转材料——包装物"账户。

课堂训练 3-17 北京陈鸿商贸有限责任公司销售产品领用不单独计价的包装物。领料单显示领用包装物实际成本为 187.2 元。

借：销售费用   187.2
    贷：周转材料——包装物   187.2

〈3〉随同商品出售单独计价的包装物。

随同商品出售单独计价的包装物的销售收入和销售成本均应单独记账，即应于销售发出时，按包装物实际成本，借记"其他业务成本"账户，贷记"周转材料——包装物"账户；根据销售收入和税金，借记"银行存款"等账户，贷记"其他业务收入""应交税费——应交增值税（销项税额）"账户。

课堂训练 3-18 北京陈鸿商贸有限责任公司销售产品领用单独计价的包装物，领料单显示包装物实际成本为 468 元。

借：其他业务成本   468
    贷：周转材料——包装物   468

〈4〉出租包装物。

对于企业出租、出借的包装物，可以多次参加生产经营活动而不改变其实物形态，因而其价值也应按损耗程度，逐渐地转化为它所参与生产的产品成本或当期费用。多次使用的包装物应当根据使用次数分次进行摊销。有关分次摊销法的举例参见课堂训练 3-15。

- 收取租金。按出租包装物的实际成本，借记"其他业务成本"账户，贷记"周转材料——包装物"账户；按收取包装物的租金，借记"银行存款"等账户，贷记"其他业务收入"账户。涉及增值税的，还应进行相应的账务处理。以后将包装物收回再次出租时，只确定租金收入，无须再结转成本。

课堂训练 3-19 北京陈鸿商贸有限责任公司第一仓库因销售商品发出首次领用的包装物木箱一批，出租给购货单位。实际成本为 2 000 元，收取租金 1 130 元存入银行。所售商品增值税税率为 13%，出租包装物采用一次摊销法进行核算。

借：银行存款   1 130
    贷：其他业务收入   1 000
        应交税费——应交增值税（销项税额）   130
借：其他业务成本   2 000
    贷：周转材料——包装物   2 000

- 收取押金。为了能够将出租的包装物顺利收回，企业在出租或出借包装物时，可能要收取一定的押金。收到出租包装物的押金，借记"库存现金""银行存款"等账户，贷记"其他应付款"账户，退回押金时编制相反的会计分录。对于逾期未退包装物，按没收的押金，借记"其他应付款"账户，按应缴的增值税，贷记"应交税费——应交增值税（销项税额）"账户；按其差额，贷记"其他业务收入"账户。如果没收的押金收入应缴消费税等税费，则借记"税金及附加"账户，贷记"应交税费——应交消费税"等账户。

课堂训练 3-20 承课堂训练 3-19，假设北京陈鸿商贸有限责任公司出租包装物时收取押金 2 260 元存入银行。因购货单位没有按期退回包装物，故没收押金。该包装物增值税税率为 13%。

（1）收到包装物押金时
借：银行存款　　　　　　　　　　　　　　　　　　2 260
　　贷：其他应付款　　　　　　　　　　　　　　　　　　2 260
（2）没收押金时
借：其他应付款　　　　　　　　　　　　　　　　　　2 260
　　贷：其他业务收入　　　　　　　　　　　　　　　　　2 000
　　　　应交税费——应交增值税　　　　　　　　　　　　　260

- 出租包装物报废。出租包装物不能使用报废时，按其残料价值，借记"原材料"等账户，贷记"其他业务成本"账户。

〈5〉出借包装物。

企业出借包装物，应将其摊销成本结转为当期销售费用，比照出租包装物进行相应的账务处理。

课堂训练 3-21 北京陈鸿商贸有限责任公司发出包装物铁箱一批，出借给购货单位。实际成本 6 000 元，出借包装物采用一次摊销法进行核算。

借：销售费用　　　　　　　　　　　　　　　　　　6 000
　　贷：周转材料——包装物　　　　　　　　　　　　　6 000

③ 计划成本法下发出包装物的核算。

包装物采用计划成本法进行日常核算的，发出包装物结转计划成本时，还应同时结转应分摊的成本差异。

课堂训练 3-22 北京陈鸿商贸有限责任公司对包装物采用计划成本法核算，某月销售产品领用不单独计价包装物的计划成本为 100 000 元，材料成本差异率为 -3%。

借：销售费用　　　　　　　　　　　　　　　　　　97 000
　　材料成本差异　　　　　　　　　　　　　　　　　3 000
　　贷：周转材料——包装物　　　　　　　　　　　　　100 000

5. 库存商品

（1）库存商品的含义

库存商品是指企业已经完成全部生产过程并验收入库，合乎标准规格和技术条件，可以按照合同规定的条件送交订货单位，或者可以作为商品对外销售的产品及外购或委托加工完成验收入库用于销售的各种商品。库存商品具体包括库存产成品、外购商品、存放在门市部准备出售的商品、发出展览的商品、寄存在外的商品、接受来料加工制造的代制品和为外单位加工修理的代修品等。已完成销售手续，但购买方在月末未提取的产品，不应作为企业的库存商品，而应作为代管商品处理，单独设置代管商品备查簿进行登记。

为了反映和监督企业库存的各种商品增减变化及其结存情况，企业应当设置"库存商品"账户，借方登记验收入库的库存商品的成本，贷方登记发出的库存商品成本；期末余额在借方，反映各种库存商品的实际成本。

（2）制造业企业库存商品的核算
① 库存商品取得的核算。
〈1〉自制的库存商品。

当库存商品生产完工并验收入库时，按实际成本，借记"库存商品"账户，贷记"生产成本——基本生产"账户。

课堂训练 3-23 北京陈鸿商贸有限责任公司商品入库汇总表记载，某月已验收入库1 000台电器A，单位生产成本为5 000元/台，共计5 000 000元；入库2 000台电器B，单位生产成本为1 000元/台，共计2 000 000元。

```
借：库存商品——电器A                5 000 000
    库存商品——电器B                2 000 000
    贷：生产成本——基本生产成本（电器A）  5 000 000
        生产成本——基本生产成本（电器B）  2 000 000
```

〈2〉外购的库存商品。

购入商品实际成本的构成内容与外购原材料相似。企业购入库存商品比照外购原材料进行账务处理，将"原材料"账户相应变换为"库存商品"账户即可。

〈3〉以其他方式取得的库存商品。

企业以其他方式取得的库存商品，比照以相同方式取得的原材料进行计价和账务处理。

② 库存商品发出的核算。

企业应当比照原材料确定发出商品的实际成本。按销售产品发出库存商品的实际成本，借记"主营业务成本"账户；按福利部门领用库存商品的实际成本，借记"应付职工薪酬——职工福利"账户；按在建工程领用库存商品的实际成本，借记"在建工程"账户；按发出库存商品的实际成本，贷记"库存商品"账户。涉及增值税和消费税等相关税费的，还要进行相应的账务处理。

课堂训练 3-24 北京陈鸿商贸有限责任公司月末汇总的发出商品中，当月已实现销售的电器A有500台，电器B有1 500台。电器A单位成本为5 000元/台，电器B单位成本为1 000元/台。

```
借：主营业务成本                    4 000 000
    贷：库存商品——电器A              2 500 000
        库存商品——电器B              1 500 000
```

（3）商品流通企业库存商品的核算
① 购入商品的核算。

商品流通企业在采购商品过程中发生的运输费、装卸费、保险费、仓储费、包装费、运输途中的合理损耗、入库前的挑选整理费用等进货费用，应计入所购商品成本。但在实务中，企业也可以将发生的这些进货费用先进行归集，期末按照所购商品的存销情况进行分摊。对于已销商品的进货费用，计入主营业务成本；对于未售商品的进货费用，计入期末存货成本。商品流通企业采购商品的进货费用金额较小的，可以在发生时直接计入当期销售费用。

② 发出商品的核算。

商品流通企业的库存商品通常采用毛利率法或售价金额法进行日常核算。

〈1〉毛利率法。

毛利率法是根据本期销售净额乘以前期实际（或本期计划）毛利率匡算本期销售毛利，并据以计算发出存货成本和期末存货成本的一种方法。其计算公式为：

$$毛利率 = 销售毛利 \div 销售净额 \times 100\%$$

$$销售净额 = 商品销售收入 - 销售退回与折让$$

$$本期估计销售毛利 = 本期销售净额 \times 上期（或本期计划）毛利率$$

$$本期估计销售成本 = 本期销售净额 - 本期估计销售毛利$$

$$估计期末存货成本 = 期初存货成本 + 本期购货成本 - 本期估计销售成本$$

商品流通企业由于经营商品种类繁多，如果分品种计算商品成本，则工作量会大大加大。而且一般来说，商品流通企业同类商品毛利率大致相同，采用这种存货计价方法既能减轻工作量，又能满足对存货管理的需求。

课堂训练 3-25 某商场采用毛利率法计算销售商品成本。该商场 12 月 1 日纺织品结存成本为 146 000 元，本月购进纺织品成本为 850 000 元，增值税进销税额为 110 500 元。款项已通过银行转账支付。本月销售收入为 1 200 000 元，销售退回合计 10 000 元（无销售折让）。上季度该类商品毛利率为 25%。计算本月已销商品和月末库存商品的成本并进行账务处理。

本月销售净额 = 1 200 000 − 10 000 = 1 190 000（元）
本月估计销售毛利 = 1 190 000 × 25% = 297 500（元）
本月估计销售成本 = 1 190 000 − 297 500 = 892 500（元）
月末库存商品估计成本 = 146 000 + 850 000 − 892 500 = 103 500（元）
本月估计销售成本的计算公式可以简化为：
本月估计销售成本 = 销售净额 ×（1 − 毛利率）= 1 190 000 ×（1 − 25%）= 892 500（元）
账务处理如下（收入略）。

（1）购进商品时
借：库存商品——纺织品　　　　　　　　　　　850 000
　　应交税费——应交增值税（进项税额）　　　110 500
　　贷：银行存款　　　　　　　　　　　　　　　　960 500

（2）结转销售商品成本时
借：主营业务成本　　　　　　　　　　　　　　892 500
　　贷：库存商品——纺织品　　　　　　　　　　　892 500

〈2〉售价金额法。

售价金额法是平时商品的入库、加工收回、销售和结存均按商品售价记账，售价和进价之间的差额通过"商品进销差价"账户核算，期末计算商品进销差价率和本期已销商品应分摊的进销差价，并据以调整本期销售

售价金额法下账户的设置

成本的一种方法。其计算公式为：

商品进销差价率＝（期初库存商品进销差价＋本期购入商品进销差价）÷
（期初库存商品售价＋本期购入商品售价）×100%

本期已销商品应分摊的商品进销差价＝本期销售商品收入×商品进销差价率

本期销售商品的实际成本＝本期销售商品收入－本期已销商品应分摊的商品进销差价

期末结存商品的实际成本＝期初库存商品的进价成本＋本期库存商品的进价成本－
本期销售商品的实际成本

＝期末"库存商品"账户余额－期末"商品进销差价"账户余额

如果企业的商品各期之间的进销差价率比较均衡，则也可以采用上期商品进销差价率计算分摊本期的商品进销差价。年度终了，应对商品进销差价进行核实调整。

课堂训练 3-26 福瑞百货12月份期初电器A的进销差价为60 000元，售价总额为360 000元；本期电器A购货成本为500 000元，增值税税额为65 000元，售价总额为640 000元；当期电器A销售收入为800 000元，购销款项已通过转账支票办理结算。该商品增值税税率为13%，采用售价金额法核算。

(1) 当月购入存货时
借：库存商品——电器A　　　　　　　　　　　640 000
　　应交税费——应交增值税（进项税额）　　　 65 000
　　贷：银行存款　　　　　　　　　　　　　　 565 000
　　　　商品进销差价　　　　　　　　　　　　 140 000

(2) 当月实现销售收入时
借：银行存款　　　　　　　　　　　　　　　　904 000
　　贷：主营业务收入　　　　　　　　　　　　 800 000
　　　　应交税费——应交增值税（销项税额）　 104 000

(3) 结转商品销售成本时
借：主营业务成本　　　　　　　　　　　　　　800 000
　　贷：库存商品——电器A　　　　　　　　　　800 000

(4) 计算当月已销商品应分摊的进销差价
商品进销差价率＝(60 000+140 000)÷(360 000+640 000)×100%＝20%
已销商品应分摊的商品进销差价＝800 000×20%＝160 000（元）
根据已销商品应分摊的进销差价结转调整商品销售成本。
借：商品进销差价　　　　　　　　　　　　　　160 000
　　贷：主营业务成本　　　　　　　　　　　　 160 000
本期销售商品的实际成本＝800 000－160 000＝640 000（元）
期末结转商品实际成本＝300 000＋500 000－640 000
　　　　　　　　　　＝(360 000＋640 000－800 000)－(60 000＋140 000－
160 000)＝160 000（元）

从事商业零售业务的企业（如百货公司、超市等），由于经营的商品种类、品种、规格等繁多，而且要求按商品零售价格标价，采用其他成本计算方法结转成本比较困难，因此广泛采用这一方法。

6. 委托加工物资

（1）委托加工物资的含义

委托加工物资是指企业委托外单位加工的各种原材料、周转材料、商品等物资。

（2）委托加工物资的核算

①委托加工物资的计价。

企业委托外单位加工的存货，以实际耗用的原材料或半成品成本和加工费、运输费、装卸费、保险费等费用及按规定应计入成本的税金，作为实际成本。

②账户设置。

为了反映监督委托加工物资增减变动及其结存情况，企业应当设置"委托加工物资"账户，借方登记委托加工各种材料、商品等物资发生的实际成本，贷方登记加工完成验收入库物资的实际成本和剩余物资的实际成本；期末余额在借方，反映企业委托外单位加工尚未完成物资的实际成本。该账户可按受托加工单位及加工物资的品种等进行明细核算。

③委托加工物资的核算。

〈1〉拨付委托加工物资。

企业发给外单位加工的物资，按物资的实际成本，借记"委托加工物资"账户，贷记"原材料""库存商品"等账户。按计划成本法或售价金额法核算的，还应同时结转材料（产品）成本差异或商品进销差价。

〈2〉支付加工费、增值税、运杂费等。

企业支付的加工费，应负担的增值税、运杂费等，借记"委托加工物资""应交税费——应交增值税（进项税额）"等账户，贷记"银行存款"等账户。凡属加工物资用于非应纳增值税项目或免征增值税项目的，以及未取得增值税专用发票的一般纳税人和小规模纳税人的加工物资，应将支付的增值税计入加工物资的成本。

〈3〉缴纳消费税。

需要缴纳消费税的委托加工物资，由受托方代收代缴的消费税应分别按以下情况处理。

- 委托加工物资收回后直接用于出售，或者用于非消费税应税项目，或者虽用于连续生产消费税应税产品，但按照《消费税暂行条例》规定不准予抵扣受托方代收代缴的消费税税额的，委托方应将受托代收代缴的消费税税额计入委托加工物资的成本，借记"委托加工物资"账户，贷记"应付账款""银行存款"等账户。
- 委托加工物资收回后用于连续生产应税消费品的，委托方应按准予抵扣的受托方代收代缴的消费税税额，借记"应交税费——应交消费税"等账户，贷记"应付账款""银行存款"等账户。

〈4〉加工完成收回加工物资。

加工完成验收入库的物资和剩余的物资，按加工收回物资的实际成本和剩余物资的实际成本，借记"原材料""库存商品"等账户，贷记"委托加工物资"账户。

采用计划成本法或售价金额法核算的，按计划成本或售价，借记"原材料"或"库存商品"账户，按实际成本，贷记"委托加工物资"账户；按实际成本和计划成本或售价之间的差额，借记或贷记"材料成本差异"账户或者贷记"商品进销差价"账户。

课堂训练 3-27 甲公司为增值税小规模纳税人，主要生产并销售高尔夫球具。12月12日，该公司发出铁锭，成本共计20 740元，委托北方加工有限公司加工成高尔夫球具（消费税应税产品）。12月30日，甲公司支付加工费和税金（增值税和消费税）。收到的增值税普通发票上显示加工费为10 000元、增值税税额为1 300元；代收代缴税款凭证显示应支付对方消费税税款3 416元。12月30日，甲公司收回委托加工的高尔夫球具。

（1）发出委托加工材料时

借：委托加工物资——北方加工　　　　　　　　　　20 740
　　贷：原材料——铁锭　　　　　　　　　　　　　　　　20 740

（2）支付加工费用和税金时

对方代收代缴消费税税额=(20 740+10 000)÷(1-10%)×10%≈3 416（元）
共应支付对方金额=10 000+1 300+3 416=14 716（元）

① 假如甲公司收回加工后的材料用于连续生产应税消费品，且准予抵扣受托方代收代缴的消费税税额。

借：委托加工物资——北方加工　　　　　　　　　　11 300
　　应交税费——应交消费税　　　　　　　　　　　　 3 416
　　贷：银行存款　　　　　　　　　　　　　　　　　　　14 716

② 假如甲公司收回加工后的材料直接用于销售或用于非消费税应税项目。

借：委托加工物资——北方加工　　　　　　　　　　14 716
　　贷：银行存款　　　　　　　　　　　　　　　　　　　14 716

（3）加工完成，收回委托加工材料时

① 甲公司收回加工后的材料用于连续生产应税消费品的。

借：原材料——高尔夫球具　　　　　　　　　　　　32 040
　　贷：委托加工物资——北方加工　　　　　　　　　　 32 040

② 甲公司收回加工后的材料直接用于销售或用于非消费税应税项目的。

借：库存商品——高尔夫球具　　　　　　　　　　　35 456
　　贷：委托加工物资——北方加工　　　　　　　　　　 35 456

7. 存货清查

（1）存货清查的含义

存货清查是通过对存货的实地盘点确定存货的实际数量，并与账面结存数核对，从而确定存货实存数与账面结存数是否相符的一种专门方法。由于存货种类繁多、收发频繁，因此在日常收发过程中不仅可能发生计量错误、计算错误、自然损耗，还可能发生损坏变质及贪污、盗窃等情况，从而造成账实不符，形成存货的盘盈或盘亏。对于存货的盘盈或盘亏，应填写存货盘点报告（如实存账存对比表），及时查明原因，按照规定程序报批处理。

（2）存货清查的核算

为了反映企业在财产清查中查明各种存货的盘盈、盘亏和毁损情况，企业应当设置"待处理财产损溢"账户，借方登记存货的盘亏、毁损金额及盘盈的转销金额，贷方登记存货的盘盈金额及盘亏的转销金额。企业清查的各种存货损溢，应在期末结账前处理完毕，期末处理后本账户应无余额。

企业进行存货清查盘点，应当编制存货盘点报告单，并将其作为存货清查的原始凭证。将存货盘点记录的实存数与账簿记录进行核对，如果账面存货小于实际存货，则为存货的盘盈；反之，为存货的盘亏。对于盘盈、盘亏的存货，要记入"待处理财产损溢"账户，待查明原因进行处理。

存货在运输中发生的非正常短缺与损耗，也通过本账户核算。

① 存货盘盈的账务处理。

企业发生存货盘盈时，应当按照其重置成本借记"原材料""周转材料""库存商品"等账户，贷记"待处理财产损溢——待处理流动资产损溢"账户。在按照管理权限报经批准后，借记"待处理财产损溢——待处理流动资产损溢"账户，贷记"管理费用"账户。

课堂训练 3-28 北京陈鸿商贸有限责任公司经期末清查盘点发现，原材料a1盘盈500千克，属于计量错误造成。重置成本每千克4元。

（1）批准前

借：原材料——a1　　　　　　　　　　　　　　　　2 000
　　贷：待处理财产损溢——待处理流动资产损溢　　　　2 000

（2）批准后

借：待处理财产损溢——待处理流动资产损溢　　　　2 000
　　贷：管理费用　　　　　　　　　　　　　　　　　2 000

② 存货盘亏的账务处理。

企业发生存货盘亏及毁损时，应按其成本，借记"待处理财产损溢——待处理流动资产损溢"账户，贷记"原材料""周转材料""库存商品"等账户。原材料、周转材料、库存商品采用计划成本（或售价金额）法核算的，还应同时结转材料成本差异或商品进销差价。涉及增值税和消费税的，还应进行相应的处理。报经批准以后，再根据造成盘亏和毁损的原因，分别按以下情况进行处理。

〈1〉属于自然损耗产生的定额内损耗。经批准后转作管理费用，借记"管理费用"账户，贷记"待处理财产损溢——待处理流动资产损溢"账户。

课堂训练 3-29 北京陈鸿商贸有限责任公司期末对材料进行清查，发现原材料a1盘亏100千克，属于定额内合理损耗，实际成本每千克4元。

（1）批准前

借：待处理财产损溢——待处理流动资产损溢　　　　400
　　贷：原材料——a1　　　　　　　　　　　　　　　400

（2）批准后

借：管理费用　　　　　　　　　　　　　　　　　　400
　　贷：待处理财产损溢——待处理流动资产损溢　　　400

〈2〉属于计量收发差错和管理不善等原因造成的存货短缺或毁损。应先扣除残料价值、可以收回的保险赔偿和过失人的赔偿，然后将净损失计入管理费用。按管理权限报经批准后处理时，按残料价值，借记"原材料"等账户，按可以收回的保险赔偿或过失人赔偿，借记"其他应收款"账户，按"待处理财产损溢——待处理流动资产损溢"账户余额，贷记本账户；按上述借贷差额，借记"管理费用"账户。

课堂训练 3-30 北京陈鸿商贸有限责任公司期末对材料进行清查时发现，原材料a2盘亏10件，属于保管人张英造成。其计划成本为每件50元。该材料应负担材料成本差异（超支）60元，应分摊的增值税税额为72.8元。经研究，由张英赔偿存货盘亏损失的一半。

（1）批准前

借：待处理财产损溢——待处理流动资产损溢　　　　　632.8
　　贷：原材料——a2　　　　　　　　　　　　　　　　　500
　　　　材料成本差异　　　　　　　　　　　　　　　　　 60
　　　　应交税费——应交增值税（进项税额转出）　　　　72.8

（2）批准后

借：其他应收款——张英　　　　　　　　　　　　　　　316.4
　　管理费用　　　　　　　　　　　　　　　　　　　　　316.4
　　贷：待处理财产损溢——待处理流动资产损溢　　　　　632.8

（3）属于自然灾害等不可抗拒原因而造成的存货损毁。应先扣除残料价值和可以收回的保险赔偿，然后将净损失转作营业外支出。按管理权限报经批准后处理时，按残料价值，借记"原材料"等账户，按可收回的保险赔偿，借记"其他应收款"账户，贷记"待处理财产损溢——待处理流动资产损溢"账户；按上述借贷差额，借记"营业外支出"账户。

课堂训练 3-31 北京陈鸿商贸有限责任公司期末对存货清查后发现，产品电器B毁损15件，实际成本为18 000元，属于自然灾害造成的损失。保险公司同意赔偿全部损失的50%。

（1）批准前

借：待处理财产损溢——待处理流动资产损溢　　　　　18 000
　　贷：库存商品——电器B　　　　　　　　　　　　　18 000

（2）批准后

借：其他应收款——保险公司　　　　　　　　　　　　　9 000
　　营业外支出——非正常损失　　　　　　　　　　　　　9 000
　　贷：待处理财产损溢——待处理流动资产损溢　　　　18 000

需要说明的是，因自然灾害发生损失货物（包括固定资产）的进项税额准予抵扣，已抵扣的进项税额不必做进项税额转出。例如，对于雷击发生火灾造成的货物损失，则损失货物已抵扣的进项税额不必做进项税额转出；如果该火灾是因管理不善产生的，则损失货物已抵扣的进项税额需要做进项税额转出。

8. 存货的期末计量与减值

（1）存货的期末计量原则

在资产负债表日，存货应当按照成本与可变现净值孰低的原则进行计量。存货成本高于其可变现净值的，应当计提存货跌价准备，计入当期损益。其中，存货成本是指期末存货的实际成本。如果企业在存货成本日常核算中采用计划成本法、售价金额法等简化核算方法，则成本应为经调整后的实际成本。

可变现净值是在日常活动中，存货的估计售价减去至完工时估计将要发生的成本、估计的销售费用及相关税费后的金额。

①对于直接出售的存货（如库存商品），其计算公式为：

$$可变现净值=自身的售价-自身的销售税费$$

②对于需要加工才可出售的存货（如原材料、在产品），其计算公式为：

$$可变现净值=加工后产品售价-加工后产品销售税费-$$

将该存货加工至产成品的加工费用

计提存货跌价准备的思路：先判断存货是否出现减值的迹象，如果出现减值，则应计算存货的可变现净值，将其与存货成本比较，确定应计提的跌价准备的金额。

（2）存货减值迹象的判断

① 应当计提存货跌价准备的情形。

- 该存货的市场价格持续下跌，并且在可预见的未来无回升的希望。
- 企业使用该项原材料生产的产品的成本大于产品的销售价格。
- 企业因产品更新换代，原有库存原材料已不适应新产品的需要，而该原材料的市场价格又低于其账面成本。
- 因企业所提供的商品或劳务过时或者消费者偏好改变而使市场的需求发生变化，导致市场价格逐渐下跌。
- 其他足以证明该项存货实质上已经发生减值的情形。

② 表明存货的可变净值为 0 的情形。

- 该存货已霉烂变质。
- 该存货已过期且无转让价值。
- 该存货在生产中已不再需要，并且已无使用价值和转让价值。
- 其他足以证明该存货已无使用价值和转让价值的情形。

不同情况下存货可变现净值的确认

（3）存货减值的核算

① 存货减值的账户设置。

企业应当设置"存货跌价准备"账户，该账户贷方登记计提的存货跌价准备金额，借方登记存货跌价准备的转回或结转金额；期末金额一般在贷方，反映企业已计提尚未转销的存货跌价准备。

② 存货减值的账务处理。

〈1〉计提存货跌价准备。

在资产负债表日，存货的成本高于其可变现净值的，企业应当计提存货跌价准备。

企业通常应当按照单个存货项目计提存货跌价准备，即在资产负债表日，企业将每个存货项目的成本与其可变现净值逐一进行比较，按较低者计量存货，对其中可变现净值低于成本的，两者之间的差额即为应计提的存货跌价准备，然后再与已提数进行比较。如果应提数大于已提数，则应予补提。企业计提的存货跌价准备，应计入当期损益。

对于数量较多，单价较低的存货，可以按照存货类别计提存货跌价准备。企业可以按存货类别计量成本与可变现净值，即将存货类别的成本的总额与可变现净值的总额进行比较，每个存货类别均取较低者，以确定存货期末价值。

在与同一地区生产和销售的产品系列相关，具有相同或类似最终用途或目的，且难以与其他项目分开计量的存货，可以合并计提存货跌价准备。

课堂训练 3-32 北京陈鸿商贸有限责任公司采用成本与可变现净值孰低法对原材料 a1 进行期末计价。

2019 年年末，原材料 a1 的账面成本为 100 000 元。本年以来原材料 a1 的市场价格持续下跌，并在可预见的未来无回升的希望。资产负债表日确定的原材料 a1 的可变现净值为 95 000 元，"存货跌价准备"账户期初余额为 0。

2020年年末，原材料a1的实际成本为150 000元。2020年"存货跌价准备"账户未发生变化，2020年年末原材料a1的可变现净值为144 000元。

2021年年末，原材料a1的实际成本为200 000元。2021年"存货跌价准备"账户未发生变化，2021年年末原材料a1的可变现净值为197 000元。

（1）2019年年末

应该计提的存货跌价准备为5 000（100 000-95 000）元。

借：资产减值损失——计提的存货跌价准备　　　　5 000
　　贷：存货跌价准备　　　　　　　　　　　　　　　　5 000

（2）2020年年末

计算出期末存货跌价准备应有余额为6 000（150 000-144 000）元。由于原材料a1已计提存货跌价准备5 000元，因此应补提的存货跌价准备为1 000（6 000-5 000）元。

借：资产减值损失——计提的存货跌价准备　　　　1 000
　　贷：存货跌价准备　　　　　　　　　　　　　　　　1 000

（3）2021年年末

计算出期末存货跌价准备应有余额为3 000（200 000-197 000）元，由于原材料a1已计提存货跌价准备6 000元，因此应冲减已计提的存货跌价准备为3 000（6 000-3 000）元。

借：存货跌价准备　　　　　　　　　　　　　　　　　3 000
　　贷：资产减值损失——计提的存货跌价准备　　　　3 000

〈2〉存货跌价准备的转回。

当以前减记存货价值的影响因素已经消失，减记的金额也应当予以恢复，并从原已计提的存货跌价准备金额中转回，转回的金额计入当期损益（资产减值损失）。

在核算存货跌价准备的转回时，转回的存货跌价准备与计提准备的存货项目或类别应该存在直接的对应关系。在原计提的存货跌价准备金额内转回，意味着转回金额以将存货跌价准备的余额冲减至0为限。

课堂训练 3-33 承课堂训练3-32，假设2021年年底，原材料a1的实际成本为180 000元，上年末已计提的存货跌价准备未发生变化。但是，2021年以来原材料a1市场价格持续上升，市场前景明显好转，至2021年年末根据当时状态的原材料a1的可变现净值为185 000元。

转回的跌价准备在原已计提的金额3 000元内予以恢复。

借：存货跌价准备　　　　　　　　　　　　　　　　　3 000
　　贷：资产减值损失——计提的存货跌价准备　　　　3 000

〈3〉存货跌价准备的结转。

企业计提了存货跌价准备，如果其中有部分存货已经销售，则企业在结转销售成本时，应同时结转对其已经计提的存货跌价准备。

课堂训练 3-34 2021年年末，北京陈鸿商贸有限责任公司库存5台产品电器B，每台成本为5 000元；已经计提的存货跌价准备为6 000元。2021年，该公司将库存的5台电器B全部售出。该公司应将这5台电器B已经计提的存货跌价准备在结转其销售成本的同时，全部予以结转。

```
借：主营业务成本                           19 000
    存货跌价准备                            6 000
  贷：库存商品——电器B                     25 000
```

（二）任务要领

① 存货初始取得时入账成本必须计算准确。

② 在计划成本法下，期末要计算材料成本差异率，把发出材料的实际成本调整为实际成本。

③ 期末要对存货进行清查和减值测试。

④ 存货在报表上列示的时候要将计划成本调整为实际成本，并且扣除掉已经计提的跌价准备。

三、任务实施

（一）任务流程

1. 采购业务流程（见图3-1）

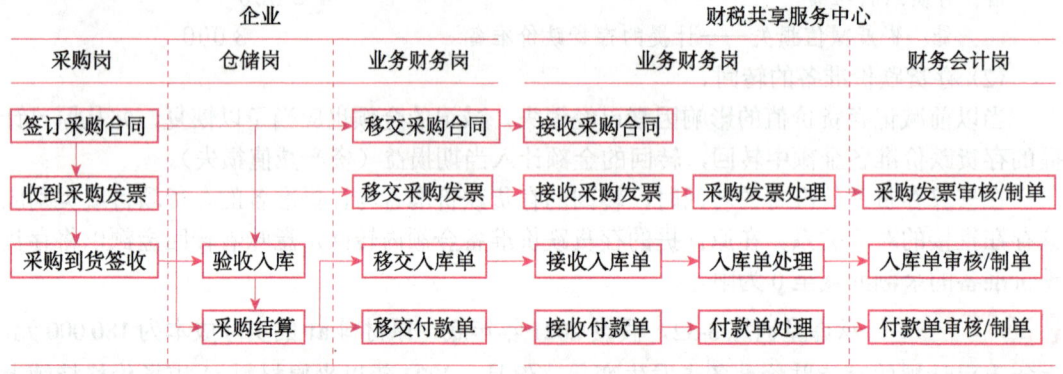

图3-1 采购业务流程

2. 领用原材料流程（见图3-2）

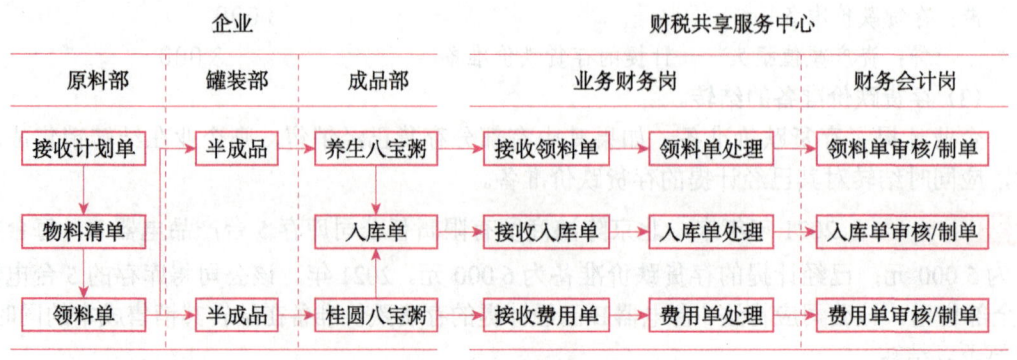

图3-2 领用原材料流程

（二）任务操作

步骤 1　5 日，从乙公司购入 5 000 千克原材料 a1。增值税专用发票上注明的价款为 90 000 元、增值税税额为 11 700 元。支付该批材料的运费 2 000 元、增值税税额 180 元。已取得增值税专用发票。上述款项均以银行存款转账付讫，材料尚未运抵。

任务操作

购入 5 000 千克原材料的实际成本 =90 000+2 000=92 000（元）
借：材料采购　　　　　　　　　　　　　　　　　　92 000
　　应交税费——应交增值税（进项税额）　　　　　11 880
　　贷：银行存款　　　　　　　　　　　　　　　　　　103 880

步骤 2　8 日，从乙公司购入的材料到达，验收入库时发现短缺 50 千克。经查明，短缺为运输中的合理损耗。按实际数量入库。

入库原材料的计划成本 =4 950×20=99 000（元）
借：原材料——a1　　　　　　　　　　　　　　　　99 000
　　贷：材料采购　　　　　　　　　　　　　　　　　　92 000
　　　　材料成本差异——a1　　　　　　　　　　　　　7 000

同时，登记原材料明细账。

步骤 3　10 日，领用材料 5 000 千克，用于生产产品电器 A。
只登记原材料明细账，不做账务处理。

步骤 4　15 日，发出材料 400 千克，委托丙公司加工成产品电器 A。
只登记原材料明细账，不做账务处理。

步骤 5　25 日，领用材料 300 千克，用于公司专设销售机构办公用具的日常维修。
只登记原材料明细账，不做账务处理。

步骤 6　30 日，将库存 200 千克原材料 a1 出售给丁公司。开具的增值税专用发票上注明的价款为 5 000 元、增值税税额为 650 元。全部款项已存入银行。

借：银行存款　　　　　　　　　　　　　　　　　　5 650
　　贷：其他业务收入　　　　　　　　　　　　　　　　5 000
　　　　应交税费——应交增值税（销项税额）　　　　　650

只登记原材料明细账，不做发出材料的账务处理。

步骤 7　根据发料凭证汇总表，做发出原材料的账务处理。
借：生产成本——电器 A　　　　　　　　　　　　　100 000
　　委托加工物资——电器 A　　　　　　　　　　　　8 000
　　销售费用——维修费　　　　　　　　　　　　　　6 000
　　其他业务成本——原材料 a1　　　　　　　　　　4 000
　　贷：原材料——a1　　　　　　　　　　　　　　　　118 000

步骤 8　结转发出材料应该负担的材料成本差异。
材料成本差异率 =(3 152−7 000)÷(30 000+99 000)×100%≈ −3%
借：材料成本差异　　　　　　　　　　　　　　　　3 540
　　贷：生产成本——电器 A　　　　　　　　　　　　　3 000

```
委托加工物资——电器A                           240
销售费用——维修费                              180
其他业务成本——原材料a1                        120
```

同时,登记"材料成本差异"明细账。

登记完成的"原材料"和"材料成本差异"明细账如图3-3和图3-4所示。

原材料 明细账

二级或明细科目：a1						计量单位：千克			储存地点：原材料库	
2021年		凭证字号	摘要	收入			发出			结存		
月	日			数量	单价	金额	数量	单价	金额	数量	单价	金额
12	01		结存							1,500	20	30,000
	8		购入	4,950	20	99,000				6,450	20	129,000
	10		生产领用				5,000	20	100,000	1,450	20	29,000
	15		发出材料委托加工				400	20	8,000	1,050	20	21,000
	25		维修领用				300	20	6,000	750	20	15,000
	30		销售				200	20	4,000	550	20	11,000
	31		本月合计	4,950	20	99,000	5,900	20	118,000	550	20	11,000

图3-3 "原材料"明细账

材料成本差异 明细账

二级或明细科目：a1							
2021年		凭证字号	摘要	借方	贷方	借或贷	余额
月	日						
12	01		余额			借	3,152.00
	8		购入材料		7,000.00	贷	3,848.00
	31		结转差异	3,540.00		贷	308.00
	31		本月合计	3,540.00	7,000.00	贷	308.00

图3-4 "材料成本差异"明细账

步骤9 31日,原材料的可变现净值为10 000元,符合存货计提减值准备的条件。

期末结存原材料的实际成本="原材料"明细账的期末余额±"材料成本差异"明细账余额=11 000-308=10 692(元)。

原材料应计提减值准备692元。

```
借：资产减值损失——计提的存货跌价准备              692
    贷：存货跌价准备                                    692
```

原材料在资产负债表"存货"项目中列示的金额就是可变现净值10 000元。

四、任务评价

根据任务要求实施并完成任务后,请填写本任务评价参考表,如表3-6所示。

表3-6 存货核算评价参考表

评价主体	评价内容	得分
教师评价（50分）	1. 学生出勤情况（10分）	
	2. 学生课堂表现（10分）	

(续表)

评价主体	评价内容	得 分
教师评价（50分）	3. 任务完成情况	
	（1）存货业务的账务处理，并正确计算成本（20分）	
	（2）登记"原材料"和"材料成本差异"明细账户（10分）	
自我评价（50分）	1. 课前预习情况（10分）	
	2. 上课回答问题积极性（10分）	
	3. 所学知识掌握情况	
	（1）存货业务的账务处理，并正确计算成本（20分）	
	（2）登记"原材料"和"材料成本差异"明细账户（10分）	
合　计		

五、任务拓展

北京陈鸿商贸有限责任公司为增值税一般纳税人，适用的增值税税率为13%，原材料采用实际成本法核算，发出材料采用先进先出法计价。2021年12月初，D材料库存50 000千克，金额为360 000元，"存货跌价准备——D材料"账户贷方金额为10 000元。甲公司12月份发生的与D材料有关的业务如下。

（1）5日，购入D材料100 000千克。以银行存款支付价款600 000元，增值税税额为78 000元。材料尚未收到。10日该批D材料运抵并验收入库。

（2）12日，销售部门领用D材料60 000千克；13日，行政管理部门领用D材料10 000千克。

（3）15日，发出D材料40 000千克，委托乙公司加工W商品。以银行存款支付不含税运费20 000元，增值税税额为1 800元。

（4）25日，因自然灾害导致D材料毁损10 000千克。根据保险合同规定，应由保险公司赔偿20 000元，其余损失由甲公司承担。

（5）30日，由于市场价格下跌，因此预计结存D材料的可变现净值为150 000元。

期初有存货跌价准备10 000元。

要求：做出相应的账务处理。

六、任务测试

财务会计

任务二　固定资产核算

一、任务情境

（一）任务场景

北京陈鸿商贸有限责任公司固定资产折旧方法采用年限平均法；固定资产有房屋、机器设备和管理设备三大类；各项固定资产预计净残值率均为10%；房屋的使用年限为20年，机器设备和管理设备的使用年限为10年。月初该公司固定资产的账面记录如表3-7所示。

表 3-7　北京陈鸿商贸有限责任公司 12 月 1 日固定资产情况　　　　万元

使用部门	类别	固定资产原价及其净残值率		使用年限	上月折旧	上月增加固定资产		上月减少固定资产		已提累计折旧	已提减值准备
						原值	折旧	原值	折旧		
生产车间1	房屋类	48	10%	20	0.18					8.64	无
	机器设备类	96	10%	10	0.72					43.2	无
生产车间2	房屋类	49.2	10%	20	0.184 5					6.642	无
	机器设备类	100	10%	10	0.75					72	无
生产车间3	房屋类	46.4	10%	20	0.174					6.264	无
	机器设备类	86.666 7	10%	10	0.65	8		5		31.2	无
机修车间	房屋类	40	10%	20	0.15					14.4	无
	机器设备类	58.4	10%	10	0.438					36.792	无
管理部门	房屋类	111.6	10%	20	0.418 5					10.044	无
	机器设备类	109.333 4	10%	10	0.82					39.36	无
	管理设备	28.3	10%	10	0.212 5					20.4	无
销售部门	房屋类	40	10%	20	0.15					12.6	无
	机器设备类	72	10%	10	0.54					32.4	无

① 北京陈鸿商贸有限责任公司 2021 年 12 月 1 日购入需要安装的生产用设备一台。增值税专用发票上注明的设备价款为 100 万元、增值税税额为 13 万元；运杂费等费用为 2 万元、增值税税额为 0.18 万元；安装时，领用生产用材料 8 万元、支付安装工人薪酬 2 万元。该设备于 2022 年 2 月 28 日达到预定可使用状态。

② 北京陈鸿商贸有限责任公司为增值税一般纳税人，适用的增值税税率为 13%。2021 年 12 月 6 日，北京陈鸿商贸有限责任公司对某项生产用机器设备进行更新改造。当日，该设备原价为 40 万元、累计折旧 12.6 万元，未提减值准备。更新改造过程中发生劳

务费用 10 万元；领用本公司生产的产品一批，成本为 80 万元。经更新改造的机器设备于 2021 年 12 月 29 日达到预定可使用状态，使用寿命延长 4 年。假定上述更新改造支出符合资本化条件。

③ 2021 年 12 月 28 日，北京陈鸿商贸有限责任公司将一项价款为 96 万元、预计使用寿命为 10 年、预计净残值率为 10% 的固定资产因产品转型出售给乙公司。开具的增值税专用发票上注明的价款为 58 万元、增值税税额为 7.54 万元。出售时，已计提折旧 43.2 万元，未提减值准备。北京陈鸿商贸有限责任公司以银行存款支付该设备拆卸费用 10.5 万元，其增值税税额为 0.03 万元。

④ 2021 年 12 月 31 日，北京陈鸿商贸有限责任公司的某项设备原价为 100 万元，已提折旧为 72 万元，可收回金额为 24 万元。该项资产于 2013 年 12 月 31 日购进。

⑤ 2021 年 12 月 31 日，清查公司的固定资产，盘亏一项固定资产。成本为 28.3 万元、累计折旧为 20.4 万元，无减值情况。保险公司赔款 0.5 万元，其余经批准计入营业外支出。

（二）任务布置

① 计算取得固定资产的成本。
② 完成取得固定资产的账务处理。
③ 完成固定资产后续支出的账务处理。
④ 完成固定资产出售的账务处理。
⑤ 完成固定资产减值准备的账务处理。
⑥ 完成固定资产清查的账务处理。
⑦ 计算固定资产在 2021 年 12 月份应计提的折旧额。
⑧ 完成计提固定资产的账务处理。

二、任务准备

（一）知识准备

1. 固定资产概述

固定资产是指同时具有以下特征的有形资产。
① 为生产产品、提供劳务、出租或经营管理而持有的。
② 使用寿命超过一个会计年度。

从上述概念可总结出固定资产的以下特征。
① 固定资产是有形资产。固定资产具有实物形态，看得见、摸得着，如一台机器、一栋房屋等。这一特征将固定资产与无形资产区分开来。
② 为生产产品、提供劳务、出租或经营管理而持有，而不是为了对外出售。这一特征将固定资产与存货等流动资产区分开来。
③ 企业使用固定资产的期限较长，使用寿命一般超过一个会计年度。这一特征表明固定资产属于非流动资产，通常能够在一年以上的时间里为企业创造经济利益。

2. 固定资产的分类

企业应当根据不同的管理需要、核算要求及分类标准对固定资产进行分类。

（1）按经济用途分类

按经济用途分类，可把企业的固定资产分为生产经营用固定资产资产和非生产经营用固定资产。

① 生产经营用固定资产是指直接服务于企业生产、经营过程的各种固定资产，如厂房、机器、设备、仓库、器具、工具等。

② 非生产经营用固定资产是指不直接服务于生产、经营过程的各种固定资产，如职工宿舍、食堂等使用的房屋、设备和其他固定资产等。

（2）综合分类

按固定资产的经济用途和使用情况等综合分类，可把企业的固定资产划分为以下七大类。

- 生产经营用固定资产
- 非生产经营用固定资产
- 租出固定资产（以经营租赁方式租出的固定资产）
- 未使用固定资产
- 不需用固定资产
- 土地（指过去已经估价单独入账的土地。因征地而支付的补偿费，应计入与土地有关的房屋、建筑物的价值内，不单独作为土地价值入账。企业取得的土地使用权，应作为无形资产管理和核算，不作为固定资产管理和核算）
- 融资租入固定资产（根据实质重于形式的原则，在租赁期内应视同自有固定资产进行处理）

3. 固定资产核算的账户设置

企业一般应设置"固定资产""累计折旧""固定资产减值准备""在建工程""工程物资""固定资产清理"账户，核算固定资产的取得、计提折旧、处置和减值等情况。

（1）"固定资产"账户

"固定资产"账户核算企业持有固定资产原价的增减变动和结存情况。该账户属于资产类账户，可按固定资产类别和项目进行明细核算，借方登记固定资产原价的增加额，贷方登记固定资产原价的减少额；期末余额在借方，反映企业期末固定资产的账面原价。

（2）"累计折旧"账户

"累计折旧"账户核算企业固定资产的累计折旧。该账户属于"固定资产"账户的备抵账户，贷方登记企业计提的固定资产折旧，借方登记处置固定资产转出的累计折旧；期末余额在贷方，反映企业固定资产的累计折旧额。

（3）"固定资产减值准备"账户

"固定资产减值准备"账户核算企业固定资产的减值准备。该账户属于"固定资产"账户的备抵账户，贷方登记企业计提的固定资产减值准备，借方登记处置固定资产转出的减值准备；期末余额在贷方，反映企业已计提但尚未转销的固定资产减值准备。

（4）"在建工程"账户

"在建工程"账户核算企业基建、更新改造等在建工程发生的支出，借方登记企业各项在建工程的实际支出，贷方登记完工工程转出的成本；期末余额在借方，反映企业尚未达到预定可使用状态的在建工程的成本。在建工程发生减值的，可以单独设置"在建工程减值准备"账户,比照"固定资产减值准备"账户进行处理。

(5)"工程物资"账户

"工程物资"账户核算企业为在建工程准备的各种物资的成本,包括工程用材料、尚未安装的设备及为生产准备的工具、器具等。该账户借方登记企业购入工程物资的成本,贷方登记领用工程物资的成本;期末余额在借方,反映企业为在建工程准备的各种物资的成本。工程物资发生减值的,可以单独设置"工程物资减值准备"账户,比照"固定资产减值准备"账户进行处理。

(6)"固定资产清理"账户

"固定资产清理"账户核算企业因出售、报废、毁损、对外投资、非货币性资产交换、债务重组等原因转入清理的固定资产价值及在清理过程中发生的费用和清理收益,可按被清理的固定资产项目进行明细核算。该账户借方登记转出的固定资产账面价值、清理过程中应支付的相关税费及其他费用,贷方登记固定资产清理过程中取得的价款、残料价值和变价收入;期末如为借方余额,则反映企业尚未清理完毕的固定资产清理净损失;期末如为贷方余额,则反映企业尚未清理完毕的固定资产清理净收益。固定资产清理完成时,借方登记转出的清理净收益,贷方登记转出的清理净损失;结转清理净收益、净损失后,该账户无余额。

4. 固定资产的初始计量

固定资产初始取得的来源包括购买、自行建造、接受投资者投入、接受捐赠等。本教材主要介绍外购和自行建造固定资产成本的确定。

(1)外购固定资产

企业外购的固定资产,应按实际支付的购买价款,相关税费,使固定资产达到预定可使用状态前所发生的可归属于该项资产的运输费、装卸费、安装费和专业人员服务费等,作为固定资产的取得成本。其中,相关税费不包括按照现行增值税制度规定可以从销项税额中抵扣的增值税进项税额。

① 购入不需要安装的机器设备、管理设备等固定资产时,应按支付的购买价款,使固定资产达到预定可使用状态前所发生的可归属于该项资产的运输费、装卸费、专业人员服务费等作为固定资产成本,借记"固定资产"账户;取得增值税专用发票、海关完税证明或公路发票等增值税扣税凭证,并经税务机关认证可以抵扣的,应按发票上注明的增值税税额,借记"应交税费——应交增值税(进项税额)"账户,贷记"银行存款""应付账款"等账户。

② 购入需要安装的固定资产时,应在购入的固定资产取得成本的基础上加上安装调试成本作为入账成本。按购入需要安装的固定资产的取得成本,借记"在建工程"账户,按购入固定资产时可抵扣的增值税进项税额,借记"应交税费——应交增值税(进项税额)"账户,贷记"银行存款""应付账款"等账户;按发生的安装调试成本,借记"在建工程"账户,按取得的外部单位提供的增值税专用发票上注明的增值税进项税额,借记"应交税费——应交增值税(进项税额)"账户,贷记"银行存款"等账户;耗用了本单位的材料或人工的,按应承担的成本金额,借记"在建工程"账户,贷记"原材料""应付职工薪酬"等账户。安装完成达到预定可使用状态时,由"在建工程"账户转入"固定资产"账户,借记"固定资产"账户,贷记"在建工程"账户。

③ 外购固定资产的账务处理。

课堂训练 3-35 2021年3月1日，甲公司购入一台不需要安装即可投入使用的设备。取得的增值税专用发票上注明的价款为30 000元、增值税税额为3 900元。另支付包装费并取得增值税专用发票，注明包装费为700元、税率为6%、增值税税额为42元。款项以银行存款支付。

固定资产成本 =30 000+700=30 700（元）

借：固定资产　　　　　　　　　　　　　　　　　　　　　　30 700
　　应交税费——应交增值税（进项税额）　　　　　　　　　　3 942
　　贷：银行存款　　　　　　　　　　　　　　　　　　　　　　34 642

课堂训练 3-36 甲公司为增值税一般纳税人，适用的增值税税率为13%。2021年6月1日，购入一台需要安装的生产用设备，买价为400万元、增值税进项税额为52万元。取得运费增值税专用发票。其中，运费50万元、增值税税额4.5万元、装卸费5万元、保险费6万元。安装过程中领用生产用原材料10万元，其购进时的增值税进项税额为1.3万元。领用企业的产品（消费税产品）用于安装，产品的成本为16万元、计税价格为20万元、消费税税率为10%。2021年10月1日，设备达到预定可使用状态。（以下金额单位为万元）

购入设备时计入在建工程的成本 =400+50+5+6=461（万元）

（1）购入时

借：在建工程　　　　　　　　　　　　　　　　　　　　　　461
　　应交税费——应交增值税（进项税额）　　　　　　　　　　56.5
　　贷：银行存款　　　　　　　　　　　　　　　　　　　　　　517.5

（2）领用原材料时

借：在建工程　　　　　　　　　　　　　　　　　　　　　　10
　　贷：原材料　　　　　　　　　　　　　　　　　　　　　　　10

（3）领用产品时

借：在建工程　　　　　　　　　　　　　　　　　　　　　　18
　　贷：库存商品　　　　　　　　　　　　　　　　　　　　　　16
　　　　应交税费——应交消费税（20×10%）　　　　　　　　　2

（4）固定资产达到预定可使用状态时

设备的成本 =461+10+18=489（万元）

借：固定资产　　　　　　　　　　　　　　　　　　　　　　489
　　贷：在建工程　　　　　　　　　　　　　　　　　　　　　　489

④ 外购固定资产的特殊考虑。

对于以一笔款项购入没有单独标价的多项固定资产，按各项固定资产公允价值的比例对总成本进行分配。

课堂训练 3-37 2021年4月21日，甲公司向乙公司一次购入3套不同型号且具有不同生产能力的设备A、B和C。甲公司为该批设备共支付价款5 000 000元、增值税进项税额650 000元、保险费17 000元、装卸费3 000元。全部以银行转账支付。假定设备A、B和C满足固定资产确认条件，公允价值分别为1 560 000元、2 340 000元和1 300 000元。假定不考虑其他相关税费。

确认计入固定资产成本的金额包括购买价款、保险费、装卸费等，即 5 000 000+17 000+3 000=5 020 000（元）。

（1）确定设备 A、B 和 C 的价值分配比例

设备 A：1 560 000÷（1 560 000+2 340 000+1 300 000）×100%=30%

设备 B：2 340 000÷（1 560 000+2 340 000+1 300 000）×100%=45%

设备 C：1 300 000÷（1 560 000+2 340 000+1 300 000）×100%=25%

（2）确定 A、B 和 C 设备的成本

设备 A 的成本=5 020 000×30%=1 506 000（元）

设备 B 的成本=5 020 000×45%=2 259 000（元）

设备 C 的成本=5 020 000×25%=1 255 000（元）

借：固定资产——设备 A	1 506 000
固定资产——设备 B	2 259 000
固定资产——设备 C	1 255 000
应交税费——应交增值税（进项税额）	650 000
贷：银行存款	5 670 000

（2）自行建造固定资产

自行建造的固定资产按该固定资产达到预定可使用状态前所发生的必要支出作为入账价值。建造过程中发生的全部支出（料、工、费）入账。在建工程借款利息费用的处理：与建造固定资产有关的利息支出，在资产达到预定可使用状态之前，符合资本化条件的，应计入购建固定资产的成本，不符合的应计入当期损益。

① 自营工程。

自营工程是指企业自行组织工程物资采购、自行组织施工人员施工的建筑工程和安装工程。自营建造固定资产的核算包括购入工程物资、工程建造和工程完工转入固定资产 3 个步骤。每个步骤的会计处理如下。

第 1 步　购入工程物资。购入工程物资时，按已认证的增值税专用发票上注明的价款借记"工程物资"账户，按增值税专用发票上注明的增值税进项税额，借记"应交税费——应交增值税（进项税额）"账户；应实际支付或应付的金额，贷记"银行存款""应付账款"等账户。

第 2 步　工程建造。在工程建造期间领用的工程物资、原材料、库存商品，应按其实际成本转入在建工程，借记"在建工程"账户，贷记"工程物资""原材料""库存商品"等账户。自营工程方式建造固定资产发生的职工薪酬、其他费用等，也应计入工程项目成本，借记"在建工程"账户，贷记"应付职工薪酬""银行存款"等账户。

第 3 步　工程完工转入固定资产。自营工程达到预定可使用状态时，按其成本借记"固定资产"账户，贷记"在建工程"账户。

课堂训练 3-38　甲公司为增值税一般纳税人，适用的增值税税率为 13%。该公司在生产经营期间以自营方式建造一条生产线。2021 年 6 月至 10 月发生的有关经济业务如下：购入一批工程物资，收到的增值税专用发票上注明的价款为 200 万元、增值税税额为 26 万元，款项已通过银行转账支付；工程领用工程物资 180 万元；工程领用生产用 A 原材料一批，

实际成本为 100 万元，购入该批 A 原材料支付的增值税税额为 13 万元，未对该批 A 原材料计提存货跌价准备；应付工程人员职工薪酬 114 万元；工程建造过程中，由于非正常原因造成部分毁损，因此该部分工程实际成本为 50 万元，未计提在建工程减值准备；应从保险公司收取赔偿款 5 万元，该赔偿款尚未收到；以银行存款支付工程其他支出 40 万元。2021 年 10 月 31 日，工程达到预定可使用状态并交付使用。（以下金额单位为万元）

（1）购入工程物资

借：工程物资　　　　　　　　　　　　　　　　200
　　应交税费——应交增值税（进项税额）　　　 26
　　贷：银行存款　　　　　　　　　　　　　　　　226

（2）工程领用工程物资 180 万元

借：在建工程　　　　　　　　　　　　　　　　180
　　贷：工程物资　　　　　　　　　　　　　　　　180

（3）工程领用生产用 A 原材料 100 万元

借：在建工程　　　　　　　　　　　　　　　　100
　　贷：原材料——A 原材料　　　　　　　　　　　100

（4）应付工程人员职工薪酬 114 万元

借：在建工程　　　　　　　　　　　　　　　　114
　　贷：应付职工薪酬　　　　　　　　　　　　　　114

（5）工程建造过程中，由于非正常原因造成部分毁损

借：营业外支出　　　　　　　　　　　　　　　 45
　　其他应收款　　　　　　　　　　　　　　　　 5
　　贷：在建工程　　　　　　　　　　　　　　　　 50

如为合理损失则计入在建工程成本。

（6）以银行存款支付工程其他支出 40 万元

借：在建工程　　　　　　　　　　　　　　　　 40
　　贷：银行存款　　　　　　　　　　　　　　　　 40

（7）工程达到预定可使用状态并交付使用

固定资产成本 =180+100+114-50+40=384（万元）

借：固定资产　　　　　　　　　　　　　　　　384
　　贷：在建工程　　　　　　　　　　　　　　　　384

（8）剩余工程物资转为生产用原材料，并办妥相关手续

借：原材料　　　　　　　　　　　　　　　　　 20
　　贷：工程物资　　　　　　　　　　　　　　　　 20

② 出包工程。

出包工程是指企业通过招标方式将工程项目发包给建造承包商，由建造承包商（即施工企业）组织施工的建筑工程和安装工程。在出包方式下，工程的具体支出主要由建造承包商核算，"在建工程"账户主要反映企业与建造承包商办理工程价款结算的情况，企业支付给建造承包商的工程价款作为工程成本，计入在建工程。企业按合理估计的发包工程进度和合同规定向建造承包商结算的进度款，由对方开具增值税专用发票，按增值税专用发票上注明的价款，借记"在建工程"账户，按增值税专用发票上注明的增值税税额，借

记"应交税费——应交增值税(进项税额)"账户;按实际支付的金额,贷记"银行存款"账户。在工程达到预定可使用状态时,按其成本借记"固定资产"账户,贷记"在建工程"账户。

出包工程方式下的固定资产入账价值的计算公式为:

入账价值 = 建筑工程支出 + 安装工程支出 + 采购设备支出 + 分摊的待摊支出

在出包工程过程中可能还会发生一些共同的支出,如研究费用、监理费用等。在账务处理时,应通过下列公式分配计入相应的工程项目中。

待摊支出分配率 = 累计发生的待摊支出 ÷ (建筑工程支出 + 安装工程支出 + 采购设备支出) × 100%

某工程应分配的待摊支出金额 = 某工程的建筑工程支出、安装工程支出和采购设备支出合计 × 待摊支出分配率

课堂训练 3-39 2021年甲公司建造一座发电厂,工程分厂房建设、设备采购和设备安装3个部分。厂房建设分包给B公司,投标价为900万元;设备采购分包给C公司,投标价为200万元;设备安装分包给D公司,投标价为100万元;监理费用共计12万元。假定无其他待摊支出,不考虑增值税因素。工程款于2021年3月1日一次支付到位。(以下金额单位为万元)

(1)支付工程款时

借:在建工程——厂房	900
在建工程——设备	200
在建工程——设备安装	100
在建工程——待摊支出	12
贷:银行存款	1 212

待摊支出分摊处理如下。
待摊支出分配率 = 12 ÷ (900+200+100) × 100% = 1%
厂房分摊的待摊支出金额 = 900 × 1% = 9(万元)
设备分摊的待摊支出金额 = 200 × 1% = 2(万元)
设备安装分摊的待摊支出金额 = 100 × 1% = 1(万元)
相关会计分录如下。

借:在建工程——厂房	9
在建工程——设备	2
在建工程——设备安装	1
贷:在建工程——待摊支出	12

(2)工程完工时

借:固定资产——厂房	909
固定资产——设备	303
贷:在建工程——厂房	909
在建工程——设备	202
在建工程——设备安装	101

5. 固定资产折旧

（1）固定资产折旧概述

①固定资产折旧的概念。

固定资产折旧是指固定资产在使用过程中由于各种损耗而减少的价值。折旧是由损耗决定的，固定资产的损耗价值应在其预计使用年限内进行分摊，形成各期的折旧费用。企业应当在固定资产的使用寿命内，按照确定的方法对应计折旧额进行系统分摊。所谓应计折旧额，是指应当计提折旧的固定资产原价扣除预计净残值后的金额。已计提减值准备的固定资产，还应当扣除已计提的固定资产减值准备累计金额。企业应当根据固定资产的性质和使用情况，合理确定固定资产的使用寿命和预计净残值。固定资产的使用寿命、预计净残值一经确定，就不得随意变更。

②影响固定资产折旧的因素。

- 固定资产原价是指固定资产的成本。
- 预计净残值是指假定固定资产预计使用寿命已满并处于使用寿命终了时的预期状态，企业目前从该项资产处置中获得的扣除预计处置费用后的金额。
- 固定资产减值准备是指固定资产已计提的固定资产减值准备累计金额。
- 固定资产的使用寿命是指企业使用固定资产的预计期间，或者该固定资产所能生产的产品或提供劳务的数量。企业确定固定资产的使用寿命时，应当考虑该项资产预计生产能力或实物产量、该项资产预计有形损耗、该项资产预计无形损耗、法律或类似规定对该项资产使用的限制等因素。

③固定资产折旧的范围。

除以下情况外，企业应当对所有固定资产计提折旧。

- 已提足折旧仍继续使用的固定资产。
- 单独计价入账的土地。
- 改扩建的固定资产。

在确定计提折旧的范围时，还应注意以下几点。

- 固定资产应当按月计提折旧，当月增加的固定资产，当月不计提折旧，从下月起计提折旧；当月减少的固定资产，当月仍计提折旧，从下月起不再计提折旧。
- 固定资产提足折旧后，不论能否继续使用，均不再计提折旧；提前报废的固定资产，也不再补提折旧。所谓提足折旧，是指已经提足该项固定资产的应计折旧额。
- 已达到预定可使用状态但尚未办理竣工决算的固定资产，应当按照估计价值确定其成本，并计提折旧。待办理竣工决算后，再按实际成本调整原来的暂估价值，但不需要调整原已计提的折旧额。
- 企业至少应当于每年年度终了，对固定资产的使用寿命、预计净残值和折旧方法进行复核。使用寿命预计数与原先估计数有差异的，应当调整固定资产使用寿命。预计净残值预计数与原先估计数有差异的，应当调整预计净残值。与固定资产有关的经济利益预期实现方式有重大改变的，应当改变固定资产折旧方法。固定资产使用寿命、预计净残值和折旧方法的改变按照会计估计变更进行会计处理。

（2）固定资产折旧方法

企业应当根据与固定资产有关的经济利益的预期实现方式，合理选择固定资产折旧方法。折旧方法一经确定，就不得随意变更。可选用的折旧方法包括年限平均法、工作量法、双倍余额递减法和年数总和法等。

① 年限平均法。

年限平均法又称直线法，是指将固定资产的应计折旧额均衡地分摊到固定资产预计使用寿命内的一种方法。采用这种方法计算的每期折旧额均相等。其计算公式为：

预计净残值率＝预计净残值÷固定资产原价

年折旧率＝（1－预计净残值率）÷预计使用寿命（年）

年折旧额＝固定资产原价×年折旧率

月折旧率＝年折旧率÷12

月折旧＝固定资产原价×月折旧率

课堂训练 3-40 甲公司有一栋厂房，原价为 8 000 000 元。预计可使用 20 年，预计报废时的净残值率为 3%。该厂房的折旧率和折旧额分别为多少？

年折旧率 ＝(1－3%)÷20＝4.85%

年折旧额 ＝8 000 000×4.85%＝388 000（元）

月折旧率 ＝4.85%÷12 ≈ 0.40%

月折旧额 ＝8 000 000×0.40%＝32 000（元）

② 工作量法。

工作量法是根据实际工作量计算每期应提折旧额的一种方法。其计算公式为：

单位工作量折旧额＝固定资产原价×（1－预计净残值率）÷预计总工作量

某项固定资产月折旧额＝该项固定资产当月工作量×单位工作量折旧额

某项固定资产年折旧额＝该项固定资产当年工作量×单位工作量折旧额

课堂训练 3-41 甲公司有一辆运货的卡车，原价为 400 000 元。预计总行驶里程为 350 000 千米，预计报废时的净残值率为 3%。本月行驶里程 3 000 千米。该卡车的月折旧额为多少？

单位里程折旧额 ＝400 000×（1－3%）÷350 000 ≈ 1.11（元 / 千米）

该卡车的月折旧额 ＝3 000×1.11＝3 330（元）

③ 双倍余额递减法。

双倍余额递减法是指在不考虑固定资产预计净残值的情况下，根据每期期初固定资产原价减去累计折旧后的金额（即固定资产净值）和双倍的直线法折旧率计算固定资产折旧的一种方法。其计算公式为：

年折旧率 ＝2÷预计使用寿命（年）×100%

年折旧额 ＝固定资产净值×年折旧率

月折旧率 ＝年折旧率÷12

月折旧额 ＝固定资产净值×月折旧率

由于每年年初固定资产净值没有扣除预计净残值，因此在应用这种方法计算折旧额时必须注意不能使固定资产的净值降到其预计净残值以下，即采用双倍余额递减法计提折旧的固定资产，一般在其折旧年限到期前两年内将固定产净值扣除预计净残值后的余额平均摊销。

课堂训练 3-42 甲公司某项设备原价为 180 万元，预计使用寿命为 5 年，预计净残值率为 4%。假设甲公司没有对该机器设备计提减值准备。该设备每年应计提的折旧额为多少？

甲公司按双倍余额递减法计提折旧，每年折旧额计算如下。
年折旧率=2÷5×100%=40%
第一年应计提的折旧额=180×40%=72（万元）
第二年应计提的折旧额=(180-72)×40%=43.2（万元）
第三年应计提的折旧额=(180-72-43.2)×40%=25.92（万元）
从第四年起改按年限平均法计提折旧。
第四年、第五年应计提的折旧额=(180-72-43.2-25.92-180×4%)÷2=15.84（万元）

④ 年数总和法。

年数总和法又称年限合计法，是将固定资产的原价减去预计净残值的余额，乘以一个以固定资产尚可使用寿命为分子，以预计使用寿命的年数总和为分母的逐年递减的分数计算每年的折旧额。其计算公式为：

年折旧率=尚可使用寿命÷预计使用寿命的年数总和×100%

年折旧额=（固定资产原价-预计净残值）×年折旧率

月折旧率=年折旧率÷12

月折旧额=（固定资产原价-预计净残值）×月折旧率

课堂训练 3-43 甲公司2020年年初开始对设备计提折旧，原价102万元，折旧期4年，预计净残值为2万元。

在年数总和法下每年折旧的计算过程如下。
固定资产原价：102；预计净残值：2；预计使用寿命的年数总和=1+2+3+4=10。
第一年的折旧=(102-2)×4÷10=40（万元）
第二年的折旧=(102-2)×3÷10=30（万元）
第三年的折旧=(102-2)×2÷10=20（万元）
第四年的折旧=(102-2)×1÷10=10（万元）

双倍余额递减法和年数总和法都属于加速折旧法。其特点是：在固定资产使用的早期多计提折旧，后期少计提折旧，其递减的速度逐年加快，从而相对加快折旧的速度，目的是使固定资产成本在估计使用寿命内加快得到补偿。

提示

至少每年年终，对使用寿命、预计净残值和折旧方法进行复核；改变时，应当作为会计估计变更处理。

（3）固定资产折旧的核算

固定资产应当按月计提折旧，计提的折旧应通过"累计折旧"账户核算，并根据用途计入相关资产的成本或当期损益。

① 企业基本生产车间所使用的固定资产，其计提的折旧应计入制造费用。
② 管理部门所使用的固定资产，其计提的折旧应计入管理费用。
③ 销售部门所使用的固定资产，其计提的折旧应计入销售费用。
④ 自行建造固定资产过程中使用的固定资产，其计提的折旧应计入在建工程成本。
⑤ 经营租出的固定资产，其计提的折旧应计入其他业务成本。
⑥ 未使用的固定资产，其计提的折旧应计入管理费用。

单元三　生产准备业务

课堂训练 3-44　甲公司2021年2月份固定资产计提折旧的情况如下。

第一生产车间厂房计提折旧7.6万元，机器设备计提折旧9万元。

管理部门房屋建筑物计提折旧13万元，运输工具计提折旧4.8万元。

销售部门房屋建筑物计提折旧6.4万元，运输工具计提折旧5.26万元。

此外，本月第一生产车间新购置一台设备，原价为122万元，预计使用寿命10年，预计净残值2万元。按年限平均法计提折旧。

本课堂训练中，新购置的设备本月不提折旧，应从2021年3月开始计提折旧。

甲公司2021年2月份计提折旧的会计分录如下。

借：制造费用——第一生产车间　　　　　　　166 000
　　管理费用　　　　　　　　　　　　　　　　178 000
　　销售费用　　　　　　　　　　　　　　　　116 600
　　贷：累计折旧　　　　　　　　　　　　　　　　　460 600

6. 固定资产后续支出

（1）固定资产后续支出概述

固定资产在投入使用后，由于各个组成部分耐用程度不同或使用条件不同，往往会发生固定资产的局部损坏，因此为了保持固定资产的正常运转和使用，就会产生必要的后续支出。固定资产的后续支出是指固定资产在使用过程中发生的更新改造支出、修理费用等。后续支出如果能使得流入企业的经济利益增加，如延长固定资产的使用寿命，或者固定资产生产产品的成本实质性降低，或者生产产品的质量实质性提高等，则该后续支出符合固定资产的确认条件，应计入固定资产账面价值；后续支出如果不能使得流入企业的经济利益增加，则该后续支出不符合固定资产的确认条件，应计入当期损益。

固定资产的后续支出符合固定资产确认条件的，应当计入固定资产成本，被称为资本化后续支出，如果有被替换的部分，则同时将被替换部分的账面价值扣除；不符合固定资产确认条件的，应当在发生时计入当期损益，被称为费用化后续支出。

① 资本化的后续支出

固定资产发生可资本化的后续支出时，企业应将该固定资产的原价、已计提的累计折旧和减值准备转销，将固定资产的账面价值转入在建工程，借记"在建工程""累计折旧""固定资产减值准备"等账户，贷记"固定资产"账户；发生的可资本化的后续支出，借记"在建工程"账户，贷记"银行存款"等账户。在固定资产发生的后续支出完工并达到预定可使用状态时，借记"固定资产"账户，贷记"在建工程"账户。

企业发生的固定资产后续支出涉及替换原固定资产某组成部分的，当发生的后续支出符合固定资产确认条件时，应将其计入固定资产成本，同时将被替换部分的账面价值扣除。企业对固定资产进行定期检查发生的大修理费用，符合资本化条件的，可以计入固定资产成本；不符合资本化条件的，应当费用化，计入当期损益。固定资产在定期大修理间隔期间，照提折旧。

课堂训练 3-45　某航空公司2012年12月购入一架飞机，总计花费8 000万元（含发动机），发动机当时的购价为500万元。公司未将发动机作为一项单独的固定资产进行核算。2021年年初，公司开辟新航线，航程增加，为延长飞机的空中飞行时间，公司决定更换一部性能更为先进的发动机。新发动机购价700万元，另需要支付安装费用51 000元。假定飞

机的年折旧率为3%,不考虑相关税费的影响。(以下金额单位为万元)

(1) 计算固定资产的账面价值

固定资产已提折旧 =8 000×3%×8=1 920(万元)

固定资产的账面价值 =8 000-1 920=6 080(万元)

借:在建工程　　　　　　　　　　　　　　　　　　　6 080
　　累计折旧　　　　　　　　　　　　　　　　　　　1 920
　　贷:固定资产　　　　　　　　　　　　　　　　　　　　　8 000

(2) 计算被替换部分(发动机)的账面价值

发动机的账面价值 =500-500×3%×8=380(万元)

借:营业外支出　　　　　　　　　　　　　　　　　　　380
　　贷:在建工程　　　　　　　　　　　　　　　　　　　　　380

(3) 安装新发动机并支付安装费时

借:在建工程　　　　　　　　　　　　　　　　　　　705.1
　　贷:工程物资　　　　　　　　　　　　　　　　　　　　　700
　　　　银行存款　　　　　　　　　　　　　　　　　　　　　5.1

(4) 更新改造完工时将在建工程归集的更新改造成本转入"固定资产"账户

计入固定资产的成本 =6 080-380+705.1=6 405.1(万元)

借:固定资产　　　　　　　　　　　　　　　　　　　6 405.1
　　贷:在建工程　　　　　　　　　　　　　　　　　　　　　6 405.1

② 费用化的后续支出。

与固定资产有关的修理费用等后续支出,不符合固定资产确认条件的,应当根据不同情况分别在发生时计入当期管理费用或销售费用。企业生产车间(部门)和行政管理部门发生的固定资产日常修理费用,借记"管理费用"账户,贷记"银行存款"等账户;企业专设销售机构发生的固定资产日常修理费用,借记"销售费用"账户,贷记"银行存款"等账户。

7. 固定资产的处置

企业在日常的生产经营过程中,可能将不适用或不需用的固定资产对外出售转让,或者因过度磨损、技术进步等原因对固定资产进行报废,或者因遭受自然灾害而对毁损的固定资产进行处理,以及将固定资产进行对外投资、非货币性资产交换、债务重组等。上述事项都属于固定资产的处置,应当按照规定程序办理有关手续,结转固定资产的账面价值,计算有关的清理收入、清理费用及残料价值等。

固定资产处置应通过"固定资产清理"账户核算,具体账务处理包括以下几个步骤。

① 固定资产转入清理。企业因出售、报废、毁损、对外投资、非货币性资产交换、债务重组等转出的固定资产,按该项固定资产的账面价值,借记"固定资产清理"账户;按已计提的累计折旧,借记"累计折旧"账户;按已计提的减值准备,借记"固定资产减值准备"账户;按其账面原价,贷记"固定资产"账户。

② 发生的清理费用等。在固定资产清理过程中,按应支付的清理费用及其可抵扣的增值税进项税额,借记"固定资产清理""应交税费——应交增值税(进项税额)"账户,贷记"银行存款"等账户。

③ 收回出售价款、残料价值和变价收入等。收回出售固定资产的价款和税款，借记"银行存款"账户，按增值税专用发票上注明的价款，贷记"固定资产清理"账户，按增值税专用发票上注明的增值税销项税额，贷记"应交税费——应交增值税（销项税额）"账户。残料入库，按残料价值，借记"原材料"等账户，贷记"固定资产清理"账户。

④ 保险赔偿等的处理。企业计算应由保险公司或过失人赔偿的损失，借记"其他应收款"等账户，贷记"固定资产清理"账户。

⑤ 清理净损益的处理。对于固定资产清理净损失或净收益，属于正常出售、转让所产生的利得或损失，借记或贷记"资产处置损益"账户，贷记或借记"固定资产清理"账户；属于已丧失使用功能正常报废所产生的利得或损失，借记或贷记"营业外支出——非流动资产报废"账户，贷记或借记"固定资产清理"账户；属于自然灾害等非正常原因造成的损失，借记"营业外支出——非常损失"账户，贷记"固定资产清理"账户。如果"固定资产清理"账户为贷方余额，则应借记"固定资产清理"账户，贷记"营业外收入——非流动资产处置利得"账户。

课堂训练 3-46 甲公司2021年2月20日购入一台机器设备并投入使用。取得的增值税专用发票上注明的设备价款为200 000元、增值税税额为26 000元。甲公司采用年限平均法计提折旧，该设备预计使用寿命为10年，预计净残值率为固定资产原价的3%。因产品转型，2022年2月28日，甲公司将该机器设备出售给乙公司，开具的增值税专用发票上注明的价款为160 000元、增值税税额为20 800元。出售时，该设备已计提减值准备4 000元，已计提折旧38 800元，甲公司以银行存款支付该设备拆卸费用5 000元，其增值税税额为300元。

（1）将固定资产清理时的账面价值转入"固定资产清理"账户

借：固定资产清理　　　　　　　　　　　　157 200
　　累计折旧　　　　　　　　　　　　　　 38 800
　　固定资产减值准备　　　　　　　　　　　4 000
　　　贷：固定资产　　　　　　　　　　　　　　　　200 000

（2）支付清理费和税费

借：固定资产清理　　　　　　　　　　　　　5 000
　　应交税费——应交增值税（进项税额）　　　300
　　　贷：银行存款　　　　　　　　　　　　　　　　　5 300

（3）固定资产处置回收价值

借：银行存款　　　　　　　　　　　　　　180 800
　　　贷：固定资产清理　　　　　　　　　　　　　　160 000
　　　　　应交税费——应交增值税（销项税额）　　　20 800

（4）固定资产处置形成亏损

借：资产处置损益　　　　　　　　　　　　　2 200
　　　贷：固定资产清理　　　　　　　　　　　　　　　2 200

固定资产发生毁损和报废，仍然使用"营业外支出"账户核算。

8. 固定资产的清查

企业应当定期或至少于每年年末对固定资产进行清查盘点，以保证固定资产核算的真实性和完整性，充分挖掘企业现有固定资产的潜力。在固定资产清查过程中，如果发现盘盈、盘亏的固定资产，则应当填制固定资产盘盈盘亏报告表，并及时查明原因，按照规定程序报批处理。

（1）固定资产盘盈

固定资产盘盈是指固定资产实存数量大于账面数量。企业出现的固定资产盘盈一般是以前会计期间少计、漏计而产生的，因此《企业会计准则第28号——会计政策、会计估计变更和差错更正》中将固定资产盘盈作为前期差错处理。企业在财产清查中盘盈的固定资产，在按管理权限报经批准处理前应先通过"以前年度损益调整"账户核算。盘盈的固定资产，应按重置成本确定其入账价值，借记"固定资产"账户，贷记"以前年度损益调整"账户。

课堂训练 3-47 甲公司2021年4月末，对固定资产进行清查，盘盈一辆汽车（经营管理用）。其重置成本为60 000元。

(1) 按盘盈固定资产的重置成本入账

借：固定资产（重置成本）　　　　　　　　　　　　60 000
　　贷：以前年度损益调整（重置成本）　　　　　　　　　60 000

(2) 按盘盈固定资产的重置成本的25%转入"应交税费——应交所得税"账户

借：以前年度损益调整　　　　　　　　　　　　　　15 000
　　贷：应交税费——应交所得税　　　　　　　　　　　15 000

(3) 按盘盈固定资产重置成本的75%×10%转入"盈余公积——法定盈余公积"账户；按重置成本的75%×90%转入"利润分配——未分配利润"账户

借：以前年度损益调整　　　　　　　　　　　　　　45 000
　　贷：盈余公积——法定盈余公积　　　　　　　　　　4 500
　　　　利润分配——未分配利润　　　　　　　　　　40 500

（2）固定资产盘亏

固定资产盘亏是指固定资产实存数量小于账面数量。企业在财产清查中盘亏的固定资产，在未报经批准处理时，按盘亏固定资产的账面价值，借记"待处理财产损溢——待处理固定资产损溢"账户；按已计提的累计折旧，借记"累计折旧"账户；按已计提的减值准备，借记"固定资产减值准备"账户；按固定资产的账面原价，贷记"固定资产"账户。在按照管理权限报经批准后处理时，按可收回的保险赔偿或过失人赔偿，借记"其他应收款"账户，按应计入营业外支出的金额，借记"营业外支出——盘亏损失"账户，贷记"待处理财产损溢——待处理固定资产损溢"账户。

课堂训练 3-48 2021年4月末，对固定资产进行清查，盘亏一台机器设备。其原价为60 000元，累计折旧10 000元，减值准备5 000元。保险公司赔款3 000元。

(1) 按盘亏固定资产的账面价值

借：待处理财产损溢——待处理固定资产损溢　　　　45 000
　　累计折旧　　　　　　　　　　　　　　　　　　10 000
　　固定资产减值准备　　　　　　　　　　　　　　5 000
　　贷：固定资产　　　　　　　　　　　　　　　　　60 000

（2）按赔偿金额
借：其他应收款　　　　　　　　　　　　　　　　　3 000
　　贷：待处理财产损溢——待处理固定资产损溢　　　　3 000
（3）按盘亏固定资产的账面价值减去相关赔偿后的金额
借：营业外支出——盘亏损失　　　　　　　　　　　42 000
　　贷：待处理财产损溢——待处理固定资产损溢　　　 42 000

9. 固定资产的减值
（1）固定资产减值概述
固定资产减值是指固定资产的可收回金额低于其账面价值的差额。固定资产的可收回金额是指固定资产的公允价值减去处置费用后的净额和预计未来现金流量现值两者之间的较高者。

（2）固定资产减值的迹象
为了客观、真实、准确地反映期末固定资产的实际价值，如果固定资产发生了减值的迹象，则期末企业应对固定资产进行减值测试，以此确定固定资产的减值损失。
下列情况表明固定资产发生了减值的迹象。
① 资产的市价在当期大幅度下跌，其跌幅明显高于因时间的推移或正常使用而预计的下跌。
② 企业经营所处的经济、技术或法律等环境及资产所处的市场在当期或将在近期发生重大变化，从而对企业产生不利影响。
③ 市场利率或其他市场投资报酬率在当期已经提高，从而影响企业计算资产预计未来现金流量现值的折现率，导致资产可收回金额大幅度降低。
④ 有证据表明资产已经陈旧过时或其实体已经损坏。
⑤ 资产已经或将被闲置、终止使用或计划提前处置。
⑥ 企业内部报告的证据表明资产的经济绩效已经低于或将低于预期。
⑦ 其他有可能表明资产发生减值的情况。

（3）固定资产减值准备的会计处理
在资产负债表日，固定资产可收回金额低于其账面价值的，企业应当将该固定资产的账面价值减记至可收回金额，减记的金额确认为减值损失，计入当期损益。同时，计提相应的资产减值准备，借记"资产减值损失——计提的固定资产减值准备"账户，贷记"固定资产减值准备"账户。固定资产减值损失一经确认，在以后会计期间就不得转回。已计提减值准备的固定资产，应按照固定资产的账面价值及尚可使用寿命重新计算确定折旧率和折旧额。

课堂训练 3-49 某企业2019年12月31日购入一台设备，入账价值为200万元，预计使用寿命为10年，预计净残值为20万元，采用年限平均法计提折旧。2021年12月31日，该设备存在减值迹象，经测试预计可收回金额为120万元。（以下金额单位为万元）

固定资产的账面价值 =200-36=164（万元）
固定资产的可收回金额 =120（万元）
固定资产的账面价值（164万元）＞固定资产的可收回金额（120万元），减值了44万元。

借：资产减值损失——计提的固定资产减值准备　　　　44
　　　　贷：固定资产减值准备　　　　　　　　　　　　　　　　44

（二）任务要领

① 固定资产初始取得时入账成本必须计算准确。
② 固定资产持有期间，对其进行后续支出和计提折旧。
③ 期末时对固定资产进行期末清查和减值测试。
④ 将不适用、不需用、报废和毁损的固定资产进行处置。

三、任务实施

（一）任务流程（见图3-3）

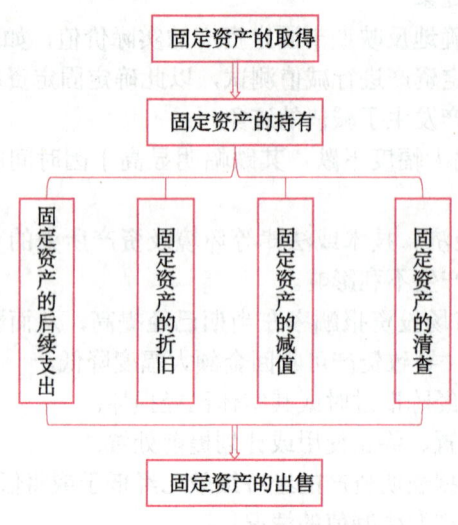

图 3-3　固定资产核算的流程

任务操作

（二）任务操作

（以下金额单位为万元）

步骤1　固定资产取得的账务处理。

（1）计算固定资产安装之前应记入"在建工程"账户的成本 =100+2=102（万元）
　　借：在建工程　　　　　　　　　　　　　　　　　　　102
　　　　应交税费——应交增值税（进项税额）　　　　　13.18
　　　　贷：银行存款　　　　　　　　　　　　　　　　　115.18

（2）安装固定资产领用原材料和应承担的职工薪酬
　　借：在建工程　　　　　　　　　　　　　　　　　　　10
　　　　贷：原材料　　　　　　　　　　　　　　　　　　　8
　　　　　　应付职工薪酬　　　　　　　　　　　　　　　　2

（3）固定资产达到预定可使用状态结转固定资产成本
　　借：固定资产　　　　　　　　　　　　　　　　　　　112

贷：在建工程　　　　　　　　　　　　　　　　　　112

步骤2　对当期进行更新改造的固定资产进行账务处理。
（1）将更新改造的固定资产的账面价值转入"在建工程"账户
　　借：在建工程　　　　　　　　　　　　　　　　　　27.4
　　　　累计折旧　　　　　　　　　　　　　　　　　　12.6
　　　　贷：固定资产　　　　　　　　　　　　　　　　　　40
（2）更新改造支出的账务处理
　　借：在建工程　　　　　　　　　　　　　　　　　　90
　　　　贷：银行存款　　　　　　　　　　　　　　　　　　10
　　　　　　库存商品　　　　　　　　　　　　　　　　　　80
（3）更新改造完工达到预定可使用状态时
　　借：固定资产　　　　　　　　　　　　　　　　　　117.4
　　　　贷：在建工程　　　　　　　　　　　　　　　　　117.4

步骤3　对当期出售固定资产的业务进行账务处理。
（1）将固定资产清理时的账面价值转入"固定资产清理"账户
　　借：固定资产清理　　　　　　　　　　　　　　　　52.8
　　　　累计折旧　　　　　　　　　　　　　　　　　　43.2
　　　　贷：固定资产　　　　　　　　　　　　　　　　　　96
（2）支付清理费和税费
　　借：固定资产清理　　　　　　　　　　　　　　　　　0.5
　　　　应交税费——应交增值税（进项税额）　　　　　　0.03
　　　　贷：银行存款　　　　　　　　　　　　　　　　　0.53
（3）固定资产处置回收价值
　　借：银行存款　　　　　　　　　　　　　　　　　　65.5
　　　　贷：固定资产清理　　　　　　　　　　　　　　　　58
　　　　　　应交税费——应交增值税（销项税额）　　　　7.54
（4）固定资产处置形成盈余
　　借：固定资产清理　　　　　　　　　　　　　　　　　4.7
　　　　贷：资产处置损益　　　　　　　　　　　　　　　4.7

步骤4　对减值的固定资产计提减值准备。
（1）确定固定资产的账面价值和可收回金额
固定资产的账面价值 =100-72=28（万元）
固定资产的可收回金额 =24（万元）
（2）固定资产的账面价值（28万元）＞固定资产的可收回金额（24万元），减值了4万元
　　借：资产减值损失——计提的固定资产减值准备　　　　4
　　　　贷：固定资产减值准备　　　　　　　　　　　　　　4

步骤5　对期末清查中形成的盘盈和盘亏的固定资产进行账务处理。
（1）按盘亏固定资产的账面价值确认待处理财产损溢

借：待处理财产损溢——待处理固定资产损溢　　　　　　7.933 4
　　累计折旧　　　　　　　　　　　　　　　　　　　　20.4
　　贷：固定资产　　　　　　　　　　　　　　　　　　　　28.333 4
（2）按相关人员的赔偿金额
借：其他应收款　　　　　　　　　　　　　　　　　　　　0.5
　　贷：待处理财产损溢——待处理固定资产损溢　　　　　　0.5
（3）按盘亏固定资产的账面价值减去相关赔偿后的金额
借：营业外支出——盘亏损失　　　　　　　　　　　　　　7.433 4
　　贷：待处理财产损溢——待处理固定资产损溢　　　　　　7.433 4

步骤6 计提本月固定资产的折旧。

① 上个月增加的固定资产，本月计提折旧 =8×(1-10%)÷10÷12=0.06（万元）

② 上个月减少的固定资产本月不计提折旧 =5×(1-10%)÷10÷12=0.037 5（万元）

③ 本月增加的固定资产本月不计提，所以于2021年12月1日，购进的价款为112万元的固定资产本月不提折旧。

④ 2021年12月6日，更新改造的固定资产本月不提折旧。

⑤ 本月出售的固定资产本月继续提折旧。

⑥ 本月盘亏的固定资产本月继续提折旧。

⑦ 本月减值的固定资产按照账面价值减去净残值作为应计折旧额在剩余年限内平均分摊。

⑧ 本月应提折旧额 = 上个月的折旧额 + 上个月增加的固定资产折旧额 - 上个月减少的固定资产折旧额 - 本月更新改造的固定资产的折旧额 - 本月减值的固定资产的减值之前的月折旧额 + 本月减值的固定资产按账面价值减去净残值作为应计折旧额计算的月折旧额 = (0.18+0.72+0.184 5+0.75+0.174+0.65+0.15+0.438+0.418 5+0.82+0.212 5+0.15+0.54) +0.06（上月增加的固定资产折旧额）-0.037 5（上月减少的固定资产折旧额）-0.15（更新改造的固定资产的折旧额）-0.75+0.7=5.21（万元）

借：制造费用——第一生产车间　　　　　　　　　　　　9 000
　　制造费用——第二生产车间　　　　　　　　　　　　8 845
　　制造费用——第三生产车间　　　　　　　　　　　　8 465
　　辅助生产成本——机修车间　　　　　　　　　　　　5 880
　　管理费用——折旧费　　　　　　　　　　　　　　　14 510
　　销售费用——折旧费　　　　　　　　　　　　　　　5 400
　　贷：累计折旧　　　　　　　　　　　　　　　　　　52 100

四、任务评价

根据任务要求实施并完成任务后，请填写本任务评价参考表，如表3-8所示。

表3-8　固定资产核算评价参考表

评价主体	评价内容	得　分
教师评价 （50分）	1. 学生出勤情况（10分）	
	2. 学生课堂表现（10分）	

（续表）

评价主体	评价内容	得　分
教师评价 （50分）	3.任务完成情况	
	（1）固定资产取得的账务处理（5分）	
	（2）固定资产后续支出的账务处理（5分）	
	（3）固定资产出售的账务处理（5分）	
	（4）固定资产减值准备的账务处理（5分）	
	（5）固定资产清查的账务处理（5分）	
	（6）固定资产计提折旧的账务处理（5分）	
自我评价 （50分）	1.课前预习情况（10分）	
	2.上课回答问题积极性（10分）	
	3.所学知识掌握情况	
	（1）固定资产取得的账务处理（5分）	
	（2）固定资产后续支出的账务处理（5分）	
	（3）固定资产出售的账务处理（5分）	
	（4）固定资产减值准备的账务处理（5分）	
	（5）固定资产清查的账务处理（5分）	
	（6）固定资产计提折旧的账务处理（5分）	
合　计		

五、任务拓展

拓展题 3-1（接受投资者投入的固定资产）

甲公司接受乙公司以一台机器设备进行投资。该台机器设备原值为 224 000 元，已计提折旧 66 000 元，双方经协商确认的价值为 177 000 元，增值税税额为 23 010 元，所占份额为 10%（价值为 150 000 元）。

要求：从甲公司的角度编制会计分录。

拓展题 3-2（以固定资产投资的账务处理）

乙公司以一台机器设备向甲公司进行投资。该台机器设备原值为 224 000 元，已计提折旧 66 000 元，双方经协商确认的价值为 177 000 元，所占份额为 10%（价值为 150 000 元）。

要求：从乙公司的角度进行账务处理。

参考答案

六、任务测试

在线测试

任务三　无形资产核算

一、任务情境

（一）任务场景

① 2021 年 12 月 1 日，北京陈鸿商贸有限责任公司向凌峰科技有限公司购入一项专利权。增值税专用发票上注明的价款为 120 万元、增值税税额为 7.2 万元。另支付其他相关税费 1 万元。以银行存款支付。

② 2021 年 12 月 16 日，北京陈鸿商贸有限责任公司出售给北京恒顺有限公司一项商标权。开具的增值税专用发票上注明的价款为 280 万元、增值税税额为 16.8 万元。出售时，该项商标权原价 300 万元，已摊销 100 万元，未计提过减值准备。

③ 2021 年 12 月 31 日，北京陈鸿商贸有限责任公司摊销 12 月份无形资产，如表 3-9 所示。

表 3-9　无形资产摊销表

2021 年 12 月 31 日　　　　　　　　　　　　　　　元

无形资产	使用日期	原　值	摊销年限/年	月摊销额	备　注
土地使用权	2018 年 1 月 1 日	18 000 000	30	50 000	管理部门使用
非专利技术	2019 年 1 月 1 日	420 000	10	3 500	管理部门使用
专利权	2021 年 12 月 1 日	1 200 000	10	10 000	生产车间使用
合　计		19 620 000		63 500	

④ 2021 年 12 月 31 日，北京陈鸿商贸有限责任公司对一项使用寿命不确定的非专利技术按照资产减值的原则进行减值测试，经测试表明其已发生减值。该非专利技术的可收回金额为 180 万元，账面价值为 200 万元。

（二）任务布置

① 完成北京陈鸿商贸有限责任公司购买无形资产的账务处理。
② 完成北京陈鸿商贸有限责任公司处置无形资产的账务处理。
③ 完成北京陈鸿商贸有限责任公司无形资产摊销的账务处理。
④ 计算并完成北京陈鸿商贸有限责任公司无形资产减值的账务处理。

二、任务准备

（一）知识准备

1. 无形资产概述

无形资产是指企业拥有或控制的没有实物形态的可辨认非货币性资产，通常包括专利权、非专利技术、商标权、著作权、特许权、土地使用权等。

2. 无形资产的特征

（1）无形资产不具有实物形态

无形资产通常表现为某种权利、某项技术，是不具有实物形态的非货币性资产，如土地使用权、非专利技术等。

（2）无形资产具有可辨认性

作为无形资产核算的资产能够区别于其他资产可单独辨认的、满足下列条件之一的，应当认定为具有可辨认性。

① 能够从企业中分离或划分出来，并能单独或者与相关合同、资产或负债一起，用于出售、转移、授予许可、租赁或交换。例如，商誉的存在无法与企业自身分离，不具有可辨认性，不属于无形资产。

② 源自合同性权利或其他法定权利，无论这些权利是否可以从企业或其他权利和义务中转移或分离。例如，一方通过与另一方签订特许权合同而获得的特许使用权。

（3）无形资产属于非货币性长期资产

无形资产属于非货币性资产，且能够在多个会计期间为企业带来经济利益。无形资产的使用年限在一年以上，其价值将在各个受益期间逐渐摊销。

无形资产确认条件

3. 无形资产的核算

（1）取得无形资产

外购无形资产的成本包括购买价款、相关税费及直接归属于使该项资产达到预定用途所发生的其他支出。其中，相关税费不包括按照现行增值税制度规定，可以从销项税额中抵扣的增值税进项税额。

外购无形资产取得增值税专用发票的，按注明的增值税进项税额，借记"应交税费——应交增值税（进项税额）"账户；取得增值税普通发票的，按注明的价税合计金额作为无形资产的成本，其进项税额不可抵扣。

课堂训练 3-50 甲公司为增值税一般纳税人。2021年1月1日，购入一项非专利技术。取得的增值税专用发票上注明的价款为1 200 000元、税率为6%、增值税税额为72 000元。以银行存款支付。

借：无形资产——非专利技术　　　　　　　　　1 200 000
　　应交税费——应交增值税（进项税额）　　　　72 000
　贷：银行存款　　　　　　　　　　　　　　　1 272 000

（2）摊销无形资产

① 使用寿命不确定的无形资产。

企业应当在取得无形资产时判断其使用寿命，无法预见无形资产为企业带来经济利益期限的，应当视为使用寿命不确定的无形资产，不需要进行摊销。

② 使用寿命有限的无形资产。

对于使用寿命有限的无形资产，企业应当按月进行摊销，可供使用当月起开始摊销，处置当月不再摊销。无形资产的摊销方法有年限平均法、生产总量法等。企业选择的无形资产摊销方法，应当反映与该项无形资产有关的经济利益的预期实现方式。无法可靠确定预期实现方式的，应当采用年限平均法摊销。应摊销金额是无形资产的成本扣除残值后的金额，如果无形资产计提了减值准备，则还应扣除已计提的无形资产减值准备累积金额。无形资产的残值一般为0。

无形资产的摊销金额一般计入当期损益。企业管理用的无形资产，摊销金额计入管理费用；出租的无形资产，摊销金额计入其他业务成本；某项无形资产包含的经济利益通过所生产的产品或其他资产实现的，其摊销金额应当计入相关资产成本，如制造费用。摊销时，借记"管理费用""其他业务成本""制造费用"账户，贷记"累计摊销"账户。

课堂训练 3-51 承课堂训练3-50，甲公司预计购买的这项非专利技术生产的产品在未来10年内会为公司带来经济利益。甲公司采用年限平均法按月进行摊销。

每月的摊销金额=1 200 000÷10÷12=10 000（元）

借：制造费用　　　　　　　　　　　　　　　　　　10 000
　　贷：累计摊销　　　　　　　　　　　　　　　　　　10 000

（3）处置和报废无形资产

① 出售无形资产。

企业出售无形资产时，应将所取得的价款与该无形资产账面价值及相关税费的差额作为资产处置利得或损失，计入当期损益（资产处置损益）。

企业处置无形资产，应当按照实际收到或应收的金额等，借记"银行存款""其他应收款"等账户，按照已计提的累计摊销，借记"累计摊销"账户，按照实际支付的相关费用可抵扣的进项税额，借记"应交税费——应交增值税（进项税额）"账户；按照实际支付的相关费用，贷记"银行存款"等账户，按无形资产的账面余额，贷记"无形资产"账户，按照开具的增值税专用发票上注明的增值税销项税额，贷记"应交税费——应交增值税（销项税额）"账户；按照其差额，贷记或借记"资产处置损益"账户。

课堂训练 3-52 2021年12月5日，甲公司出售上述非专利技术。所得的不含税价款为2 000 000元、增值税税率为6%、增值税税额为120 000元。该项非专利技术成本为1 200 000元，出售时已摊销金额为110 000万元。

借：银行存款　　　　　　　　　　　　　　　　　　2 120 000
　　累计摊销　　　　　　　　　　　　　　　　　　　110 000
　　贷：无形资产——非专利技术　　　　　　　　　　1 200 000
　　　　应交税费——应交增值税（销项税额）　　　　120 000
　　　　资产处置损益　　　　　　　　　　　　　　　910 000

② 报废无形资产。

如果无形资产预期不能为企业带来经济利益，如该无形资产已被其他新技术所替代，无形资产不再受到法律保护，则应将其报废并予转销，其账面价值转作当期损益。转销时，应按已计提的累计摊销，借记"累计摊销"账户；按其账面余额，贷记"无形资产"账户；按其差额，借记"营业外支出"账户。

课堂训练 3-53 承课堂训练3-52，如果甲公司未出售该项非专利技术，而是以内部研发成功的专利技术替代现有的非专利技术，并将其予以转销，则转销时，非专利技术的成本为1 200 000元，已累计摊销金额为130 000元。未计提减值准备，该专利技术的残值为0。假定不考虑其他相关因素。

借：营业外支出　　　　　　　　　　　　　　　　　　1 070 000

　　　　累计摊销　　　　　　　　　　　　　　　　　　　130 000
　　　贷：无形资产　　　　　　　　　　　　　　　　　　　1 200 000

（4）无形资产减值

如果无形资产将来为企业创造的经济利益不足以补偿无形资产成本，则说明无形资产发生了减值，具体表现为无形资产的账面价值超过了其可收回金额。在资产负债表日，无形资产存在可能发生减值的迹象时，其可收回金额低于账面价值的，企业应当将该无形资产的账面价值减记至可收回金额，减记的金额确认为减值损失，计入当期损益。同时，计提相应的资产减值准备，借记"资产减值损失——无形资产减值准备"账户，贷记"无形资产减值准备"账户。

课堂训练 3-54 2021年12月31日，甲公司拥有的专利技术的账面价值为900 000元。经减值测试，该专利技术的可收回金额为750 000元。

　　借：资产减值损失——无形资产减值准备　　　　　　　 150 000
　　　贷：无形资产减值准备　　　　　　　　　　　　　　　　150 000

（二）任务要领

① 明确无形资产的入账成本，包括购买价款、相关税费及直接归属于使该项资产达到预定用途所发生的其他支出。

② 区分增值税和其他相关税费的处理，其他相关税费计入无形资产成本。

③ 处置无形资产时，无形资产取得的价款和账面价值之间的差额作为资产处置损益处理。

④ 根据无形资产减值的具体表现判断其是否发生减值，可收回金额低于其账面价值的部分作为资产减值损失处理。

⑤ 正确判断无形资产的摊销期、摊销金额，无形资产按收益部门分配摊销金额。

三、任务实施

步骤1　购买无形资产的账务处理。

　　借：无形资产——非专利技术　　　　　　　　　　　　 1 210 000
　　　　应交税费——应交增值税（进项税额）　　　　　　　　72 000
　　　贷：银行存款　　　　　　　　　　　　　　　　　　　1 282 000

步骤2　处置无形资产的账务处理。

　　借：应收账款　　　　　　　　　　　　　　　　　　　　2 968 000
　　　　累计摊销　　　　　　　　　　　　　　　　　　　　1 000 000
　　　贷：无形资产——非专利技术　　　　　　　　　　　　3 000 000
　　　　　应交税费——应交增值税（销项税额）　　　　　　　168 000
　　　　　资产处置损益　　　　　　　　　　　　　　　　　　800 000

步骤3　无形资产摊销的账务处理。

　　借：管理费用　　　　　　　　　　　　　　　　　　　　　53 500
　　　　制造费用　　　　　　　　　　　　　　　　　　　　　10 000
　　　贷：累计摊销　　　　　　　　　　　　　　　　　　　　63 500

步骤4　无形资产减值的账务处理。

借：资产减值损失——无形资产减值准备　　　　　200 000
　　贷：无形资产减值准备　　　　　　　　　　　　　　　　200 000

四、任务评价

根据任务要求实施并完成任务后，请填写本任务评价参考表，如表3-9所示。

表3-9　无形资产核算评价参考表

评价主体	评价内容	得　分
教师评价（50分）	1.学生出勤情况（10分）	
	2.学生课堂表现（10分）	
	3.任务完成情况	
	（1）购买无形资产的账务处理（5分）	
	（2）无形资产摊销的账务处理（5分）	
	（3）无形资产减值的账务处理（5分）	
	（4）处置无形资产的账务处理（5分）	
自我评价（50分）	1.课前预习情况（10分）	
	2.上课回答问题积极性（10分）	
	3.所学知识掌握情况	
	（1）购买无形资产的账务处理（5分）	
	（2）无形资产摊销的账务处理（5分）	
	（3）无形资产减值的账务处理（5分）	
	（4）处置无形资产的账务处理（5分）	
合　计		

五、任务拓展

北京陈鸿商贸有限责任公司2021年开始自行研究开发一项非专利技术。截至2021年6月30日，发生研发支出合计100万元。经测试，该项研发活动完成了研究阶段。从2021年7月1日开始进入开发阶段，2021年7月至12月共发生开发支出50万元，符合资本化条件。取得增值税专用发票上注明的增值税税额为6.5万元。全部款项以银行存款支付。2021年12月31日，最终开发出一项非专利技术。

要求：进行相关账务处理。

参考答案

在线测试

六、任务测试

任务四　往来负债核算

一、任务情境

（一）任务场景

① 北京陈鸿商贸有限责任公司为增值税一般纳税人，材料按计划成本核算。2021年7月6日，购入原材料a1一批。增值税专用发票上注明的价款为80 000元、增值税税率为13%。原材料a1验收入库。该企业开出并经开户银行承兑的商业汇票一张，面值为90 400元，期限5个月。12月6日商业汇票到期，北京陈鸿商贸有限责任公司通知其开户银行以银行存款支付票款。

② 北京陈鸿商贸有限责任公司2021年12月1日从万林公司赊购一批材料b1。增值税专用发票上注明的价款为90 000元、增值税税率为13%。购买材料取得的增值税专用发票中列示的增值税均已经税务机关认证可予抵扣，货款未付。双方经协议，付款条件为"3/10，2/20，n/30"，采用总价法进行账务处理。该材料验收入库，发票账单已收到（计算现金折扣不考虑增值税税款）。2021年12月8日，北京陈鸿商贸有限责任公司按照扣除现金折扣后的金额，用银行存款付清了所欠万林公司货款。

③ 2021年12月3日，北京陈鸿商贸有限责任公司与乙公司签订供货合同，向乙公司出售一批全自动波轮式洗衣机。货款金额共计300 000元，增值税税率为13%。根据购货合同的规定，乙公司在购货合同签订后1周内，应当向甲公司预付货款180 000元，剩余货款在交货后付清。2021年12月9日，甲公司收到乙公司预付货款180 000元并存入银行；12月19日甲公司将货物发运到乙公司并开具增值税专用发票，乙公司验收货物后付清了剩余货款。

④ 北京陈鸿商贸有限责任公司从2021年10月1日起，以经营租赁方式租入管理用办公设备一批，每月租金120 000元，按季支付。12月31日，北京陈鸿商贸有限责任公司以银行存款支付应付租金360 000元，增值税税率为9%。

（二）任务布置

对以上业务进行账务处理，并将在平台上手动编制的凭证保存为常用凭证。

二、任务准备

（一）知识准备

往来负债是企业在生产经营过程中因发生采购材料、商品或接受劳务而形成的债务关系，主要包括应付账款、应付票据、预收账款、其他应付款等。

（1）应付票据

①应付票据概述。

应付票据是指企业购买材料、商品和接受劳务供应等而开出、承兑的商业汇票，包括商业承兑汇票和银行承兑汇票。企业应通过"应付票据"账户，核算应付票据的发生、偿付等情况。该账户贷方登记开出、承兑汇票的面值，借方登记支付票据的金额；余额在贷方，反映企业尚未到期的商业汇票的票面金额。

企业应当设置应付票据备查簿，详细登记商业汇票的种类、号数和出票日期、到期日、票面余额、交易合同号和收款人姓名或单位名称及付款日期和金额等资料。应付票据到期结清时，上述内容应当在备查簿内予以注销。

我国商业汇票的付款期限不超过 6 个月，因此企业应将应付票据作为流动负债管理和核算。同时，由于应付票据的偿付时间较短，因此在会计实务中，一般均按照开出、承兑的应付票据的面值入账。

②应付票据的账务处理。

企业因购买材料、商品和接受劳务供应等而开出、承兑的商业汇票，应当按其票面金额作为应付票据的入账金额，借记"材料采购""在途物资""原材料""库存商品""应付账款""应交税费——应交增值税（进项税额）"等账户，贷记"应付票据"账户。

企业因开出银行承兑汇票而支付银行的承兑汇票手续费，应当计入当期财务费用。支付手续费时，按照确认的手续费，借记"财务费用"账户，取得增值税专用发票的，按注明的增值税进项税额，借记"应交税费——应交增值税（进项税额）"账户；按照实际支付的金额，贷记"银行存款"账户。

企业开具的商业汇票到期支付票据款时，根据开户银行的付款通知，借记"应付票据"账户，贷记"银行存款"账户。

③转销应付票据。

应付商业承兑汇票到期，如果企业无力支付汇票款，则由于商业汇票已经失效，企业应将应付票据按账面余额转作应付账款，借记"应付票据"账户，贷记"应付账款"账户。

课堂训练 3-55 2021 年 9 月 30 日，甲公司的商业承兑汇票到期时甲公司无力支付汇票款。金额为 300 000 元。

  借：应付票据   300 000
    贷：应付账款   300 000

应付银行承兑汇票到期，如果企业无力支付汇票款，则由承兑银行代为支付并作为对付款企业的贷款处理。企业应将应付票据的账面余额转作短期借款，借记"应付票据"账户，贷记"短期借款"账户。

课堂训练 3-56 2021 年 9 月 20 日，甲公司的银行承兑汇票到期时甲公司无力支付汇票款。金额为 600 000 元。

  借：应付票据   600 000
    贷：短期借款   600 000

（2）应付账款

①应付账款的概念。

应付账款是指企业在生产经营过程中因购买材料、商品或接受劳务供应等而发生的债务。其应付金额一般是确定的。

②应付账款的入账时间。

应付账款的入账时间应以与所购买物资所有权有关的风险和报酬已经转移或劳务已经接受为标志。但在会计实务中，一般以收到发票账单的时间为应付账款的入账时间。如果货物已到或劳务已经接受但发票账单等凭证尚未到达，则企业应于月末估计入账，待下月初用红字将上月末暂估入账的应付账款予以冲销。

③应付账款的入账金额。

应付账款一般按发票账单等凭证上记载的应付金额入账。对于货物已到或劳务已接收，但发票账单等凭证未到达而于月末估计入账的，应于下月收到发票账单等凭证后，根据实际应付金额重新入账。企业在销售时，可以采取销售折扣的手段。销售折扣有商业折扣和现金折扣两种形式。

④应付账款的账务处理。

用来核算企业因购进材料、商品或接受劳务供应等经营活动而发生的应付账款的增减变动情况，应设置"应付账款"账户。它是负债类账户，贷方登记应支付而未支付的款项，借方登记实际偿还的款项；期末贷方余额表示企业尚未支付的应付账款余额。本账户应按债权人设置明细账户进行明细核算。

〈1〉不带有现金折扣的应付账款的核算。

- 当企业购入材料、商品货物等验收入库，但货款尚未支付时，应根据有关凭证，借记"原材料""库存商品""应交税费——应交增值税（进项税额）"等账户，贷记"应付账款"账户。
- 企业接受供应单位提供劳务而发生应付未付款项，应根据供应单位的发票账单，借记"生产成本""管理费用""销售费用""制造费用"等账户，贷记"应付账款"账户。
- 偿还时，借记"应付账款"账户，贷记"银行存款"账户。
- 如果企业开出并承兑的商业汇票抵付应付账款，则应借记"应付账款"账户，贷记"应付票据"账户。
- 有些应付账款由于债权单位撤销或其他原因，无法偿付或无须支付应付账款，则这笔无法支付的应付账款应作为企业的营业外收入处理，借记"应付账款"账户，贷记"营业外收入"账户。

〈2〉带有现金折扣的应付账款的核算。

如果在赊购过程中，销售方根据购买方的付款时间给予一定的现金折扣，则可以使用总价法。采用总价法，在购货发生时，按发票上记载的应付金额的总价，即不扣除折扣的价格记账；偿还货款时，根据是否取得现金折扣的情况入账；在折扣期内付款，获得的现金折扣应冲减应付账款，作为一项理财收益，表明企业合理调度资金，记入"财务费用"账户的贷方。

提示

在会计实务中，企业外购电力、燃气等动力一般通过"应付账款"账户核算，即在每月付款时先做暂付款处理，按照增值税专用发票上注明的价款，借记"应付账款"账户，按照增值税专用发票上注明的可抵扣的增值税进项税额，借记"应交税费——应交增值税（进项税额）"账户，贷记"银行存款"等账户；月末按照外购动力的用途分配动力费时，借记"生产成本""制造费用""管理费用"等账户，贷记"应付账款"账户。

课堂训练 3-57 2021年9月25日，甲企业收到银行转来供电部门开具的增值税专用发票，发票上注明的电费为54 000元、增值税税额为7 020元。企业以银行存款付讫。月末，该企业经计算，本月应付电费54 000元。其中，生产车间电费30 000元；企业行政管理部门电费18 000元；销售部门电费6 000元。

（1）支付外购电力费
  借：应付账款——电力公司   54 000
    应交税费——应交增值税（进项税额） 7 020
    贷：银行存款   61 020

（2）月末分配外购电力费
  借：制造费用   30 000
    管理费用   18 000
    销售费用   6 000
    贷：应付账款——电力公司   54 000

⑤ 转销应付账款。

应付账款一般在较短期限内支付，但有时会由于债权单位撤销或其他原因而使应付账款无法清偿。企业对于确实无法支付的应付账款应予以转销，按其账面余额计入营业外收入，借记"应付账款"账户，贷记"营业外收入"账户。

课堂训练 3-58 2021年9月30日，甲公司确认一笔应付丙公司货款68 000元为无法支付的款项，对此予以转销。

  借：应付账款——丙公司   68 000
    贷：营业外收入   68 000

（3）预收账款

预收账款是指企业在销售商品或提供劳务前，根据购销合同的规定，向购货方预先收取的部分或全部货款。预收账款具有订金的性质，企业在收到款项后，应在合同规定的期限内给购货单位发出货物或提供劳务；否则，必须如数退还预收的款项。但预收账款的偿还一般不需要支出货币资金，而是以货物清偿。因此，在会计上，将预收账款作为负债处理。企业在核算预收账款时，常用的方法有以下两种。

① 单独设置"预收账款"账户，收到预收货款时记入该账户，待企业以商品或劳务偿还后，再进行结算。这种核算方法能完整地反映这项流动负债的发生及偿付情况，并便于填报会计报表。

② 将预收的货款直接作为应收账款的减项，反映在"应收账款"账户的贷方。收到预收账款时，记入"应收账款"账户的贷方；偿付债务时，再在"应收账款"账户借方进行结算。这种方法也能完整地反映购货方预付货款的发生和结算情况，但在填列会计报表时，需要根据"应收账款"账户的明细账户分析填列。

企业应根据具体情况选择适当的方法核算预收账款：如果企业预收账款很多，则可以采用第一种方法；而预收账款情况不多的企业，可以采用第二种方法。企业向购货单位预收款项时,借记"银行存款"账户,贷记"预收账款"账户;销售实现时,按实现的收入和应缴的增值税销项税额,借记"预收账款"账户,按照实现的营业收入,贷记"主营业务收入"账户,按照增值税专用发票上注明的增值税税额,贷记"应交税费——应交增值税(销项税额)"等账户;企业收到购货单位补付的款项,借记"银行存款"账户,贷记"预收账款"账户;向购货单位退回其多付的款项,借记"预收账款"账户,贷记"银行存款"账户。

预收货款业务不多的企业,可以不单独设置"预收账款"账户,其所发生的预收款,可通过"应收账款"账户核算。

课堂训练 3-59 北京陈鸿商贸有限责任公司与万林公司签订一项购销合同,由北京陈鸿商贸有限责任公司为万林公司生产一批全自动波轮式洗衣机。增值税专用发票上注明的价款为 5 200 000 元、增值税税率为 13%。预计 2 个月完成。按合同,万林公司预先支付 20% 的货款,剩余 80% 待完工交货时再支付。假设北京陈鸿商贸有限责任公司不设置"预收账款"账户,其预收的款项通过"应收账款"账户核算。

(1)收到万林公司预付的货款时
借:银行存款   1 040 000
　　贷:应收账款——万林公司   1 040 000
(2)向万林公司发出货物时
借:应收账款——万林公司   5 876 000
　　贷:主营业务收入   5 200 000
　　　　应交税费——应交增值税(销项税额)   676 000
(3)收到万林公司补付的货款时
借:银行存款   4 836 000
　　贷:应收账款   4 836 000
(4)其他应付款

其他应付款是指企业除应付票据、应付账款、预收账款、应付职工薪酬、应缴税费应付利息、应付股利等经营活动以外的其他各项应付、暂收的款项,如应付经营租赁固定资产租金、租入包装物租金、存入保证金等。企业应通过"其他应付款"账户,核算其他应付款的增减变动及其结存情况。该账户贷方登记发生的各种应付、暂收款项,借方登记偿还或转销的各种应付、暂收款项;该账户期末贷方余额,反映企业应付未付的其他应付款项。本账户按照其他应付款的项目和对方单位(或个人)设置明细账户进行明细核算。企业发生其他各种应付、暂收款项时,借记"管理费用"等账户,贷记"其他应付款"账户;支付或退回其他各种应付、暂收款项时,借记"其他应付款"账户,贷记"银行存款"等账户。

(二)任务要领
①掌握应付票据、应付账款、预收账款、其他应付款的账户结构。
②掌握应付票据、应付账款、预收账款、其他应付款的账务处理。
③掌握现金折扣的账务处理。
④掌握应付票据、应付账款转销处理。

三、任务实施

（一）任务流程

登录财天下手动制单，保存为常用凭证。财天下一级菜单凭证—新增凭证—制单日期手动修改—右边附件张数由用户自己手动维护（用户点击单据图片上传）—手动编制凭证—保存—选择更多—选择常用凭证。

（二）任务操作

步骤1　办理材料采购与付款业务。

（1）7月6日，开出并承兑商业汇票购入材料时

借：材料采购——a1　　　　　　　　　　　　　　80 000
　　应交税费——应交增值税（进项税额）　　　　10 400
　　　贷：应付票据　　　　　　　　　　　　　　　　90 400

（2）12月6日，支付商业汇票款时

借：应付票据　　　　　　　　　　　　　　　　　90 400
　　　贷：银行存款　　　　　　　　　　　　　　　　90 400

步骤2　办理材料采购与付款业务。

（1）12月1日，确认应付账款时

借：材料采购——b1　　　　　　　　　　　　　　90 000
　　应交税费——应交增值税（进项税额）　　　　11 700
　　　贷：应付账款——万林公司　　　　　　　　　101 700

（2）12月8日，付清货款时

借：应付账款——万林公司　　　　　　　　　　101 700
　　　贷：银行存款　　　　　　　　　　　　　　　　99 000
　　　　　财务费用　　　　　　　　　　　　　　　　2 700

步骤3　办理商品销售与收款业务。

（1）收到乙公司预付的货款时

借：银行存款　　　　　　　　　　　　　　　　180 000
　　　贷：预收账款——乙公司　　　　　　　　　　180 000

（2）向乙公司发出货物时

借：预收账款——乙公司　　　　　　　　　　　339 000
　　　贷：主营业务收入　　　　　　　　　　　　　300 000
　　　　　应交税费——应交增值税（销项税额）　　39 000

（3）收到乙公司补付的货款时

借：银行存款　　　　　　　　　　　　　　　　159 000
　　　贷：预收账款——乙公司　　　　　　　　　　159 000

步骤4　办理办公设备租入业务。

（1）10月31日计提应付经营租入固定资产租金时

借：管理费用　　　　　　　　　　　　　　　　120 000

         贷：其他应付款   120 000
（2）11月底计提应付经营租入固定资产租金时
    借：管理费用   120 000
         贷：其他应付款   120 000
（3）12月31日支付租金和税金时
    借：其他应付款   240 000
         管理费用   120 000
         应交税费——应交增值税（进项税额）   32 400
         贷：银行存款   392 400

提示

出租动产的单位可按合同规定，在收到租金当期开具增值税专用发票。

四、任务评价

根据任务要求实施并完成任务后，请填写本任务评价参考表，如表3-10所示。

表3-10 往来负债核算评价参考表

评价主体	评价内容	得 分
教师评价 （50分）	1. 学生出勤情况（10分）	
	2. 学生课堂表现（10分）	
	3. 任务完成情况	
	（1）应付票据相关业务的账务处理（10分）	
	（2）应付账款相关业务的账务处理（10分）	
	（3）其他应付账款相关业务的账务处理（10分）	
自我评价 （50分）	1. 课前预习情况（10分）	
	2. 上课回答问题积极性（10分）	
	3. 所学知识掌握情况	
	（1）应付票据相关业务的账务处理（10分）	
	（2）应付账款相关业务的账务处理（10分）	
	（3）其他应付账款相关业务的账务处理（10分）	
合　计		

五、任务拓展

1. 下列各项中，关于"应付利息"账户表述正确的有（　　）。
    A. 企业开出银行承兑汇票支付银行手续费，应记入"应付利息"账户
    B. 按照短期借款合同约定计算的应付利息，应记入"应付利息"账户
    C. "应付利息"账户期末贷方余额反映企业应付未付的利息

D. 企业支付已经预提的利息，应记入"应付利息"账户的借方
2. 下列各项中，不应计入应付股利的有（　　）。
 A. 董事会通过的利润分配方案中拟分派的现金股利
 B. 已分派的股票股利
 C. 已宣告分派但尚未支付的现金股利
 D. 已宣告分派的股票股利

参考答案

六、任务测试

在线测试

单元四

产品生产业务

↘ 思政目标
1. 树立正确的世界观、价值观、人生观。
2. 培养良好的会计职业道德。
3. 培养遵守社会公德和职业道德的美德。

↘ 知识目标
1. 理解完工产品成本的构成。
2. 掌握直接材料的归集和分配方法。
3. 掌握职工薪酬的归集和分配方法。
4. 掌握其他费用的归集和分配方法。
5. 掌握完工产品计算和结转的方法。

↘ 技能目标
1. 能正确完成直接材料归集和分配的账务处理。
2. 能正确完成职工薪酬归集和分配的账务处理。
3. 能正确完成其他费用归集和分配的账务处理。
4. 能正确完成产品成本计算及账务处理。

任务一　直接材料核算

一、任务情境

（一）任务场景

北京陈鸿商贸有限责任公司第一生产车间在 2021 年 5 月领用原材料 PCM 彩钢板一批，领料单如表 4-1 所示。

表 4-1 领料单

领料部门：第一生产车间
用　　途：生产产品　　　　　　　　2021 年 5 月

材料	单位	数量		单价/（元/千克）	成本							
		请领	实发		总价							
					百	十	万	千	百	十	元	角	分
PCM 彩钢板	千克	8 000	8 000	55.00		4	4	0	0	0	0	0	0
合　计						4	4	0	0	0	0	0	0

主管：　　　会计：　　　记账：　　　保管：　　　发料：王成　　　领料：周扬

（二）任务布置

① 根据领料单对生产领料进行账务处理。
② 编制材料成本差异计算表。
③ 分摊本月领用原材料的材料成本差异，并进行账务处理。

二、任务准备

（一）知识准备

1. 原材料耗费业务核算

（1）原材料按实际成本核算

原材料主要用于企业产品的生产，这种耗费属于产品生产成本的一部分。但生产过程中也会发生非生产性的原材料耗费或发出，如自建工程项目耗用原材料或将原材料对外出售等。企业对于原材料的不同耗用，应分情况进行不同的账务处理。

生产经营领用原材料，一般应根据相应所耗用原材料的实际成本，编制如下会计分录。

借：生产成本（车间生产产品耗用）
　　制造费用（车间的一般耗费）
　　管理费用（企业管理部门的耗用）
　　销售费用（销售过程中的耗用）
　贷：原材料

课堂训练 4-1 北京陈鸿商贸有限责任公司设有 3 个车间：一个基本生产车间及运输、修理两个辅助车间。领用材料时，各车间填制领料单，经批准后到仓库领用材料；归集和分配材料时，月底根据领料单编制领料凭证汇总表，按定额耗用量比例分配材料。

2021 年 5 月产量及定额消耗如下。

① 电器 A、电器 B 两种产品共同耗用 a2 材料 1 530 千克，每千克 4.00 元。
② 电器 A 实际产量为 150 件，单位产品 a2 材料定额耗用量为 3 千克。
③ 电器 B 实际产量为 100 件，单位产品 a2 材料定额耗用量为 1.62 千克。

2021 年 5 月领料凭证汇总表如表 4-2 所示。

表 4-2　领料凭证汇总表

2021 年 5 月　　　　　　　　　　　　　　　　　　　　　　　　　　　　元

	基本生产车间		辅助生产车间		管理部门	合　计
	产品用	一般耗用	修理车间	运输车间		
a1 材料（电器 A 用）	5 000					5 000
a2 材料（电器 A、电器 B 共用）	6 120					6 120
a3 材料（电器 B 用）	7 000					7 000
a4（机物料）		900	900	600		2 400
a5（修理费）		500	1 000	900	100	2 500
a6（修理费）		140	210	280	35	665
合　计	18 120	1 540	2 110	1 780	135	23 685

根据领料凭证汇总表编制材料费用分配表，如表 4-3 所示。

表 4-3　材料费用分配表

2021 年 5 月　　　　　　　　　　　　　　　　　　　　　　　　　　　　元

分配费用		成本费用项目	直接计入	分配计入			材料费用合计
				定额耗用量	分配率	分配金额	
基本生产车间	电器 A	直接材料	5 000	450	10	4 500	9 500
	电器 B	直接材料	7 000	162	10	1 620	8 620
	一般耗用	机物料消耗	900				900
	一般耗用	修理费	640				640
辅助生产车间	修理车间	机物料消耗	900				900
	修理车间	修理费	1 210				1 210
	运输车间	机物料消耗	600				600
	运输车间	修理费	1 180				1 180
管理部门		修理费	135				135
		合　计	17 565			6 120	23 685

编制如下会计分录。

借：生产成本——基本生产成本——电器 A　　　　　9 500
　　生产成本——基本生产成本——电器 B　　　　　8 620
　　制造费用——机物料消耗　　　　　　　　　　　900
　　制造费用——修理费　　　　　　　　　　　　　640
　　生产成本——辅助生产成本——修理车间　　　　2 110
　　生产成本——辅助生产成本——运输车间　　　　1 780
　　管理费用　　　　　　　　　　　　　　　　　　135

```
贷：原材料——a1 材料                    5 000
    原材料——a2 材料                    6 120
    原材料——a3 材料                    7 000
    原材料——a4 材料                    2 400
    原材料——a5 材料                    2 500
    原材料——a6 材料                      665
```

（2）原材料按计划成本法核算

公司原材料采用计划成本法组织日常核算，原材料发出业务于月末根据领料单编制发出材料汇总表、生产车间材料费用分配表，并据以进行原材料出库业务的总分类核算。

计划成本法下发出原材料的核算，一方面根据发出各种材料的计划成本，按照领用部门和用途进行归类汇总结转，借记"生产成本""制造费用""管理费用""销售费用"等账户，贷记"原材料"账户；另一方面，必须计算发出材料应负担的成本差异，结转发出材料应负担的成本差异，借记"生产成本""制造费用""管理费用""销售费用"等账户，贷记"材料成本差异"账户；实际成本小于计划成本的差异，则做相反的会计分录。这样就把发出材料的费用由计划成本调整为实际成本。

发出材料应负担的成本差异，必须按月分摊，不得在季末或年末一次计算。发出材料应负担的成本差异，除委托外部加工发出材料可按上月的差异率计算外，都应使用当月的实际差异率；如果上月的成本差异率与本月成本差异率相差不大，则也可按上月的成本差异率计算。计算方法一经确定，就不得随意变动。

材料成本差异的计算公式为：

材料成本差异率＝（月初结存材料成本差异＋本月收入材料成本差异总额）÷（月初结存材料计划成本＋月初收入材料计划成本总额）×100%

本月发出材料应分摊的成本差异额＝发出材料的计划成本×材料成本差异率

本月发出材料的实际成本＝发出材料的计划成本＋（或－）发出材料应分摊的成本差异额

2. 周转材料耗费业务核算

企业在生产过程中耗用的周转材料应按照相关的用途进行分配核算。生产直接耗用的周转材料记入"生产成本"账户，车间一般耗用的周转材料记入"制造费用"账户，其他部门耗用的周转材料记入"销售费用""管理费用"等账户。

周转材料的核算分为一次转销法和五五摊销法。

（1）一次转销法

一次转销法是指在领用低值易耗品和包装物时就将其账面价值一次全部计入有关资产成本或当期损益的一种方法。一次转销法主要适用于领用价值较低或极易损坏的低值易耗品和包装物。

企业领用按一次转销法核算的周转材料时，进行如下账务处理。

```
借：生产成本（生产产品直接耗用）
    制造费用（车间一般耗用）
    管理费用（管理部门耗用）
    销售费用（销售机构耗用）
  贷：周转材料——低值易耗品
```

（2）五五摊销法

五五摊销法是指在低值易耗品和包装物领用时先摊销其账面价值的一半，在报废时再摊销其账面价值的另一半，即低值易耗品和包装物分两次各按50%进行摊销的方法。五五摊销法通常既适用于价值较低、使用期限较短的低值易耗品和包装物，也适用于每期领用数量和报废数量大致相等的低值易耗品与包装物。在五五摊销法下，"低值易耗品"账户下设置3个明细账户："周转材料——低值易耗品——在用""周转材料——低值易耗品——在库""周转材料——低值易耗品——摊销"。

企业领用按五五摊销法核算的周转材料时，进行如下账务处理。

① 领用时。

借：周转材料——低值易耗品——在用
　　贷：周转材料——低值易耗品——在库

同时，摊销其价值的50%。

借：制造费用
　　贷：周转材料——低值易耗品——摊销

② 报废时，摊销剩余价值的50%。

借：制造费用
　　贷：周转材料——低值易耗品——摊销

同时，

借：周转材料——低值易耗品——摊销
　　贷：周转材料——低值易耗品——在用

（二）任务要领

① 根据领料单结转发出材料的计划成本。
② 准确计算材料成本差异率。
③ 准确计算发出材料应分摊的成本差异并做账务处理。

三、任务实施

步骤一 根据领料单结转发出材料的计划成本。

借：生产成本　　　　　　　　　　　　　　　　　440 000
　　贷：原材料　　　　　　　　　　　　　　　　　　　440 000

步骤二 计算材料成本差异率，编制材料成本差异计算表，如表4-4所示。

表 4-4　材料成本差异计算表

企业名称：北京陈鸿商贸有限责任公司　　　2021年5月　　　超支（+）节约（-）　　　元

材料	月初结存		本月收入		合计		成本差异率
	计划成本	成本差异	计划成本	成本差异	计划成本	成本差异	
PCM彩钢板	100 000	2 000	550 000	12 000	650 000	14 000	2.15%
合　计	100 000	2 000	550 000	12 000	650 000	14 000	2.15%

会计主管：　　　　　　复核：　　　　　　制表：张凯

步骤三 计算发出材料应分摊的成本差异并进行账务处理。
本月发出材料应分摊的成本差异＝发出材料的计划成本×材料成本差异率
$$= 440\ 000 \times 2.15\% = 9\ 460（元）$$
借：生产成本　　　　　　　　　　　　　　　　9 460
　　贷：材料成本差异　　　　　　　　　　　　　　　9 460

四、任务评价

根据任务要求实施并完成任务后，请填写本任务评价参考表，如表 4-5 所示。

表 4-5　直接材料核算评价参考表

评价主体	评价内容	得 分
教师评价 （50 分）	1. 学生出勤情况（10 分）	
	2. 学生课堂表现（10 分）	
	3. 任务完成情况	
	（1）材料成本差异的计算（10 分）	
	（2）填列材料成本差异计算表（10 分）	
	（3）发出材料的成本差异账务处理（10 分）	
自我评价 （50 分）	1. 课前预习情况（10 分）	
	2. 上课回答问题积极性（10 分）	
	3. 所学知识掌握情况	
	（1）材料成本差异的计算（10 分）	
	（2）填列材料成本差异计算表（10 分）	
	（3）发出材料成本差异的账务处理（10 分）	
合 计		

五、任务测试

在线测试

任务二　职工薪酬核算

一、任务情境

（一）任务场景

北京陈鸿商贸有限责任公司是一家主要从事洗衣机的生产和销售的企业，目前主要生产产品有双桶波轮式洗衣机、全自动波轮式洗衣机。按生产工时分配应付职工薪酬，2021年12月双桶波轮式洗衣机工时4 000小时、全自动波轮式洗衣机工时6 000小时。现有职工共100名，其中生产产品人员80名、车间管理人员5名、公司行政管理人员5名、专设销售机构人员8名、施工部门人员2名。当月应发工资总额为2 130 000元。应付职工薪酬汇总表（简表）如表4-6所示。

表4-6 应付职工薪酬汇总表（简表） 元

部门人员		人数	应付职工薪酬	代扣款项目						实付职工薪酬
部门	人员			养老保险	医疗保险	失业保险	大额互助基金	住房公积金	个人所得税	
生产车间	生产工人	80	1 600 000	128 000	32 000	3 200	240	192 000	67 680	1 176 880
	管理人员	5	130 000	10 400	2 600	260	15	15 600	8 178	92 947
管理部门		5	150 000	12 000	3 000	300	15	18 000	11 290	105 395
销售部门		8	200 000	16 000	4 000	400	24	24 000	11 840	143 736
施工部门		2	50 000	4 000	1 000	100	6	6 000	2 960	35 934
合　计		100	2 130 000	170 400	42 600	4 260	300	255 600	101 948	1 554 892

公司按有关规定计算缴纳社会保险费和住房公积金。基本社会保险及住房公积金以职工当月工资总额为计提基数，计提比例为：基本养老保险为27%，其中企业承担19%、个人承担8%；医疗保险为12%，其中企业承担10%、个人承担2%，另每月个人需要缴纳大额互助基金3元；失业保险为1%，其中企业承担0.8%、个人承担0.2%；工伤保险为0.5%，全部由企业承担；生育保险为0.8%，全部由企业承担；住房公积金为24%，其中企业承担12%、个人承担12%。公司分别按照职工工资总额的2%和2.5%计提工会经费和职工教育经费。代扣个人所得税101 948元。

（二）任务布置

① 公司根据应付职工薪酬汇总表列示的内容进行计提工资及发放工资的账务处理。
② 公司按相关规定计算缴纳社会保险费和住房公积金等，并进行账务处理。
③ 公司按相关规定计提及缴纳工会经费的账务处理。
④ 公司按相关规定进行实际发生及分配职工教育经费的账务处理。

二、任务准备

（一）知识准备

1. 职工薪酬的概念

职工薪酬是指企业为获得职工提供的服务或解除劳动关系而给予的各种形式的报酬或补偿。企业提供给职工配偶、子女、受赡养人、已故员工遗属及其他受益人的福利，也属于职工薪酬。这里所说的职工，主要包括3类人员：与企业订立劳动合同的所有人员，含全职、兼职和临时职工；虽未与企业订立劳动合同但由企业正式任命的人员，如独立董事；未与企业订立劳动合同或未由其正式任命，但向企业提供服务，与职工提供服务类似的人员，包括通过企业与劳务中介公司签订用工合同而向企业提供服务的人员。

2. 职工薪酬的范围

（1）短期薪酬

短期薪酬是指企业在职工提供相关服务的年度报告期间结束后12个月内需要全部予以支付的职工薪酬。因解除与职工的劳动关系给予的补偿属于辞退福利的范畴。短期薪酬具体包括以下内容。

① 职工工资、奖金、津贴和补贴。

职工工资、奖金、津贴和补贴是指按照构成工资总额的计时工资、计件工资、支付给职工的超额劳动报酬和增收节支的劳动报酬，为了补偿职工特殊或额外的劳动消耗和因其他特殊原因支付给职工的津贴，以及为保证职工工资水平不受物价影响支付给职工的物价补贴等。其中，企业按照短期奖金计划向职工发放的奖金属于短期薪酬；按照长期奖金计划向职工发放的奖金属于其他长期职工福利。

② 职工福利费。

职工福利费是指企业向职工提供的生活困难补助、丧葬补助费、抚恤费、职工异地安家费、防暑降温费等福利支出。

③ 医疗保险费和工伤保险费等社会保险费。

医疗保险费和工伤保险费等社会保险费是指企业按照国家规定的基准与比例计算，向社会保险经办机构缴纳的相关费用等。

④ 住房公积金。

住房公积金是指企业按照国家规定的基准和比例计算，向住房公积金管理机构缴存的相关费用。

⑤ 工会经费和职工教育经费。

工会经费和职工教育经费是指企业为了改善职工文化生活、为职工学习先进技术和提高文化水平和业务素质，用于开展工会活动和职工教育及职业技能培训等的相关支出。

⑥ 短期带薪缺勤。

短期带薪缺勤是指职工虽然缺勤但企业仍向其支付报酬的安排，包括年休假、病假、婚假、产假、丧假、探亲假等。长期带薪缺勤属于其他长期职工福利。

⑦ 短期利润分享计划。

短期利润分享计划是指因职工提供服务而与职工达成的基于利润或其他经营成果提供薪酬的协议。

⑧ 其他短期薪酬。

其他短期薪酬是指除上述薪酬以外的其他为获得职工提供的服务而给予的短期薪酬。

（2）离职后福利

离职后福利是指企业为获得职工提供的服务而在职工退休或与企业解除劳动关系后，提供的各种形式的报酬和福利，短期薪酬和辞退福利除外。例如，"四险一金"中的养老保险和失业保险费就属于离职后福利的内容，其他"三险一金"属于短期薪酬的内容。

（3）辞退福利

辞退福利是指企业在职工劳动合同到期之前解除与职工的劳动关系，或者为鼓励职工自愿接受裁减而给予职工的补偿。

（4）其他长期职工福利

其他长期职工福利是指除短期薪酬、离职后福利、辞退福利之外所有的职工薪酬，包括长期带薪缺勤、长期残疾福利、长期利润分享计划和长期奖金计划等。

3. 应付职工薪酬核算的账户设置

企业应当通过"应付职工薪酬"账户，核算应付职工薪酬的计提、结算和使用等情况。本账户贷方登记已分配计入有关成本费用项目的职工薪酬的数额，借方登记实际发放职工薪酬的数额，包括扣还的款项等；该账户期末贷方余额，反映企业应付未付的职工薪酬。"应付职工薪酬"账户应当按照"工资、奖金、津贴和补贴""职工福利费""非货币性福利""社会保险费""住房公积金""工会经费和职工教育经费""带薪缺勤""利润分享计划""设定提存计划""设定受益计划义务""辞退福利"等职工薪酬项目设置明细账户，进行明细核算。

4. 短期薪酬的核算——货币性职工薪酬

企业应当在职工为其提供服务的会计期间，将实际发生的短期薪酬确认为负债，并计入当期损益，其他会计准则要求或允许计入资产成本的除外。

（1）工资、奖金、津贴和补贴

对于工资、奖金、津贴和补贴等货币性职工薪酬，按照受益对象计入当期损益或相关资产成本，企业可分别按以下情况处理。

①生产部门人员的工资、奖金、津贴和补贴，借记"生产成本""制造费用""劳务成本"等账户，贷记"应付职工薪酬——工资、奖金、津贴和补贴"账户。

②管理部门人员的工资、奖金、津贴和补贴，借记"管理费用"账户，贷记"应付职工薪酬——工资、奖金、津贴和补贴"账户。

③销售人员的工资、奖金、津贴和补贴，借记"销售费用"账户，贷记"应付职工薪酬——工资、奖金、津贴和补贴"账户。

④在建工程、研发人员的工资、奖金、津贴和补贴，借记"在建工程""研发支出"账户，贷记"应付职工薪酬——工资、奖金、津贴和补贴"账户。

在实务中，企业一般根据每个月工资结算表中"实发金额"栏的合计数通过开户银行向职工发放工资，借记"应付职工薪酬——工资、奖金、津贴和补贴"账户，贷记"银行存款"账户。

企业从应付职工薪酬中扣还的各种款项（代垫的家属药费、个人所得税、个人负担的社会保险费等），借记"应付职工薪酬"账户，贷记"银行存款""库存现金""其他应收款""应交税费——应交个人所得税""其他应付款"等账户。

课堂训练 4-2 北京陈鸿商贸有限责任公司2021年3月应付职工工资总额为1 815 000元，工资费用分配汇总表中列示的产品生产人员工资为1 440 000元、车间管理人员工资为100 000元、公司行政管理人员工资为150 000元、专设销售机构人员工资为125 000元。

```
借：生产成本                                    1 440 000
    制造费用                                      100 000
    管理费用                                      150 000
    销售费用                                      125 000
    贷：应付职工薪——工资                         1 815 000
```

课堂训练 4-3 承课堂训练 4-2 的资料，北京陈鸿商贸有限责任公司根据工资结算汇总表结算本月应付职工工资总额为 1 815 000 元。其中，公司代扣职工房租 32 000 元、代垫职工家属医药费 8 000 元；实发工资 1 775 000 元。

（1）用银行存款发放工资
借：应付职工薪酬——工资　　　　　　　　　　1 775 000
　　贷：银行存款　　　　　　　　　　　　　　　　　1 775 000

（2）代扣款项
借：应付职工薪酬——工资　　　　　　　　　　　40 000
　　贷：其他应付款——职工房租　　　　　　　　　　32 000
　　　　其他应收款——代垫医药费　　　　　　　　　8 000

（2）职工福利费

企业发生的职工福利费应当在实际发生时根据实际发生额计入当期损益或相关资产成本，借记"管理费用""生产成本""制造费用""销售费用"等账户，贷记"应付职工薪酬——职工福利费"账户。

课堂训练 4-4 北京陈鸿商贸有限责任公司下设一所职工食堂，每月根据在岗职工数量及岗位分布情况、相关历史经验数据等计算需要补贴食堂的金额，从而确定公司每期因职工食堂而需要承担的福利费金额。2021 年 3 月，公司在岗职工共计 100 人。其中，管理部门 20 人；生产车间 80 人——生产工人 75 人、车间管理人员 5 人。公司的历史经验数据表明，对于每个职工，公司每月需要补贴食堂 150 元。企业实际支付 15 000 元补贴给食堂。

（1）确认应付职工薪酬时
借：生产成本　　　　　　　　　　　　　　　　　11 250
　　制造费用　　　　　　　　　　　　　　　　　　　750
　　管理费用　　　　　　　　　　　　　　　　　　3 000
　　贷：应付职工薪酬——职工福利费　　　　　　　 15 000

（2）实际支付时
借：应付职工薪酬——职工福利费　　　　　　　　15 000
　　贷：银行存款　　　　　　　　　　　　　　　　　 15 000

（3）国家规定计提标准的职工薪酬

对于国家规定了计提基础和计提比例的医疗保险费和工伤保险费等社会保险费与住房公积金，以及按规定提取的工会经费和职工教育经费，企业应当在职工为其提供服务的会计期间，根据规定的计提基础和计提比例计算确定相应的职工薪酬金额，并确认相关负债，按照受益对象计入当期损益或相关资产成本，借记"管理费用""生产成本""制造费用""销售费用"等账户，贷记"应付职工薪酬"账户。

5.非货币性职工薪酬的核算

企业向职工提供非货币性福利的，应当按照该产品的公允价值，计入相关资产成本或当期损益，同时确认为应付职工薪酬。难以认定受益对象的非货币性福利，直接计入当期损益和应付职工薪酬。

单元四 产品生产业务

（1）企业以自产产品发放给职工作为福利（视同销售）
① 决定发放非货币性福利
借：生产成本
　　管理费用
　　在建工程
　　研发支出——资本化支出等
　　　贷：应付职工薪酬——非货币性福利
② 将自产产品实际发放时
借：应付职工薪酬——非货币性福利
　　　贷：主营业务收入
　　　　　应交税费——应交增值税（销项税额）
借：主营业务成本
　　存货跌价准备（如涉及）
　　　贷：库存商品
（2）企业以外购商品发放给职工作为福利
① 购入时
借：库存商品等
　　应交税费——应交增值税（进项税额）
　　　贷：银行存款
② 决定发放非货币性福利时
借：生产成本
　　管理费用
　　在建工程
　　研发支出——资本化支出等
　　　贷：应付职工薪酬——非货币性福利
③ 发放时
借：应付职工薪酬——非货币性福利
　　　贷：库存商品等
　　　　　应交税费——应交增值税（进项税额转出）

课堂训练 4-5 北京陈鸿商贸有限责任公司为一家生产洗衣机的企业，共有职工100名。2021年6月，公司以其生产的成本为4 000元的全自动波轮式洗衣机和外购的每台不含税价格为600元的空调扇作为消暑福利发放给职工。该型号全自动波轮式洗衣机的售价为每台6 000元，适用的增值税税率为13%。该公司购买空调扇并开具了增值税专用发票，增值税税率为13%。假定100名职工中80名为直接参加生产的职工、20名为总部管理人员。

洗衣机的售价总额 =6 000×80+6 000×20=480 000+120 000=600 000（元）

洗衣机的增值税销项税额 =80×6 000×13%+20×6 000×13%=62 400+15 600=78 000（元）

（1）公司决定发放非货币性福利时
借：生产成本　　　　　　　　　　　[480 000+62 400]　542 400

管理费用　　　　　　　　　　[120 000+15 600]　135 600
　　　贷：应付职工薪酬——非货币性福利　　　　　　　　678 000
（2）实际发放非货币性福利时
　　借：应付职工薪酬——非货币性福利　　　　　　　678 000
　　　贷：主营业务收入　　　　　　　　　　　　　　　600 000
　　　　　应交税费——应交增值税（销项税额）　　　　 78 000
　　借：主营业务成本　　　　　　　　　　　　　　　 400 000
　　　贷：库存商品　　　　　　　　　　　　　　　　　400 000
空调扇的购价金额=80×600+20×600=48 000+12 000=60 000（元）
空调扇的进项税额=80×600×13%+20×600×13%+6 240+1 560=7 800（元）
公司决定发放非货币性福利时，应进行如下账务处理。
（1）购入时
　　借：库存商品　　　　　　　　　　　　　　　　　　60 000
　　　　应交税费——应交增值税（进项税额）　　　　　　7 800
　　　贷：银行存款　　　　　　　　　　　　　　　　　67 800
（2）决定发放非货币性福利时
　　借：生产成本　　　　　　　　　　[48 000+6 240]　54 240
　　　　管理费用　　　　　　　　　　[12 000+1 560]　13 560
　　　贷：应付职工薪酬——非货币性福利　　　　　　　 67 800
（3）发放时
　　借：应付职工薪酬——非货币性福利　　　　　　　　67 800
　　　贷：库存商品　　　　　　　　　　　　　　　　　60 000
　　　　　应交税费——应交增值税（进项税额转出）　　 7 800
（3）将企业拥有的房屋等资产无偿提供给职工使用的，应当根据受益对象，将该住房每期应计提的折旧计入相关资产成本或费用，同时确认应付职工薪酬
　　借：生产成本
　　　　管理费用
　　　　在建工程等（按资产各期计提的折旧）
　　　贷：应付职工薪酬——非货币性福利
　　借：应付职工薪酬——非货币性福利
　　　贷：累计折旧
（4）租赁住房等资产供职工无偿使用的，应当根据受益对象，将每期应付的租金计入相关资产成本或当期损益，并确认应付职工薪酬
　　借：生产成本
　　　　管理费用
　　　　在建工程等（按每期应付的租金）
　　　贷：应付职工薪酬——非货币性福利
　　借：应付职工薪酬——非货币性福利
　　　贷：银行存款/其他应付款等

课堂训练 4-6 北京陈鸿商贸有限责任公司为总部各部门经理级别以上的职工提供汽车免费使用，同时为副总裁以上的高级管理人员每人租赁一套住房。该公司共有部门经理以上的职工20名，为其每人提供一辆汽车免费使用，假定每辆汽车每月计提折旧500元；该公司共有副总裁以上的高级管理人员5名，为其每人租赁一套面积为100平方米带有家具和电器的公寓，月租金为每套5 000元。

借：管理费用　　　　　　　　　　　　　　　　　　　35 000
　　贷：应付职工薪酬——非货币性福利 [500×20+5 000×5]　35 000
借：应付职工薪酬——非货币性福利　　　　　　　　　35 000
　　贷：累计折旧　　　　　　　　　　　　　　　　　10 000
　　　　其他应付款（后付）/ 银行存款（先付）　　　25 000

（二）任务要领

① 根据应付职工薪酬汇总表列示的内容进行计提工资及发放工资的账务处理。
② 根据有关规定进行计提社会保险费和住房公积金的账务处理。
③ 根据有关规定进行公司缴纳企业和个人负担的社会保险费与住房公积金等的账务处理。
④ 根据有关规定进行计提及缴纳公司工会经费的账务处理。
⑤ 根据有关规定进行实际发生及分配公司职工教育经费的账务处理。

三、任务实施

任务操作

步骤1 根据应付职工薪酬汇总表完成该公司计提工资的账务处理。

借：生产成本——双桶波轮式洗衣机　　　　　　　　640 000
　　生产成本——全自动波轮式洗衣机　　　　　　　960 000
　　制造费用　　　　　　　　　　　　　　　　　　130 000
　　管理费用　　　　　　　　　　　　　　　　　　150 000
　　销售费用　　　　　　　　　　　　　　　　　　200 000
　　在建工程　　　　　　　　　　　　　　　　　　 50 000
　　贷：应付职工薪酬——工资　　　　　　　　　2 130 000

步骤2 根据任务场景，完成北京陈鸿商贸有限责任公司发放工资的账务处理。

借：应付职工薪酬——工资　　　　　　　　　　　2 130 000
　　贷：银行存款　　　　　　　　　　　　　　　1 554 892
　　　　其他应付款——社会保险费（个人四险）　　217 260
　　　　其他应付款——住房公积金　　　　　　　　255 600
　　　　其他应付款——大额互助基金　　　　　　　　　300
　　　　应交税费——应交个人所得税　　　　　　　101 948

步骤3 根据任务场景，完成该公司计提社会保险费和住房公积金等的账务处理。

① 应当计入生产成本的社会保险费和住房公积金 =1 600 000×(19%+10%+0.8%+0.5%+0.8%+12%)=689 600（元）
② 应当计入制造费用的社会保险费和住房公积金 =130 000×(19%+10%+0.8%+0.5%+

0.8%+12%)=56 030（元）

③ 应当计入管理费用的社会保险费和住房公积金 =150 000×(19%+10%+0.8%+0.5%+0.8%+12%)=64 650（元）

④ 应当计入销售费用的社会保险费和住房公积金 =200 000×(19%+10%+0.8%+0.5%+0.8%+12%)=86 200（元）

⑤ 应当计入在建工程的社会保险费和住房公积金 =50 000×(19%+10%+0.8%+0.5%+0.8%+12%)=21 550（元）

  借：生产成本   689 600
    制造费用   56 030
    管理费用   64 650
    销售费用   86 200
    在建工程   21 550
    贷：应付职工薪酬——设定提存计划（基本养老保险费） 404 700
       应付职工薪酬——社会保险费（医疗保险费） 230 040
       应付职工薪酬——设定提存计划（失业保险费） 17 040
       应付职工薪酬——社会保险费（工伤保险费） 10 650
       应付职工薪酬——住房公积金   255 600

步骤4 根据任务场景，完成该公司缴纳企业和个人负担的社会保险费和住房公积金等的账务处理。

  借：应付职工薪酬——设定提存计划（基本养老保险费） 404 700
    应付职工薪酬——社会保险费（医疗保险费） 230 040
    应付职工薪酬——设定提存计划（失业保险费） 17 040
    应付职工薪酬——社会保险费（工伤保险费） 10 650
    应付职工薪酬——住房公积金   255 600
    其他应付款——社会保险费（个人五险） 217 260
    其他应付款——住房公积金   255 600
    其他应付款——大额互助基金   300
    应交税费——应交个人所得税   101 948
    贷：银行存款   1 493 138

步骤5 根据任务场景，完成北京陈鸿商贸有限责任公司计提及缴纳工会经费的账务处理。

（1）计提时
  借：管理费用   42 600
    贷：应付职工薪酬——工会经费   42 600
（2）实际缴纳时
  借：应付职工薪酬——工会经费   42 600
    贷：银行存款   42 600

步骤 6　根据任务场景，完成北京陈鸿商贸有限责任公司实际发生及分配职工教育经费的账务处理。

（1）实际发生时

借：应付职工薪酬——职工教育经费　　　　　　　　53 250
　　贷：银行存款　　　　　　　　　　　　　　　　　53 250

（2）分配时

借：生产成本　　　　　　　　　　　　　　　　　　40 000
　　制造费用　　　　　　　　　　　　　　　　　　 3 250
　　管理费用　　　　　　　　　　　　　　　　　　 3 750
　　销售费用　　　　　　　　　　　　　　　　　　 5 000
　　在建工程　　　　　　　　　　　　　　　　　　 1 250
　　贷：应付职工薪酬——职工教育经费　　　　　　　53 250

四、任务评价

根据任务要求实施并完成任务后，请填写本任务评价参考表，如表4-7所示。

表4-7　职工薪酬核算评价参考表

评价主体	评价内容		得　分
教师评价（50分）	1. 学生出勤情况（10分）		
	2. 学生课堂表现（10分）		
	3. 任务完成情况	（1）货币性薪酬的计提及发放账务处理（10分）	
		（2）社会保险费及住房公积金的计算及账务处理（10分）	
		（3）工会经费及职工教育经费的计算和账务处理（10分）	
自我评价（50分）	1. 课前预习情况（10分）		
	2. 上课回答问题积极性（10分）		
	3. 所学知识掌握情况	（1）货币性薪酬的计提及发放账务处理（10分）	
		（2）社会保险费及住房公积金的计算及账务处理（10分）	
		（3）工会经费及职工教育经费的计算和账务处理（10分）	
合　计			

五、知识拓展

知识拓展

六、任务测试

在线测试

任务三　其他费用核算

一、任务情境

(一) 任务场景

北京陈鸿商贸有限责任公司 2021 年 12 月 31 日发生以下经济业务。

① 计提固定资产折旧 86 000 元。其中，车间固定资产折旧 64 000 元；行政管理部门固定资产折旧 16 000 元；销售部门固定资产折旧 6 000 元。

② 开出转账支票支付水费 10 000 元，增值税税额为 900 元。其中，车间耗用 5 800 元；行政管理部门耗用 3 000 元；销售部门耗用 1 200 元。

③ 开出转账支票支付电费 30 000 元，增值税税额为 3 900 元。其中，车间耗用 20 000 元；行政管理部门耗用 6 000 元；销售部门耗用 4 000 元。

④ 开出转账支票支付办公用品费用 800 元。其中，车间领用 200 元；行政管理部门领用 500 元；销售部门领用 100 元。

⑤ 北京陈鸿商贸有限责任公司生产电器 A 产品的工时为 5 000 小时、生产电器 B 产品的工时为 4 000 小时。按照生产工时归集分配制造费用。

(二) 任务布置

① 完成北京陈鸿商贸有限责任公司计提固定资产折旧的账务处理。
② 完成北京陈鸿商贸有限责任公司支付水费的账务处理。
③ 完成北京陈鸿商贸有限责任公司支付电费的账务处理。
④ 完成北京陈鸿商贸有限责任公司支付办公用品费用的账务处理。
⑤ 完成北京陈鸿商贸有限责任公司本月制造费用的分配及其账务处理。

二、任务准备

(一) 知识准备

1. 制造费用的归集

制造费用是指应由产品生产成本负担的，不能直接计入各产品成本的各项费用。制造费用主要是企业各生产单位为组织和管理生产而发生的各项间接费用，包括生产单位发生的管理人员工资及福利费、折旧费、修理费、水电费、机物料消耗、劳动保护费及其他费用。

2. 制造费用的分配

(1) 账户设置

①"制造费用"账户。

"制造费用"账户用来归集和分配企业生产车间为组织与管理产品的生产而发生的各项间接生产费用。该账户属于成本类账户，其借方主要登记实际发生的各项制造费用，贷方主要登记期末结转到"生产成本"账户的制造费用；期末一般没有余额。该账户可按不同的生产车间、部门和具体的费用项目设置明细账户。

②"生产成本"账户。

"生产成本"账户用来归集和分配产品生产过程中所发生的各项生产费用，以便正确计算产品生产成本。该账户属于成本类账户，其借方登记应计入产品生产成本的各项费用，包括直接材料、直接成本及期末按照一定的方法分配计入产品生产成本的制造费用，贷方登记完工入库产品的生产成本；期末如有借方余额，表示企业在产品的生产成本。该账户可按照产品品种、类别、生产阶段等设置明细账户。

（2）分配方法

在生产一种产品的车间里，制造费用可直接计入其生产的产品成本；在生产多种产品的企业里，制造费用在发生时一般无法直接判定其应归属的成本核算对象，因而不能直接计入所生产的产品成本中，必须将上述各种费用先在"制造费用"账户中进行归集，然后按照合理的分配标准分配计入各成本核算对象的生产成本。制造费用的分配标准有很多，通常采用的有机器工时比例法、生产工时比例法、生产工人工资比例法等。企业具体采用哪种分配方法，由企业自行决定。分配方法一经确定，就不得随意变更。其计算公式为：

$$制造费用分配率 = \frac{归集的制造费用总额}{各种产品机器工时（或生产工时、生产工人工资）之和}$$

该种产品应分配的制造费用 = 该种产品机器工时（或生产工时、生产工人工资）× 分配率

课堂训练 4-7 乙公司本月归集的制造费用是 70 000 元；生产设备 A 的机器工时是 2 000 小时；生产设备 B 的机器工时是 1 000 小时；生产设备 C 的机器工时是 4 000 小时。假定制造费用按照机器工时比例法进行分配。

制造费用分配率 = 70 000 ÷（2 000 + 1 000 + 4 000）= 10（元/小时）
设备 A 应分配的制造费用 = 10 × 2 000 = 20 000（元）
设备 B 应分配的制造费用 = 10 × 1 000 = 10 000（元）
设备 C 应分配的制造费用 = 10 × 4 000 = 40 000（元）

借：生产成本——设备 A　　　　　　　　　　　　　20 000
　　　生产成本——设备 B　　　　　　　　　　　　　10 000
　　　生产成本——设备 C　　　　　　　　　　　　　40 000
　　贷：制造费用　　　　　　　　　　　　　　　　　　70 000

（二）任务要领

① 区分生产车间一般耗用和行政部门、销售部门耗用，生产车间一般耗用的记入"制造费用"账户，行政部门、销售部门耗用的分别记入"管理费用""销售费用"账户。

② 期末，准确归集并按照合理的分配标准分配制造费用，分配后"制造费用"账户一般无余额。

三、任务实施

（一）任务流程

① 对发生的各种间接生产费用进行账务处理。

② 归集制造费用。
③ 分配制造费用。
④ 将分配的制造费用进行账务处理。

（二）任务操作

任务操作

步骤1　将发生的各种间接生产费用进行账务处理。

① 借：制造费用　　　　　　　　　　　　　　　　64 000
　　　管理费用　　　　　　　　　　　　　　　　16 000
　　　销售费用　　　　　　　　　　　　　　　　 6 000
　　　贷：累计折旧　　　　　　　　　　　　　　　　　86 000
② 借：制造费用　　　　　　　　　　　　　　　　 5 800
　　　管理费用　　　　　　　　　　　　　　　　 3 000
　　　销售费用　　　　　　　　　　　　　　　　 1 200
　　　应交税费——应交增值税（进项税额）　　　　　900
　　　贷：银行存款　　　　　　　　　　　　　　　　 10 900
③ 借：制造费用　　　　　　　　　　　　　　　　20 000
　　　管理费用　　　　　　　　　　　　　　　　 6 000
　　　销售费用　　　　　　　　　　　　　　　　 4 000
　　　应交税费——应交增值税（进项税额）　　　 3 900
　　　贷：银行存款　　　　　　　　　　　　　　　　 33 900
④ 借：制造费用　　　　　　　　　　　　　　　　 200
　　　管理费用　　　　　　　　　　　　　　　　 500
　　　销售费用　　　　　　　　　　　　　　　　 100
　　　贷：银行存款　　　　　　　　　　　　　　　　 800

步骤2　归集制造费用。

制造费用总额 =64 000+5 800+20 000+200=90 000（元）

步骤3　分配制造费用。

① 制造费用分配率 =90 000÷(5 000+4 000)=10（元/小时）
② 电器 A 产品应分配的制造费用 =10×5 000=50 000（元）
③ 电器 B 产品应分配的制造费用 =10×4 000=40 000（元）

步骤4　将分配的制造费用进行账务处理。

借：生产成本——电器 A　　　　　　　　　　　　50 000
　　生产成本——电器 B　　　　　　　　　　　　40 000
　　贷：制造费用　　　　　　　　　　　　　　　　　 90 000

四、任务评价

根据任务要求实施并完成任务后，请填写本任务评价参考表，如表 4-8 所示。

表 4-8 其他费用核算评价参考表

评价主体	评价内容	得 分
教师评价（50 分）	1. 学生出勤情况（10 分）	
	2. 学生课堂表现（10 分）	
	3. 任务完成情况	
	（1）其他费用的账务处理（15 分）	
	（2）制造费用的归集、分配及账务处理（15 分）	
自我评价（50 分）	1. 课前预习情况（10 分）	
	2. 上课回答问题积极性（10 分）	
	3. 所学知识掌握情况	
	（1）其他费用的账务处理（15 分）	
	（2）进行制造费用的归集、分配及账务处理（15 分）	
合 计		

五、任务测试

在线测试

任务四　完工产品核算

一、任务情境

（一）任务场景

北京陈鸿商贸有限责任公司采用品种法计算产品成本。2021 年 6 月生产电器 A、电器 B 两种产品。至 6 月，各产品成本计算如表 4-9 和表 4-10 所示。

表 4-9　2021 年 6 月电器 A 成本计算　　　　　　　　　　　　　　　元

项 目	直接材料	直接人工	制造费用	合 计
月初在产品成本	600 000	250 000	150 000	1 000 000
本月生产成本	1 600 000	800 000	400 000	2 800 000
生产成本合计	2 200 000	1 050 000	550 000	3 800 000

表 4-10　2021 年 6 月电器 B 成本计算　　　　　　　　　　　　　　　元

项 目	直接材料	直接人工	制造费用	合 计
月初在产品成本	122 240	130 000	60 000	312 240
本月生产成本	1 000 000	750 000	578 000	2 328 000
生产成本合计	1 122 240	880 000	638 000	2 640 240

北京陈鸿商贸有限责任公司生产费用在月末在产品和完工产品之间的分配采用约当产量法。其中，电器 A 6 月末完工 450 件，在产品 100 件；电器 B 6 月末完工 400 件，在产品 80 件。原材料在第一道工序开始一次投入，直接人工费用和制造费用的平均完工程度均为 50%。

（二）任务布置

① 分别计算电器 A、电器 B 直接材料、直接人工、制造费用对应的月末在产品约当产量。
② 分别计算电器 A、电器 B 直接材料、直接人工、制造费用，并汇总计算电器 A、电器 B 月末单位成本。
③ 根据单位成本、完工产品数量、在产品约当产量，分配计算电器 A、电器 B 月末完工产品、在产品成本。
④ 完成电器 A、电器 B 月末完工产品入库的账务处理。

二、任务准备

（一）知识准备

1. 产品成本的构成

产品成本是企业为了生产产品而发生的各种耗费，是产品价值的重要组成部分。对制造业企业而言，产品成本主要包括直接材料、直接人工和制造费用三部分。

① 直接材料是指直接用于产品生产（构成该产品实体）的主要材料、辅助材料的成本。
② 直接人工是指直接参与该产品生产的工人工资、社保及福利等薪酬成本。
③ 制造费用是指生产过程中发生的除直接材料和直接人工以外的各种间接费用，包括辅助生产车间领用的材料、发生的人工薪酬，设备房屋折旧，车间水电费、办公费用等其他费用支出。

产品成本是企业生产经营的一项重要考核指标。通过产品成本，可以分析企业的资源利用是否充分、生产效率控制是否得当，从而综合反映企业的经营管理水平。

2. 产品成本核算对象的确定

根据成本核算的程序，首先应确定成本核算对象，然后将发生的各项成本费用在核算对象之间进行归集和分配，最后针对每个核算对象，在其完工产品和月末在产品之间进行归集与分配，分别计算出完工产品和月末在产品成本。根据生产组织形式及生产工艺特点，企业可选择不同的方法确定成本核算对象。通常采用的方法有品种法、分批法、分步法等。

（1）品种法

品种法是以产品品种为核算对象来归集生产费用，计算产品成本的方法，是制造业企业计算产品成本最基本的方法。该方法的特点：以产品品种为核算对象，按品种归集和分配生产费用；产品生产步骤单一，或者技术上无法划分步骤，不要求按照步骤核算产品成本；通常月末定期计算产品成本，且在产品数量较少，数量也比较稳定。

品种法适用于产品生产步骤单一、批量较大或生产规模较为集中的企业。本任务中，北京陈鸿商贸有限责任公司采用品种法计算产品成本。

（2）分批法

分批法是以产品批次作为核算对象归集生产费用，计算产品成本的一种方法。在小批单件生产的企业中，产品批次设置往往与订单签发保持一致，因此也称为订单法。该方法的特点：以产品批次作为核算对象，成本计算期是不固定的，一般把一个生产周期（即从原料投产到产品完工整个期间）作为成本计算期，可能与财务报告的期间存在差异；由于未完工时没有完工产品，完工后又没有在产品，完工产品和在产品不会同时并存，因此一般不涉及生产费用在完工产品和在成品之间分配的问题。

分批法适用于单件、小批生产的企业，如精密仪器制造、重型机械船舶制造等。

（3）分步法

分步法是以产品各品种生产步骤为成本计算对象归集和分配生产费用，计算产品成本的方法。该方法在划分产品品种的基础上，进一步按照生产步骤进行细分。该方法的特点：以各种产品的生产步骤为核算对象，一般每个步骤的产成品都是下一个步骤的在产品，直至最后一步才能形成最终产成品出售，因此在生产过程中始终有一定数量的在产品，涉及生产费用在完工产品和在产品之间的分配问题；成本计算期一般是固定的，通常在月末进行，可能与产品的生产周期不一致，但与财务报告期一致。

分步法适用于连续多步、大量复杂生产的工业企业，如冶金、水泥制造等企业。

3. 产品成本的分配

成本核算对象确定后，生产过程中发生的各项费用可按照成本核算对象进行归集和分配。当成本计算期内既存在完工产品，又存在在产品时，还需要将归集到各核算对象上的总成本按照一定的方法在本月完工产品和月末在产品之间进行分配，最终计算出本月完工产品成本。产品成本计算及分配流程如图4-1所示。

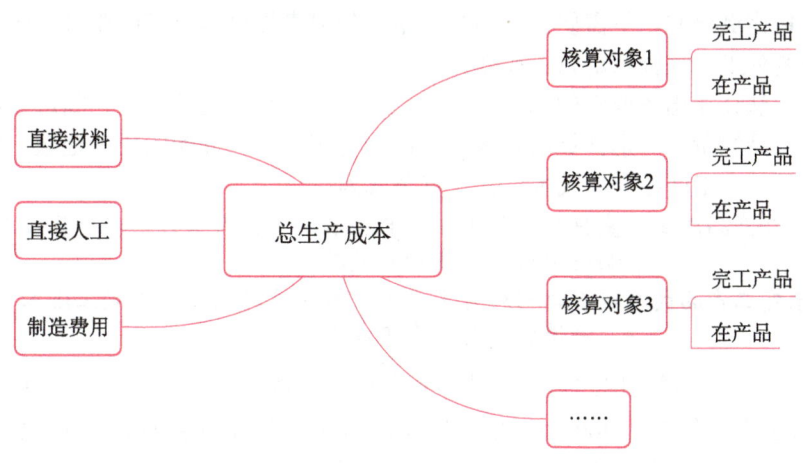

图4-1　产品成本计算及分配流程

本任务中，生产费用在月末在产品和完工产品之间的分配采用约当产量法，即将月末实际结存的在产品数量，按其完工程度折算成相当于完工产品产量（即约当产量），然后将生产费用按完工产品产量和在产品约当产量之间的比例进行分配，计算完工产品和在产品成本。其具体核算步骤如下。

（1）月末在产品约当产量的计算

$$月末在产品约当产量 = 月末在产品数量 \times 完工程度$$

（2）月末单位产品成本的计算

月末单位产品成本 =（月初在产品成本 + 本月生产成本）÷（月末完工产品数量 + 月末在产品约当产量）

（3）月末完工产品和在产品成本的计算

月末完工产品成本 = 月末单位产品成本 × 月末完工产品数量

月末在产品成本 = 月末单位产品成本 × 月末在产品约当产量

课堂训练 4-8 甲公司采用约当产量法核算分配产品成本。2021年6月，甲公司A产品月初在产品成本125 000元，本月发生生产成本235 000元。至6月末完工数量500件、在产品200件，平均完工程度50%。

甲公司2021年6月份A产品成本计算如下。

6月末在产品约当产量 =200×50%=100（件）

6月末A产品单位成本 =(125 000+235 000)÷(500+100)=600（元/件）

6月末完工产品成本 =600×500=300 000（元）

6月末在产品成本 =600×100=60 000（元）

注意，在核算完工程度时，要注意各成本构成要素的投入方式。实际生产过程中在产品耗用直接材料、直接人工和制造费用的情况是不一样的，需要对每个成本要素分别讨论。

① 对于生产费用（直接人工、制造费用）而言，一般是根据月末在产品的数量，用技术测定或其他方法，计算在产品的完工程度。在产品的工时定额核算较为健全的情况下，也可以按工序和工时定额核定完工程度。

② 对直接材料而言，如果材料是生产开始时一次投入的，则每件产品无论完工程度如何，在产品耗用的材料与完工产品耗用的都相等。此时材料成本直接按完工产品的数量和在产品数量比例分配，不需要计算约当产量。如果直接材料分工序在每工序开始时一次投入，则需要分工序综合判定完工程度。

按上述方法计算出各要素的约当产量后，将直接材料、直接人工、制造费用按照约当产量和完工产品数量，分别计算出月末在产品和完工产品应分配的成本金额，然后汇总得出月末在产品、完工产品全部成本。其计算公式为：

月末在产品成本 = 直接材料月末在产品成本 + 直接人工月末在产品成本 + 制造费用月末在产品成本

月末完工产品成本 = 直接材料月末完工成本 + 直接人工月末完工成本 + 制造费用月末完工成本

课堂训练 4-9 甲公司采用约当产量法核算分配产品成本。2021年6月，甲公司A产品完工数量500件、在产品200件。A产品6月初在产品和本月耗用直接材料成本共计210 000元，直接人工成本共计120 000元，制造费用成本共计60 000元。材料在生产开始时一次投入，其他成本按工序核算的平均完工程度均为50%。

A产品各成本要素在产品约当产量计算如下。

① 直接材料。由于原材料是在生产开始时一次性投入的，因此直接材料按照月末完工产品和在产品的实际数量比例进行分配，不必计算约当产量。月末在产品数量为200件。

② 直接人工和制造费用。直接人工和制造费用的平均完工程度均为50%，在产品200件折合为约当产量 =200×50%=100（件）。

A 产品单位成本计算及产品分配如表 4-11 所示。

表 4-11 A 产品单位成本计算及产品分配表   元

项　目	直接材料	直接人工	制造费用	合　计
生产成本合计	210 000	120 000	60 000	390 000
完工产品数量	500	500	500	
在产品约当产量	200	100	100	
单位成本/（元/件）	300	200	100	600
完工产品成本	150 000	100 000	50 000	300 000
月末在产品成本	60 000	20 000	10 000	90 000

4. 完工产品成本的结转

（1）完工产品成本结转的核算内容

企业完工产品经验收入库后，应在成本计算期内，按照上述分配计算出的成本金额，将产品成本从"生产成本"账户转入"库存商品"账户，形成企业的商品存货，以备后期出售。

（2）完工产品成本结转的账务处理

企业应设置"库存商品"账户，用来核算完工入库产成品的实际成本。该账户属于资产类账户，借方登记已完工并验收入库的产品实际成本，贷方登记已出库产品的实际成本；期末余额一般在借方，反映期末库存产成品的实际成本。该账户可按产品品种、类别、规格设置明细账户进行明细核算。

企业完工产品经产成品仓库验收入库后，应借记"库存商品"账户，贷记"生产成本"账户；"生产成本"账户的月末余额即为期末在产品的成本。

课堂训练 4-10 2021 年 6 月 30 日，甲公司生产的 A、B 两种产品完工入库。其中，入库 A 产品成本 300 000 元；入库 B 产品成本 150 000 元。

```
借：库存商品——A 产品              300 000
    库存商品——B 产品              150 000
  贷：生产成本——A 产品                     300 000
      生产成本——B 产品                     150 000
```

（二）任务要领

① 生产过程中发生的直接材料、直接人工和制造费用，应按照产品品种进行归集和分配。

② 原材料如果是在生产开始时一次投入，则直接材料应按照月末完工产品和在产品的实际数量比例进行分配，不必计算约当产量。

③ "生产成本"和"库存商品"账户均按产品品种、规格设置明细账户，结转时应注意与产品品种一一对应。

三、任务实施

（一）任务流程（见图 4-2）

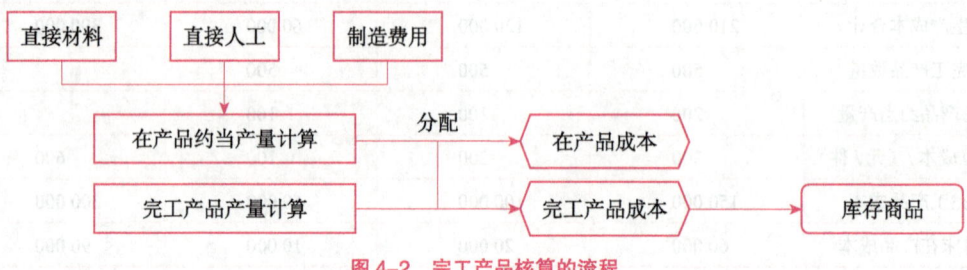

图 4-2　完工产品核算的流程

（二）任务操作

任务操作

步骤 1　计算产品直接材料、直接人工、制造费用对应的月末在产品的约当产量。

（1）电器 A 在产品约当产量计算

① 直接材料。由于原材料是在生产开始时一次投入，因此直接材料按照月末完工产品和在产品的实际数量比例进行分配，不必计算约当产量。月末在产品数量为 100 件。

② 直接人工和制造费用。直接人工和制造费用的平均完工程度均为 50%，在产品 100 件折合为约当产量 =100×50%=50（件）。

（2）电器 B 在产品约当产量计算

① 直接材料。由于原材料是在生产开始时一次投入，因此直接材料按照月末完工产品和在产品的实际数量比例进行分配，不必计算约当产量。月末在产品数量为 80 件。

② 直接人工和制造费用。直接人工和制造费用的平均完工程度均为 50%，在产品 80 件折合为约当产量 =80×50%=40（件）。

步骤 2　计算产品单位成本，并根据完工产品数量和月末在产品约当产量，将总成本在完工产品和在产品之间进行分配。

（1）电器 A 单位成本计算及产品分配（见表 4-12）

表 4-12　2021 年 6 月电器 A 单位成本计算及产品分配　　　　　　　　　　元

项　目	直接材料	直接人工	制造费用	合　计
生产成本合计	2 200 000	1 050 000	550 000	3 800 000
完工产品数量	450	450	450	
在产品约当产量	100	50	50	
单位成本 /（元 / 件）	4 000	2 100	1 100	7 200
完工产品成本	1 800 000	945 000	495 000	3 240 000
月末在产品成本	400 000	105 000	55 000	560 000

(2) 电器 B 单位成本计算及产品分配（见表 4-13）

表 4-13 2021 年 6 月电器 B 单位成本计算及产品分配　　　　　　　　元

项　目	直接材料	直接人工	制造费用	合　计
生产成本合计	1 122 240	880 000	638 000	2 640 240
完工产品数量	400	400	400	
在产品约当产量	80	40	40	
单位成本/（元/件）	2 338	2 000	1 450	5 788
完工产品成本	935 200	800 000	580 000	2 315 200
月末在产品成本	187 040	80 000	58 000	325 040

经过上述计算，得出电器 A 月末完工产品成本为 3 240 000 元、电器 B 月末完工产品成本为 2 315 200 元。

步骤 3　将完工产品成本结转至"库存商品"账户。
借：库存商品——电器 A　　　　　　　　　　3 240 000
　　库存商品——电器 B　　　　　　　　　　2 315 200
　　贷：生产成本——电器 A　　　　　　　　　　3 240 000
　　　　生产成本——电器 B　　　　　　　　　　2 315 200

四、任务评价

根据任务要求实施并完成任务后，请填写本任务评价参考表，如表 4-14 所示。

表 4-14 完工产品核算评价参考表

评价主体	评价内容	得　分
教师评价 （50 分）	1. 学生出勤情况（10 分）	
	2. 学生课堂表现（10 分）	
	3. 任务完成情况	
	（1）月末在产品约当产量的计算（10 分）	
	（2）总成本在月末完工产品和在产品之间进行分配（15 分）	
	（3）准确编制完工产品成本结转的会计分录（5 分）	
自我评价 （50 分）	1. 课前预习情况（10 分）	
	2. 上课回答问题积极性（10 分）	
	3. 所学知识掌握情况	
	（1）月末在产品约当产量的计算（10 分）	
	（2）总成本在月末完工产品和在产品之间进行分配（15 分）	
	（3）准确编制完工产品成本结转的会计分录（5 分）	
合　计		

五、任务拓展

生产成本在完工产品和在产品之间进行分配的方法除本任务中的约当产量法外，还包括不计算在产品成本法、在产品按固定成本计算法、在产品按所耗直接材料成本计算法、在产品按定额成本计算法、定额比例法、在产品按完工产品成本计算法等。

参考答案

要求：查阅资料，比较各种方法的特点及适用条件，并填写表 4-15。

表 4-15　各种分配方法比较

成本分配方法	特　点	适用条件
不计算在产品成本法		
在产品按固定成本计算法		
在产品按所耗直接材料成本计算法		
在产品按定额成本计算法		
定额比例法		
在产品按完工产品成本计算法		

六、任务测试

在线测试

单元五

商品销售业务

↘ 思政目标

1. 树立学生健康的世界观、人生观、价值观、法治观和道德观，践行社会主义核心价值观于日常工作之中。

2. 培养学生良好的人文情怀与会计职业素养，使其具备会计职业道德，学会会计职业行为规范，做到"爱岗敬业，遵循准则，不做假账"，遵守诚实守信的做人做事原则。

3. 培养学生具有严肃谨慎、精益求精、团结协作的工作态度。

↘ 知识目标

1. 理解收入确认与计量的五步法，费用的概念和构成，企业经营过程中涉及的主要税种，应收账款、应收票据、预付账款和其他应收款的概念。

2. 掌握在某一时段内履行的履约义务确认收入的方法，费用相关业务的相关规定，主要税种的计算，现金折扣、坏账准备的计算。

3. 熟悉委托方确认收入的时点、收入金额、支付代销手续费的处理，主要税种的账务处理。

↘ 技能目标

1. 能够完成符合收入确认条件发出商品时的账务处理。

2. 能够正确计量在某一时段内履行的履约义务的收入金额。

3. 能够应用营业成本、期间费用的核算方法，完成营业成本、期间费用的账务处理。

4. 能够识别销售业务涉及的税种，正确地计算各种税种，并合理地对各种税金的计提和缴纳进行账务处理。

5. 能够利用"应收票据""应收账款""预付账款""其他应收款"等账户核算企业的经济业务。

6. 能够正确计算现金折扣、坏账准备，并合理地对其进行账务处理。

任务一 收入核算

一、任务情境

（一）任务场景

北京陈鸿商贸有限责任公司为增值税一般纳税人，其主营业务为生产并销售双桶波轮式洗衣机、全自动波轮式洗衣机。产品的售价中不包含增值税，确认销售收入的同时结转销售成本。该公司2021年适用的增值税税率为13%。第四季度发生的经济业务如下。

① 10月10日，向乙公司销售双桶波轮式洗衣机200台并开具增值税专用发票，每台产品的售价为600元，实际成本为300元。产品已发出并符合收入确认条件。此外，现金折扣条件为"2/10，1/20，n/30"，计算现金折扣时不考虑增值税。北京陈鸿商贸有限责任公司根据以往销售经验估计乙公司最后可能享有1%的现金折扣。10月24日，乙公司付清了扣除现金折扣后的剩余款项。

② 10月16日，委托丙公司销售全自动波轮式洗衣机400台，每台成本为600元，合同约定丙公司按每台1 100元的价格对外销售。北京陈鸿商贸有限责任公司按照售价的10%支付手续费。10月31日，收到丙公司开具的代销清单和已经税务机关认证的增值税专用发票。丙公司实际对外销售全自动波轮式洗衣机200台，应收代销手续费22 000元、增值税税款1 320元。全部款项尚未结算。

③ 11月29日，向丁公司销售全自动波轮式洗衣机1 000台并开具了增值税专用发票，每台产品的售价为1 100元，实际成本为600元。由于是成批销售，因此北京陈鸿商贸有限责任公司给予丁公司10%的商业折扣。全自动波轮式洗衣机于当日发出，符合销售收入确认条件。全部款项至月末尚未收到。

④ 12月3日，因11月29日售出全自动波轮式洗衣机存在质量瑕疵，丁公司要求退货，北京陈鸿商贸有限责任公司同意其要求并开出增值税专用发票（红字）。全部退货款从应收丁公司款项中扣减。

（二）任务布置

① 完成上述业务的账务处理。
② 计算销售洗衣机对北京陈鸿商贸有限责任公司2021年度12月份"营业收入"项目的影响。
③ 计算销售洗衣机对北京陈鸿商贸有限责任公司2021年度12月份"营业成本"项目的影响。
④ 计算北京陈鸿商贸有限责任公司2021年度12月份销售洗衣机的净收益。

二、任务准备

（一）知识准备

1. 收入的定义

收入是指企业在日常活动中形成的、会导致所有者权益增加的、与所有者投入资本无关的经济利益的总流入。其中，日常活动是指企业为完成其经营目标所从事的经常性活动及与之相关的活动。例如，工业企业制造并销售产品、商品流通企业销售商品、咨询公司提供咨询服务、软件公司为客户开发软件、安装公司提供安装服务、建筑企业提供建造服务等，均属于企业的日常活动。

企业确认收入的方式应当反映其向客户转让商品或提供服务的模式，收入的金额应当反映企业因转让这些商品或提供这些服务而预期有权收取的对价金额，以如实反映企业的生产经营成果、核算企业实现的损益。

2. 收入确认的原则

企业应当在履行了合同中的履约义务，即在客户取得相关商品控制权时确认收入。客户是指与企业订立合同，以向该企业购买其日常活动产出的商品并支付对价的一方；商品包括服务；取得相关商品控制权是指能够主导该商品的使用，并从中获得几乎全部的经济利益，包括有能力阻止其他关联方主导该商品的使用并从中获得经济利益。企业在判断商品的控制权是否发生转移时，应当从客户的角度进行分析，即客户是否取得了相关商品的控制权及何时取得该控制权。取得商品控制权需同时包括下列 3 项要素。

① 客户能够主导该商品的使用。客户有能力主导该商品的使用是指客户在其活动中有权使用该商品，或者能够允许或阻止其他方使用该商品。

② 客户能够获得几乎全部的经济利益。客户必须拥有获得商品几乎全部经济利益的能力，才能被视为获得了对该商品的控制权。商品的经济利益是指该商品的潜在现金流量，既包括现金流入的增加，也包括现金流出的减少。客户可以通过使用、消耗、出售、处置、交换、抵押或持有等多种方式直接或间接地获得商品的经济利益。

③ 客户有能力阻止其他关联方。企业只有在客户拥有现时权利，能够主导该商品的使用并从中获得几乎全部经济利益时，才能确认收入。如果客户只能在未来的某一期间主导该商品的使用并从中获益，则表明其尚未取得该商品的控制权。

> **提示**
>
> 企业与客户签订合同为其生产产品，虽然合同约定该客户最终将能够主导该产品的使用，并获得几乎全部的经济利益，但只有在客户真正获得这些权利时，企业才能确认收入，在此之前企业不应当确认收入。

3. 收入确认的前提条件

企业和客户之间的合同同时满足下列 5 项前提条件的，企业应当在履行了合同中的履约义务，即在客户取得相关商品控制权时确认收入：一是合同各方已批准该合同并承诺将履行各自义务；二是该合同明确了合同各方与所转让商品相关的权利和义务；三是该合同有明确的与所转让商品相关的支付条款；四是该合同具有商业实质，即履行该合同将改变企业未来现金流量的风险、时间分布或金额；五是企业因向客户转让商品而有权取得的对价很可能收回。企业在进行上述判断时，需要注意3点：一是，合同约定的权利和义务是否具有法律约束力，需要根据企业所处的法律环境和实务操作进行判断；二是，合同具有商业实质是指履行该合同将改变企业未来现金流量的风险、时间分布或金额；三是，企业在评估其因向客户转让商品而有权取得的对价是否很可能收回时，仅应考虑客户到期时支付对价的能力和意图。

> **提示**
>
> 　　企业与客户签订了一项商品房买卖合同，企业与客户均已批准了该项合同，并承诺将履行各自的义务。合同中明确了双方与所转让商品房相关的权利和义务与支付条款，客户和企业之间不存在关联方关系且买卖交易具有商业实质，在售房款很可能收回时，企业应当确认收入。

4. 收入确认和计量的步骤

根据《企业会计准则第14号——收入》，收入确认和计量大致分为5步：第一步，识别与客户订立的合同；第二步，识别合同中的单项履约义务；第三步，确定交易价格；第四步，将交易价格分摊至各单项履约义务；第五步，履行各单项履约义务时确认收入。其中，第一步、第二步和第五步主要与收入的确认有关；第三步和第四步主要与收入的计量有关。

（1）识别与客户订立的合同

① 合同的识别。

合同是指双方或多方之间订立的有法律约束力的权利义务的协议，包括书面形式、口头形式及其他形式。

企业和客户之间的合同在合同开始日即满足收入确认5项前提条件的，企业在后续期间无须对其进行重新评估，除非有迹象表明相关事实和情况发生重大变化。合同开始日是指合同开始赋予合同各方具有法律约束力的权利和义务的日期，通常是指合同生效日。

② 合同的合并。

企业与同一客户同时订立或在相近时间内先后订立的两份或多份合同，在满足下列条件之一时，应当合并为一份合同进行会计处理：该两份或多份合同基于同一商业目的而订立并构成一揽子交易，如一份合同在不考虑另一份合同的对价的情况下将会发生亏损；该两份或多份合同中的一份合同的对价金额取决于其他合同的定价或履行情况，如一份合同如果发生违约，将会影响另一份合同的对价金额；该两份或多份合同中所承诺的商品（或每份合同中所承诺的部分商品）构成单项履约义务。两份或多份合同合并为一份合同进行会计处理的，仍然需要区分其中每份合同中包含的各单项履约义务。

③ 合同变更。

合同变更是指经合同各方批准对原合同范围或价格做出的变更。合同变更既可能形成新的具有法律约束力的权利和义务，也可能变更了合同各方现有的具有法律约束力的权利和义务。合同各方可能以书面形式、口头形式或其他形式批准合同变更。

（2）识别合同中的单项履约义务

在合同开始日，企业应当对合同进行评估，识别该合同所包含的各单项履约义务，并确定各单项履约义务是在某一时段内履行，还是在某一时点履行。然后，在履行了各单项履约义务时分别确认收入。履约义务是指合同中企业向客户转让可明确区分商品的承诺。

下列情况下,企业应当将向客户转让商品的承诺作为单项履约义务:一是企业向客户转让可明确区分商品的承诺;二是企业向客户转让一系列实质相同且转让模式相同的、可明确区分商品的承诺。

企业承诺向客户转让的商品通常会在合同中明确约定。然而在某些情况下,虽然合同中没有明确约定,但是企业已公开宣布的政策、特定声明或以往的习惯做法等隐含了企业将向客户转让额外商品的承诺。这些隐含的承诺不一定具有法律约束力,但是如果在合同订立时,客户根据这些隐含的承诺能够对企业将向其转让某项商品形成合理的预期,则企业在识别合同中所包含的单项履约义务时,应当考虑此类隐含的承诺。

(3)确定交易价格

交易价格是指企业因向客户转让商品而预期有权收取的对价金额。企业代第三方收取的款项(如增值税)及企业预期将退还给客户的款项,应当作为负债进行会计处理,不计入交易价格。合同标价并不一定代表交易价格,企业应当根据合同条款,并结合以往的习惯做法确定交易价格。在确定交易价格时,企业应当考虑可变对价、合同中存在的重大融资成分、非现金对价及应付客户对价等因素的影响,并应当假定将按照现有合同的约定向客户转移商品,且该合同不会被取消、续约或变更。

(4)将交易价格分摊至各单项履约义务

当合同中包含两项或多项履约义务时,需要将交易价格分摊至各单项履约义务,以使企业分摊至各单项履约义务(或可明确区分的商品)的交易价格,能够反映其因向客户转让已承诺的相关商品而预期有权收取的对价金额。

① 分摊的一般原则。

合同中包含两项或多项履约义务的,企业应当在合同开始日,按照各单项履约义务所承诺商品的单独售价的相对比例,将交易价格分摊至各单项履约义务。

单独售价是指企业向客户单独销售商品的价格。企业应当综合考虑其能够合理取得的全部相关信息,采用市场调整法、成本加成法、余值法等方法合理估计单独售价。

课堂训练 5-1 北京陈鸿商贸有限责任公司与客户签订合同,向其销售双桶波轮式洗衣机、全自动波轮式洗衣机,合同价款为1 500元。产品的单独售价分别为600元和1 100元,合计1 700元。上述价格均不包含增值税,尾差计入全自动波轮洗衣机。

本课堂训练中,根据上述交易价格分摊原则,双桶波轮式洗衣机应当分摊的交易价格为530(600÷1 700×1 500)元、全自动波轮式洗衣机应当分摊的交易价格为970(1 100÷1 700×1 500)元。

② 分摊合同折扣。

合同折扣是指合同中各单项履约义务所承诺商品的单独售价之和高于合同交易价格的金额。企业应当在各单项履约义务之间按比例分摊合同折扣。有确凿证据表明合同折扣仅与合同中一项或多项(而非全部)履约义务相关的,企业应当将该合同折扣分摊至相关的一项或多项履约义务。

同时满足下列3项条件时,企业应当将合同折扣全部分摊至合同中的一项或多项(而非全部)履约义务:一是企业经常将该合同中的各项可明确区分商品单独销售或以组合的方式单独销售;二是企业也经常将其中部分可明确区分的商品以组合的方式按折扣价格单独销售;三是归属于上述第二项中每一组合的商品的折扣与该合同中的折扣基本相同,且针对每一组合中的商品的分析为将该合同的整体折扣归属于某一项或多项履约义务提供了可观察的证据。

课堂训练 5-2 北京陈鸿商贸有限责任公司与客户签订合同，向其销售A、B、C三种电器产品，合同总价款为120 000元。这3种产品构成3项履约义务。北京陈鸿商贸有限责任公司经常以50 000元单独出售电器A，其单独售价可直接观察；电器B和电器C的单独售价不可直接观察，企业采用市场调整法估计的电器B单独售价为25 000元，采用成本加成法估计的电器C单独售价为75 000元。北京陈鸿商贸有限责任公司通常以50 000元的价格单独销售电器A，并将电器B和电器C组合在一起以70 000元的价格销售。上述价格均不包含增值税。

本课堂训练中，3种产品的单独售价合计为150 000元，而该合同的价格为120 000元，该合同的整体折扣为30 000元。由于北京陈鸿商贸有限责任公司经常将电器B和电器C组合在一起以70 000元的价格销售，该价格与其单独售价之和（100 000元）的差额30 000元，与该合同的整体折扣一致，而电器A单独销售的价格与其单独售价一致，证明该合同的整体折扣仅应归属于电器B和电器C。因此，在该合同下，分摊至电器A的交易价格为50 000元，分摊至电器B和电器C的交易价格合计为70 000元，北京陈鸿商贸有限责任公司应当进一步按照电器B和电器C的单独售价的相对比例将该价格在二者之间进行分摊：电器B应分摊的交易价格为17 500（25 000÷100 000×70 000）元；电器C应分摊的交易价格为52 500（75 000÷100 000×70 000）元。

③ 分摊可变对价。

合同中包含可变对价的，该可变对价既可能与整个合同相关，也可能仅与合同中的某一特定组成部分有关。后者包括两种情形：一是可变对价可能与合同中的一项或多项（而非全部）履约义务有关；二是可变对价可能与企业向客户转让的构成单项履约义务的一系列可明确区分商品中的一项或多项（而非全部）商品有关。

同时满足下列两项条件的，企业应当将可变对价及可变对价的后续变动额全部分摊至与之相关的某项履约义务，或者分摊至构成单项履约义务的一系列可明确区分商品中的某项商品：一是可变对价的条款专门针对企业为履行该项履约义务或转让该项可明确区分商品所做的努力（或者是履行该项履约义务或转让该项可明确区分商品所导致的特定结果）；二是企业在考虑了合同中的全部履约义务及支付条款后，将合同对价中的可变金额全部分摊至该项履约义务或该项可明确区分商品符合分摊交易价格的目标。对于不满足上述条件的可变对价及可变对价的后续变动额，以及可变对价及其后续变动额中未满足上述条件的剩余部分，企业应当按照分摊交易价格的一般原则，将其分摊至合同中的各单项履约义务。对于已履行的履约义务，其分摊的可变对价后续变动额应当调整变动当期的收入。

课堂训练 5-3 北京陈鸿商贸有限责任公司与甲公司签订合同，将其拥有的两项专利技术X和Y授权给甲公司使用。假定两项授权均分别构成单项履约义务，且都属于在某一时点履行的履约义务。合同约定，授权使用专利技术X的价格为40万元，授权使用专利技术Y的价格为甲公司使用该专利技术所生产的产品销售额的2%。专利技术X和Y的单独售价分别为40万元与50万元。北京陈鸿商贸有限责任公司估计其就授权使用专利技术Y而有权收取的特许权使用费为50万元。上述价格均不包含增值税。

本课堂训练中，该合同中包含固定对价和可变对价。其中，授权使用专利技术 X 的价格为固定对价，且与其单独售价一致；授权使用专利技术 Y 的价格为甲公司使用该专利技术所生产的产品销售额的 2%，属于可变对价，该可变对价全部与授权使用专利技术 Y 能够收取的对价有关，且北京陈鸿商贸有限责任公司基于实际销售情况估计收取的特许权使用费的金额接近专利技术 Y 的单独售价。因此，北京陈鸿商贸有限责任公司将可变对价部分的特许权使用费金额全部由专利技术 Y 承担，符合交易价格的分摊目标。

④ 交易价格的后续变动。

交易价格发生后续变动的，企业应当按照在合同开始日所采用的基础，将该后续变动金额分摊至合同中的履约义务。企业不得因合同开始日之后单独售价的变动而重新分摊交易价格。

课堂训练 5-4 2021 年 9 月 1 日，北京陈鸿商贸有限责任公司与甲公司签订合同，向其销售双桶波轮式洗衣机型号 A 和型号 B。二者均为可明确区分商品且两种产品单独售价相同，也均属于在某一时点履行的履约义务。合同约定，型号 A 洗衣机和型号 B 洗衣机分别于 2021 年 11 月 1 日和 2022 年 3 月 31 日交付给甲公司。合同约定的对价包括 1 000 元的固定对价和估计金额为 100 元的可变对价。假定北京陈鸿商贸有限责任公司将 100 元的可变对价计入交易价格，满足将可变对价金额计入交易价格的限制条件。因此，该合同的交易价格为 1 100 元。上述价格均不包含增值税。2021 年 12 月 1 日，双方对合同范围进行了变更，甲公司向北京陈鸿商贸有限责任公司额外采购双桶波轮式洗衣机型号 C，合同价格增加 300 元，型号 C 与型号 A、B 洗衣机可明确区分，但该增加的价格不反映型号 C 的单独售价。型号 C 的单独售价与型号 A 和型号 B 洗衣机相同。型号 C 将于 2022 年 6 月 30 日交付给甲公司。2021 年 12 月 31 日，企业预计有权收取的可变对价的估计金额由 100 元变更为 140 元，该金额符合将可变对价金额计入交易价格的限制条件。因此，合同的交易价格增加了 40 元，且北京陈鸿商贸有限责任公司认为该增加额与合同变更前已承诺的可变对价相关。假定上述 3 种产品的控制权均随产品交付而转移给甲公司。

本课堂训练中，在合同开始日，该合同包含两项履约义务，北京陈鸿商贸有限责任公司应当将估计的交易价格分摊至这两项履约义务。由于两种产品的单独售价相同，且可变对价不符合分摊至其中一项履约义务的条件，因此北京陈鸿商贸有限责任公司将交易价格 1 100 元平均分摊至型号 A 双桶波轮式洗衣机和型号 B 双桶波轮式洗衣机，各自分摊的交易价格均为 550 元。

2021 年 11 月 1 日，当型号 A 洗衣机交付给客户时，北京陈鸿商贸有限责任公司相应确认收入 550 元。

2021 年 12 月 1 日，双方进行了合同变更。该合同变更属于本任务合同变更的第二种情形，因此该合同变更应当作为原合同终止，并将原合同的未履约部分与合同变更部分合并为新合同进行会计处理。在新合同中，合同的交易价格为 850（550+300）元，由于型号 B 洗衣机和型号 C 的单独售价相同，因此分摊至型号 B 洗衣机和型号 C 洗衣机的交易价格的金额均为 425 元。2021 年 12 月 31 日，北京陈鸿商贸有限责任公司重新估计可变对价，增加了交易价格 40 元。由于该增加额与合同变更前已承诺的可变对价相关，因此应首先将该增加额分摊给型号 A 洗衣机和型号 B 洗衣机，之后再将分摊给型号 B 洗衣机的部分在型号 B 洗衣机和型号 C 洗衣机形成的新合同中进行二次分摊。

在本课堂训练中，在将40元的可变对价后续变动分摊至型号A洗衣机和型号B洗衣机时，各自分摊的金额为20元。由于北京陈鸿商贸有限责任公司已经转让了型号A洗衣机，因此在交易价格发生变动的当期即应将分摊至型号A洗衣机的20元确认为收入。之后，北京陈鸿商贸有限责任公司将分摊至型号B洗衣机的20元平均分摊至型号B洗衣机及型号C洗衣机，即各自分摊的金额为10元。经过上述分摊后，型号B洗衣机和型号C洗衣机的交易价格金额均为435（425+10）元。因此，北京陈鸿商贸有限责任公司分别在型号B洗衣机和型号C洗衣机控制权转移时确认收入435元。

（5）履行各单项履约义务时确认收入

企业应当在履行了合同中的履约义务，即客户取得相关商品控制权时确认收入。企业应当根据实际情况，首先判断履约义务是否满足在某一时段内履行的条件，如果不满足，则该履约义务属于在某一时点履行的履约义务。对于在某一时段内履行的履约义务，企业应当选取恰当的方法来确定履约进度；对于在某一时点履行的履约义务，企业应当综合分析控制权转移的迹象，判断其转移时点。

① 在某一时段内履行履约义务的收入确认条件。

对于在某一时段内履行的履约义务，企业应当在该时间段内按照履约进度确认收入，履约进度不能合理确定的除外。

② 在某一时段内履行履约义务的收入确认方法。

对于在某一时段内履行的履约义务，企业应当在该时间段内按照履约进度确认收入。但是，履约进度不能合理确定的除外。企业应当考虑商品的性质，采用产出法或投入法确定恰当的履约进度，并且在确定履约进度时，应当扣除那些控制权尚未转移给客户的商品。企业按照履约进度确认收入时，通常应当在资产负债表日按照合同的交易价格总额乘以履约进度扣除以前会计期间累计已确认的收入后的金额，确认为当期收入。

③ 在某一时点履行的履约义务。

对于不属于在某一时段内履行的履约义务，应当属于在某一时点履行的履约义务，企业应当在客户取得相关商品控制权时点确认收入。在判断客户是否已取得商品控制权（即客户是否能够主导该商品的使用并从中获得几乎全部的经济利益）时，企业应当考虑5个迹象：一是企业就该商品享有现时收款权利，即客户就该商品负有现时付款义务；二是企业已将该商品的法定所有权转移给客户，即客户已拥有该商品的法定所有权；三是企业已将该商品实物转移给客户，即客户已占有该商品实物；四是企业已将该商品所有权上的主要风险和报酬转移给客户，即客户已取得该商品所有权上的主要风险和报酬；五是客户已接受该商品。

5. 收入确认和计量五步法的综合运用

一般而言，确认和计量任何一项合同收入应考虑全部的5个步骤。但履行某些合同义务确认收入不一定都经过5个步骤，如企业按照第二步确定某项合同仅为单项履约义务时，可以从第三步直接进入第五步确认收入，不需要经过第四步（交易价格分摊）。

课堂训练 5-5 2021年11月11日，某汽车4S店与客户签订了一份汽车买卖合同，卖车合同约定：汽车单独售价为18万元，客户购车可享受2年免费保养，保养的单独售价为2万元，合同价为18万元。假定"提供2年免费保养"不属于法定要求，可单独出售，且假定其属于时段义务，则4S店的有关收入的确认和计量如表5-1所示。

表 5-1　4S 店收入的确认和计量

步　骤	内　　容	处理类别
第一步	识别与客户订立的合同（卖车合同）	确认
第二步	识别合同中的单项履约义务（两项：卖车、提供保养服务）	
第三步	确定交易价格（合同价格 18 万元）	计量
第四步	将交易价格分摊至各单项履约义务 车：18×18÷20=16.2（万元） 保养：18×2÷20=1.8（万元）	
第五步	履行各单项履约义务时（时点义务、时段义务）确认收入 卖车：时点义务，2021 年确认收入 16.2 万元 保养：时段义务，2021 年、2022 年分别确认收入 0.9（1.8÷2）万元	确认

6. 收入核算应设置的账户

企业应当正确记录和反映与客户之间的合同产生的收入及相关成本费用。收入的账务处理，主要设置下列账户。

（1）主营业务收入

本账户用于核算企业确认的销售商品、提供服务等主营业务的收入。本账户可按主营业务的种类进行明细核算。企业在履行了合同中的单项履约义务时，应按照已收或应收的合同价款，加上应收取的增值税税额，借记"银行存款""应收账款""应收票据""合同资产"等账户，按应确认的收入金额，贷记本账户，按应收取的增值税税额，贷记"应交税费——应交增值税（销项税额）""应交税费——待转销项税额"等账户；期末，应将本账户的余额转入"本年利润"账户，结转后本账户应无余额。

（2）其他业务收入

本账户用于核算企业确认的除主营业务活动以外的其他经营活动实现的收入，包括出租固定资产、出租无形资产、出租包装物和商品、销售材料、用材料进行非货币性交换或债务重组等实现的收入。本账户可按其他业务的种类进行明细核算。企业确认其他业务收入时，应按照已收或应收的合同价款，加上应收取的增值税税额，借记"银行存款""应收账款""应收票据""合同资产"等账户，按应确认的收入金额，贷记本账户，按应收取的增值税税额，贷记"应交税费——应交增值税（销项税额）""应交税费——待转销项税额"等账户；期末，应将本账户的余额转入"本年利润"账户，结转后本账户应无余额。

（3）合同资产

本账户用于核算企业已向客户转让商品而有权收取对价的权利。仅取决于时间流逝因素的权利不在本账户核算。本账户应按合同进行明细核算。企业在客户实际支付合同对价或在该对价到期应付之前，已经向客户转让了商品的，应当按因已转让商品而有权收取的对价金额，借记本账户或"应收账款"账户，贷记"主营业务收入""其他业务收入"等账户；企业取得无条件收款权时，借记"应收账款"等账户，贷记本账户。涉及增值税的，还应进行相应的处理。

提示

本账户区别于"应收账款"账户，属于"应收账款"账户的前序账户。

（4）合同资产减值准备

本账户用于核算合同资产的减值准备，应按合同进行明细核算。合同资产发生减值的，按应减记的金额，借记"资产减值损失"账户，贷记本账户；转回已计提的资产减值准备时，做相反的会计分录；本账户期末贷方余额，反映企业已计提但尚未转销的合同资产减值准备。

（5）合同负债

本账户用于核算企业已收或应收客户对价而应向客户转让商品的义务。本账户应按合同进行明细核算。企业在向客户转让商品之前，客户已经支付了合同对价或企业已经取得了无条件收取合同对价权利的，企业应当在客户实际支付款项与到期应支付款项孰早时点，按照该已收或应收的金额，借记"银行存款""应收账款""应收票据"等账户，贷记本账户；企业向客户转让相关商品时，借记本账户，贷记"主营业务收入""其他业务收入"等账户。涉及增值税的，还应进行相应的处理。企业因转让商品收到的预收款进行账务处理时，不再使用"预收账款"账户及"递延收益"账户；本账户期末贷方余额，反映企业在向客户转让商品之前，已经收到的合同对价或已经取得的无条件收取合同对价权利的金额。

7. 典型收入业务的账务处理

（1）利用产出法确认收入

产出法是根据已转移给客户的商品对于客户的价值确定履约进度的方法。它通常可采用实际测量的完工进度、评估已实现的结果、已达到的里程碑、时间进度、已完工或交付的产品等产出指标确定履约进度。企业在评估是否采用产出法确定履约进度时，应当考虑具体的事实和情况，并选择能够如实反映企业履约进度和向客户转移商品控制权的产出指标。

课堂训练 5-6 甲公司与客户签订合同，为该客户拥有的一栋写字楼更换 50 扇塑钢窗，合同价格为 5 万元（不含税价）。截至 2021 年 12 月 31 日，甲公司共更换 30 扇塑钢窗，剩余部分预计在 2022 年 3 月 31 日之前完成。该合同仅包含一项履约义务，且该履约义务满足在某一时段内履行的条件。假定不考虑其他情况。

本课堂训练中，甲公司提供的更换塑钢窗的服务属于在某一时段内履行的履约义务，甲公司按照已完成的工作量确定履约进度。因此，截至 2021 年 12 月 31 日，该合同的履约进度为 60%（30÷50×100%），甲公司应确认的收入为 3（5×60%）万元。

（2）利用投入法确认收入

投入法是根据企业履行履约义务的投入确定履约进度的方法，通常可采用投入的材料数量、花费的人工工时或机器工时、发生的成本和时间进度等投入指标确定履约进度。当企业从事的工作或发生的投入是在整个履约期间内平均发生时，企业也可以按照年限平均法确认收入。由于投入指标和企业向客户转移商品的控制权之间未必存在直接的对应关系，因此企业在采用投入法确定履约进度时，应当扣除那些虽然已经发生，但是未导致向客户转移商品的投入。

当履约进度能合理确定时，在资产负债表日确认当期收入、当期营业成本。其计算公式为：

当期收入＝合同交易价格×履约进度－以前期间累计已确认的收入

单元五 商品销售业务

当期营业成本＝合同预计成本×履约进度－以前期间累计已确认的营业成本

当履约进度不能合理确定时，企业已经发生的成本预计能够得到补偿的，应当按照已经发生的成本金额确认收入，直到履约进度能够合理确定为止。

课堂训练 5—7 甲公司为增值税一般纳税人，装修服务适用增值税税率为9%。2021年12月1日，甲公司与乙公司签订了一项为期3个月的装修合同。合同约定装修价款为300 000元，增值税税额为27 000元，装修费用每月月末按完工进度支付。2021年12月31日，经专业测量师测量后，确定该项劳务的完工程度为25%；乙公司按完工进度支付价款及相应的增值税税款。截至2021年12月31日，甲公司为完成该合同累计发生劳务成本60 000元（假定均为装修人员薪酬），估计还将发生劳务成本140 000元。

假定该业务属于甲公司的主营业务，全部由其自行完成；该装修服务构成单项履约义务，并属于在某一时段内履行的履约义务；甲公司按照实际测量的完工进度确定履约进度。

（1）实际发生劳务成本60 000元
借：合同履约成本　　　　　　　　　　　　　　60 000
　　贷：应付职工薪酬　　　　　　　　　　　　　　60 000
（2）2021年12月31日确认劳务收入并结转劳务成本
2021年12月31日确认的劳务收入＝300 000×25%－0＝75 000（元）
借：银行存款　　　　　　　　　　　　　　81 750
　　贷：主营业务收入　　　　　　　　　　　　　75 000
　　　　应交税费——应交增值税（销项税额）　　6 750
借：主营业务成本　　　　　　　　　　　　　　60 000
　　贷：合同履约成本　　　　　　　　　　　　　　60 000

2022年1月31日，经专业测量师测量后，确定该项劳务的完工程度为70%；乙公司按完工进度支付价款，同时支付对应的增值税税款。2021年1月，为完成该合同发生劳务成本80 000元（假定均为装修人员薪酬），预计为完成该合同还将发生劳务成本60 000元。

（1）实际发生劳务成本80 000元
借：合同履约成本　　　　　　　　　　　　　　80 000
　　贷：应付职工薪酬　　　　　　　　　　　　　　80 000
（2）2022年1月31日确认劳务收入并结转劳务成本
2022年1月31日确认的劳务收入＝300 000×70%－75 000＝135 000（元）
借：银行存款　　　　　　　　　　　　　　147 150
　　贷：主营业务收入　　　　　　　　　　　　　135 000
　　　　应交税费——应交增值税（销项税额）　　12 150
借：主营业务成本　　　　　　　　　　　　　　80 000
　　贷：合同履约成本　　　　　　　　　　　　　　80 000

2022年2月28日，装修完工；乙公司验收合格，按完工进度支付价款，同时支付对应的增值税税款。2022年2月，为完成该合同发生劳务成本60 000元（假定均为装修人员薪酬）。

（1）实际发生劳务成本60 000元
借：合同履约成本　　　　　　　　　　　　　　60 000
　　贷：应付职工薪酬　　　　　　　　　　　　　　60 000

（2）2022年2月28日确认劳务收入并结转劳务成本

2022年2月28日确认的劳务收入=300 000-75 000-135 000=90 000（元）

借：银行存款　　　　　　　　　　　　　　　　　98 100
　　贷：主营业务收入　　　　　　　　　　　　　　　90 000
　　　　应交税费——应交增值税（销项税额）　　　　8 100
借：主营业务成本　　　　　　　　　　　　　　　60 000
　　贷：合同履约成本　　　　　　　　　　　　　　60 000

课堂训练 5-8 甲公司经营一家健身俱乐部。2021年7月1日，某客户与甲公司签订合同，成为甲公司的会员，并向甲公司支付会员费7 200元（不含税价），从而在未来的12个月内在该俱乐部健身，且没有次数的限制。该业务适用的增值税税率为6%。

本课堂训练中，客户在会籍期间可随时来俱乐部健身，且没有次数限制。客户已使用俱乐部健身的次数不会影响其未来继续使用的次数，甲公司在该合同下的履约义务是承诺随时准备在客户需要时为其提供健身服务。因此，该履约义务属于在某一时段内履行的履约义务，并且该履约义务在会员的会籍期间内随时间的流逝而被履行。因此，甲公司按照直线法确认收入，每月应当确认的收入为600（7 200÷12）元。

（1）2021年7月1日收到会员费时

借：银行存款　　　　　　　　　　　　　　　　　7 200
　　贷：合同负债　　　　　　　　　　　　　　　　7 200

本课堂训练中，客户签订合同的同时支付了合同对价，从而在未来的12个月内在该俱乐部进行健身消费，且没有次数的限制。企业在向客户转让商品之前已经产生了一项负债，即合同负债。

（2）2021年7月31日确认收入，开具增值税专用发票并收到税款时

借：合同负债　　　　　　　　　　　　　　　　　600
　　银行存款　　　　　　　　　　　　　　　　　 36
　　贷：主营业务收入　　　　　　　　　　　　　　 600
　　　　应交税费——应交增值税（销项税额）　　　 36

2021年8月至2022年6月，每月确认收入同上。

当履约进度不能合理确定时，企业已经发生的成本预计能够得到补偿的，应当按照已经发生的成本金额确认收入，直到履约进度能够合理确定为止。

（3）销售商品收入

企业应当按照从购货方已收或应收的合同或协议价款确定销售商品收入金额，但已收或应收的合同或协议价款不公允的除外。

从购货方已收或应收的合同或协议价款，通常为公允价值。在某些情况下，合同或协议价款的收取采用递延方式，如分期收款销售商品，实质上是具有融资性质的，应当按照应收的合同或协议价款的公允价值确定销售商品的收入金额。应收的合同或协议价款与其公允价值之间的差额，应当在合同或协议期间内采用实际利率法进行摊销，冲减财务费用。

通常情况下销售商品时应借记"应收账款"等账户，贷记"主营业务收入""应交税费——应交增值税（销项税额）"账户；结转销售成本时借记"主营业务成本""存货跌价准备"账户，贷记"库存商品"账户。

课堂训练 5-9 北京陈鸿商贸有限责任公司向乙公司销售商品一批，开具的增值税专用发票上注明价款为 200 000 元、增值税税额为 26 000 元。北京陈鸿商贸有限责任公司收到乙公司开出的不带息银行承兑汇票一张，票面金额为 226 000 元，期限为 2 个月。北京陈鸿商贸有限责任公司以银行存款支付代垫运费，增值税专用发票上注明运输费 2 000 元、增值税税额 180 元，所垫运费尚未收到。该批商品成本为 160 000 元。乙公司收到商品并验收入库。

本课堂训练中北京陈鸿商贸有限责任公司已经收到乙公司开出的不带息银行承兑汇票，乙公司收到商品并验收入库。因此，销售商品为单项履约义务且属于在某一时点履行的履约义务。

（1）确认收入时
借：应收票据　　　　　　　　　　　　　　　　　　226 000
　　贷：主营业务收入　　　　　　　　　　　　　　200 000
　　　　应交税费——应交增值税（销项税额）　　　 26 000
借：主营业务成本　　　　　　　　　　　　　　　　160 000
　　贷：库存商品　　　　　　　　　　　　　　　　160 000
（2）代垫运费时
借：应收账款　　　　　　　　　　　　　　　　　　 2 180
　　贷：银行存款　　　　　　　　　　　　　　　　 2 180

> **提示**
> 以托收承付方式销售商品时，企业通常应在发出商品且办妥托收手续时确认收入。如果商品已经发出且办妥托收手续，但由于各种原因不满足收入的确认条件，则企业不应确认收入。

（4）已经发出商品但不能确认收入

这是指企业向客户转让商品的对价不满足"很可能收回"的收入确认条件。对于这种情况，在发出商品时不应确认收入，应借记"发出商品"账户，贷记"库存商品"账户。如果已发出的商品被客户退回，则应编制相反的会计分录。满足收入确认条件时，借记"银行存款""应收账款"账户，贷记"主营业务收入""应交税费——应交增值税（销项税额）"账户。同时，结转已销商品成本，借记"主营业务成本"账户，贷记"发出商品"账户。

课堂训练 5-10 北京陈鸿商贸有限责任公司和乙公司均为增值税一般纳税人。2021 年 6 月 3 日，北京陈鸿商贸有限责任公司与乙公司签订委托代销合同，北京陈鸿商贸有限责任公司委托乙公司销售全自动波轮式洗衣机 1 000 台，商品已经发出，每台成本为 600 元。合同约定乙公司应按每件 1 100 元对外销售，北京陈鸿商贸有限责任公司按不含增值税的销售价格的 10% 向乙公司支付手续费。除非这些商品在乙公司存放期间内由于乙公司的责任发生毁损或丢失，否则在对外完成洗衣机的销售之前，乙公司没有义务向北京陈鸿商贸有限责任公司支付货款。乙公司不承担包销责任，没有售出的洗衣机须退回给北京陈鸿商贸有限责任公司。同时，北京陈鸿商贸有限责任公司也有权要求收回洗衣机或将其销售给其他的客户。

本课堂训练中，北京陈鸿商贸有限责任公司将商品发送至乙公司后，乙公司虽然已经承担商品的实物保管责任，但仅为接受北京陈鸿商贸有限责任公司的委托销售洗衣机，并根据实际销售的数量赚取一定比例的手续费。北京陈鸿商贸有限责任公司有权要求收回商品或将其销售给其他的客户,乙公司并不能主导这些商品的销售。这些商品对外销售与否、是否获利及获利多少等都不由乙公司控制,乙公司没有取得这些商品的控制权。因此,北京陈鸿商贸有限责任公司将洗衣机发送至乙公司时,不应确认收入,而应当在乙公司将商品销售给最终客户时确认收入。

2021年6月10日,北京陈鸿商贸有限责任公司按合同约定发出商品时,应编制如下会计分录。

借:发出商品　　　　　　　　　　　　　　　　600 000
　　贷:库存商品　　　　　　　　　　　　　　　　600 000

（5）商业折扣、现金折扣、销售折让和销售退回

① 商业折扣。

销售商品涉及商业折扣的,应当按照扣除商业折扣后的金额确定销售商品收入金额。商业折扣是指企业为促进商品销售而在商品标价上给予的价格扣除。

② 现金折扣。

现金折扣是指债权人为鼓励债务人在规定的期限内付款而向债务人提供的债务扣除。现金折扣的表现形式一般用"折扣率/付款期限"表示。例如,"2/10,1/20,n/30"表示销货方允许客户最长的付款期限为30天,如果客户在10天内付款,则销货方可按商品售价给予客户2%的折扣;如果客户在11天至20天付款,则销货方可按商品售价给予客户1%的折扣;如果客户在21天至30天付款,则不能享受现金折扣。

现金折扣属于收入计量确定交易价格中的可变对价,对于附有现金折扣条件的销售,交易价格实际上属于可变对价。最终如果销售产生现金折扣,就应当冲减当期销售收入。

课堂训练 5–11 北京陈鸿商贸有限责任公司为增值税一般纳税人。2021年9月1日销售给甲公司双桶波轮式洗衣机50台并开具增值税专用发票,每件商品的标价为600元(不含增值税),适用的增值税税率为13%。每台洗衣机实际成本为300元。由于是成批销售,因此北京陈鸿商贸有限责任公司给予客户10%的商业折扣,并在销售合同中规定现金折扣条件为"2/10,1/20,n/30"。洗衣机于9月1日发出,甲公司当日取得这些产品的控制权。该项销售业务属于在某一时点履行的履约义务。假定折扣不考虑增值税。

本课堂训练涉及商业折扣和现金折扣问题。销售商品收入的金额应当先扣除商业折扣,北京陈鸿商贸有限责任公司基于过往的实务经验判断甲公司最有可能享有2%的现金折扣。本课堂训练中,北京陈鸿商贸有限责任公司按照期望值估计可变对价的金额,因为该方法能够更好地预测其有权获得的对价金额。北京陈鸿商贸有限责任公司估计的交易价格为26 460[(600×50-600×50×10%)×(1-2%)]元。同时,北京陈鸿商贸有限责任公司还需要考虑将可变对价计入交易价格的限制要求,以确定能否将估计的可变对价金额26 460元计入交易价格。根据销售此类产品的历史经验、所取得的当前市场信息及对当前市场的估计,北京陈鸿商贸有限责任公司预计,尽管存在某些不确定性,但是产品销售的折扣条件在短期内可以确定。因此,北京陈鸿商贸有限责任公司认为,在不确定性消除(即折扣的总金额最终确定)时,已确认的累计收入金额26 460元极可能不会发生重大转回。因此,北京陈鸿商贸有限责任公司应当于2021年9月1日将产品控制权转移给甲公司时,确认收入26 460元。(金额保留整数)

(1) 9月1日确认收入时

借:应收账款 29 900
　　贷:主营业务收入 26 460
　　　　应交税费——应交增值税(销项税额) 3 440
借:主营业务成本 15 000
　　贷:库存商品 15 000

(2) 如果于9月9日收到货款

借:银行存款 29 900
　　贷:应收账款 29 900

(3) 如果于9月19日收到货款,则累计应确认收入为26 730[(600×50-600×50×10%)×(1-1%)]元。

借:银行存款 30 205
　　贷:应收账款 29 900
　　　　主营业务收入 270
　　　　应交税费——应交增值税(销项税额) 35

(4) 如果甲公司于9月底付款,则北京陈鸿商贸有限责任公司累计应确认收入为27 000(600×50-600×50×10%)元。

借:银行存款 30 510
　　贷:应收账款 29 900
　　　　主营业务收入 540
　　　　应交税费——应交增值税(销项税额) 70

③ 销售折让。

销售折让是指企业因售出商品的质量不合格等原因而在售价上给予的减让。企业已经确认销售商品收入的售出商品发生销售折让的,应当在发生时冲减当期的销售商品收入。销售折让属于资产负债表日后事项的,应当按照有关资产负债表日后事项的相关规定进行处理。

课堂训练 5—12 北京陈鸿商贸有限责任公司向乙公司销售一批全自动波轮式洗衣机。开出的增值税专用发票上注明的销售价款为400 000元、增值税税额为52 000元。乙公司在验收过程中发现洗衣机质量不合格,要求在价格上给予5%的折让。假定北京陈鸿商贸有限责任公司已确认销售收入,款项尚未收到,已取得税务机关开具的红字增值税专用发票。

(1) 销售实现时

借:应收账款 452 000
　　贷:主营业务收入 400 000
　　　　应交税费——应交增值税(销项税额) 52 000

(2) 发生销售折让时

借:主营业务收入 20 000
　　应交税费——应交增值税(销项税额) 2 600
　　贷:应收账款 22 600

（3）实际收到款项时

借：银行存款　　　　　　　　　　　　　　　　　　429 400
　　贷：应收账款　　　　　　　　　　　　　　　　　　　429 400

④销售退回。

销售退回是指企业因售出商品在质量、规格等方面不符合销售合同规定条款的要求，客户要求企业予以退货。对于未确认收入的售出商品发生的销售退回，应借记"库存商品"账户，贷记"发出商品"账户，如果原发出商品时增值税纳税义务已发生，则还应借记"应交税费——应交增值税（销项税额）"账户，贷记"应收账款"账户；对于已确认收入的售出商品发生的销售退回，企业应当在发生时冲减当期销售商品收入、销售成本等。销售退回属于资产负债表日后事项的，适用《企业会计准则第29号——资产负债表日后事项》。

课堂训练 5-13 北京陈鸿商贸有限责任公司2021年5月20日销售全自动波轮式洗衣机一批。增值税专用发票上注明的价款为30 000元、增值税税额为3 900元。该批商品成本为14 000元。洗衣机于2021年5月20日发出，客户于5月27日付款。该项业务属于在某一时点履行的履约义务并确认销售收入。2021年9月16日，该批洗衣机质量出现严重问题，客户将该批洗衣机全部退回给北京陈鸿商贸有限责任公司。北京陈鸿商贸有限责任公司同意退货，于退货当日支付了退货款，并按规定向客户开具了增值税专用发票（红字）。假定不考虑其他因素。

（1）2021年5月20日确认收入时

借：应收账款　　　　　　　　　　　　　　　　　　33 900
　　贷：主营业务收入　　　　　　　　　　　　　　　　30 000
　　　　应交税费——应交增值税（销项税额）　　　　　 3 900
借：主营业务成本　　　　　　　　　　　　　　　　　14 000
　　贷：库存商品　　　　　　　　　　　　　　　　　　　14 000

（2）2021年5月27日收到货款时

借：银行存款　　　　　　　　　　　　　　　　　　33 900
　　贷：应收账款　　　　　　　　　　　　　　　　　　　33 900

（3）2021年9月16日销售退回时

借：主营业务收入　　　　　　　　　　　　　　　　30 000
　　应交税费——应交增值税（销项税额）　　　　　　 3 900
　　贷：银行存款　　　　　　　　　　　　　　　　　　　33 900
借：库存商品　　　　　　　　　　　　　　　　　　14 000
　　贷：主营业务成本　　　　　　　　　　　　　　　　　14 000

（6）销售材料等存货

企业销售原材料、随同商品对外销售单独计价的包装物等存货时，按售价和应收取的增值税税额，借记"银行存款""应收账款"等账户，贷记"其他业务收入""应交税费——应交增值税（销项税额）"账户。结转出售原材料等的实际成本时，借记"其他业务成本"账户，贷记"原材料"等账户。

课堂训练 5-14 北京陈鸿商贸有限责任公司向乙公司销售一批原材料。开具的增值税专用发票上注明的价款为50 000元、增值税税额为6 500元。北京陈鸿商贸有限责任公司收到乙公司支付的款项存入银行。该批原材料的实际成本为 40 000 元。乙公司收到原材料并验收入库。

本课堂训练中北京陈鸿商贸有限责任公司已经收到乙公司支付的货款，乙公司收到原材料并验收入库。因此，该项业务为单项履约义务且属于在某一时点履行的履约义务。

（1）确认收入时

借：银行存款　　　　　　　　　　　　　　　　　　　　56 500
　　贷：其他业务收入　　　　　　　　　　　　　　　　　　50 000
　　　　应交税费——应交增值税（销项税额）　　　　　　　 6 500

（2）结转原材料成本

借：其他业务成本　　　　　　　　　　　　　　　　　　40 000
　　贷：原材料　　　　　　　　　　　　　　　　　　　　40 000

（二）任务要领

① 在确认和计量收入时，应遵循的基本原则如下。
● 确认收入的方式应当反映其向客户转让商品（包括服务）的模式。
● 收入的金额应当反映企业因转让这些商品而预期有权收取的对价金额。
② 区分损益类账户借贷方发生额，损益类账户余额期末转入"本年利润"账户后无余额。
③ 区分合同资产（资产类）与应收账款。
④ 区分合同负债（负债类）与预收账款。
⑤ 对于在某一时点履行的履约义务，应当在客户取得相关商品控制权时点确认收入。
⑥ 对于在某一时段内履行的履约义务，应当在该段时间内按照履约进度确认收入，履约进度不能合理确定的除外。

三、任务实施

（一）任务流程（见图 5-1）

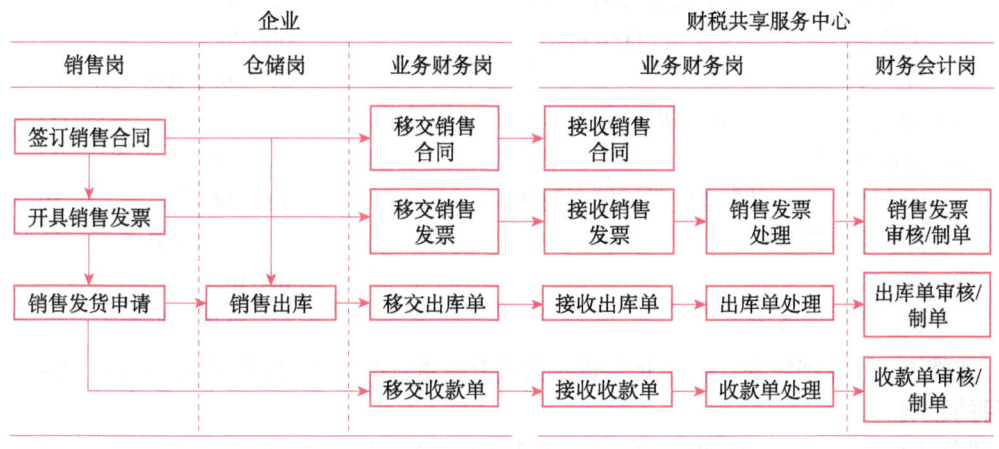

图 5-1　收入核算的流程

（二）任务操作

任务操作

步骤 1 完成企业经济业务的核算及账务处理。

（1）10 月 10 日，赊销时

借：应收账款		134 244
贷：主营业务收入	[200×600×(1-1%)]	118 800
应交税费——应交增值税（销项税额）		15 444
借：主营业务成本	(200×300)	60 000
贷：库存商品		60 000

10 月 24 日，收款时

借：银行存款	134 244
贷：应收账款	134 244

（2）10 月 16 日，发出商品时

借：发出商品	(400×600)	240 000
贷：库存商品		240 000

10 月 31 日，收到代销清单时

借：应收账款		248 600
贷：主营业务收入	(200×1 100)	220 000
应交税费——应交增值税（销项税额）		28 600
借：主营业务成本	(200×600)	120 000
贷：发出商品		120 000
借：销售费用		22 000
应交税费——应交增值税（进项税额）		1 320
贷：应收账款		23 320

（3）11 月 29 日，向丁公司销售洗衣机

借：应收账款		1 118 700
贷：主营业务收入	[1 100 000×(1-10%)]	990 000
应交税费——应交增值税（销项税额）		128 700
借：主营业务成本	(1 000×600)	600 000
贷：库存商品		600 000

（4）12 月 3 日，丁公司退货

借：主营业务收入	990 000
应交税费——应交增值税（销项税额）	128 700
贷：应收账款	1 118 700
借：库存商品	600 000
贷：主营业务成本	600 000

步骤 2 计算销售洗衣机对北京陈鸿商贸有限责任公司 2021 年度 12 月份"营业收入"项目的影响。

"营业收入"项目=118 800（资料①）+220 000（资料②）+990 000（资料③）-990 000（资料④）=338 800（元）

步骤 3　计算销售洗衣机对北京陈鸿商贸有限责任公司 2021 年度 12 月份"营业成本"项目的影响。

"营业成本"项目＝60 000（资料①）＋240 000（资料②）＋600 000（资料③）－600 000（资料④）＝300 000（元）

步骤 4　计算北京陈鸿商贸有限责任公司 2021 年度 12 月份销售洗衣机的净收益。

销售净收益＝338 800（步骤2）－300 000（步骤3）＝38 800（元）

四、任务评价

根据任务要求实施并完成任务后，请填写本任务评价参考表，如表 5-2 所示。

表 5-2　收入核算评价参考表

评价主体	评价内容	得　分
教师评价 （50分）	1. 学生出勤情况（10分）	
	2. 学生课堂表现（10分）	
	3. 任务完成情况	
	（1）在某一时段内履行的履约义务收入的确认（6分）	
	（2）委托方确认收入的时点确认、收入金额的计量（6分）	
	（3）支付代销手续费的账务处理（6分）	
	（4）不符合收入确认条件，发出商品时的会计处理（6分）	
	（5）在某一时段内履行的履约义务的收入的计量（6分）	
自我评价 （50分）	1. 课前预习情况（10分）	
	2. 上课回答问题积极性（10分）	
	3. 所学知识掌握情况	
	（1）在某一时段内履行的履约义务收入的确认（6分）	
	（2）委托方确认收入的时点确认、收入金额的计量（6分）	
	（3）支付代销手续费的账务处理（6分）	
	（4）不符合收入确认条件，发出商品时的会计处理（6分）	
	（5）在某一时段内履行的履约义务的收入的计量（6分）	
合　计		

五、任务拓展

北京陈鸿商贸有限责任公司为增值税一般纳税人，适用的增值税税率为 13%。该公司主营业务为生产并销售双桶波轮式洗衣机、全自动波轮式洗衣机，产品按实际成本核算，售价中不含增值税，销售商品的同时结转销售成本。2021 年 11 月 30 日，原材料 PCM 彩钢板账面余额为 50 万元，其中包含上月已入库但未收到增值税发票暂估入账的 40 万元。12 月发生的经济业务如下。

（1）1 日，收到上月暂估入库的发票账单。PCM 彩钢板增值税专用发票上注明价款为 400 000 元、增值税税额为 52 000 元，款项以银行汇票支付；取得运费增值税专用发票，注明的价款为 10 000 元、增值税税额为 900 元，运费价款开出转账支票支付。

（2）8日，向长安家电经销商销售全自动波轮式洗衣机一批。开具的增值税专用发票上注明的价款为300 000元、增值税税额为39 000元，尚未收到货款，符合收入确认条件；取得运费增值税专用发票，注明的价款为20 000元、增值税税额为1 800元。该批商品的实际成本为150 000元。

（3）15日，经北京陈鸿商贸有限责任公司管理层研究决定，向行政管理人员发放自产产品作为福利。该福利已于当日发放。该批产品的实际成本为20 000元，市场销售价格为50 000元。

（4）20日，销售一批材料。增值税专用发票上注明的价款为30 000元、增值税税额为3 900元。款项尚未收到。以银行存款支付代垫运费价款为2 000元、增值税税额为180元，取得运费增值税专用发票。该批材料的实际成本为20 000元。

要求：

（1）完成企业经济业务的核算及账务处理。

（2）填写销售洗衣机的增值税专用发票，如图5-2所示。

参考答案

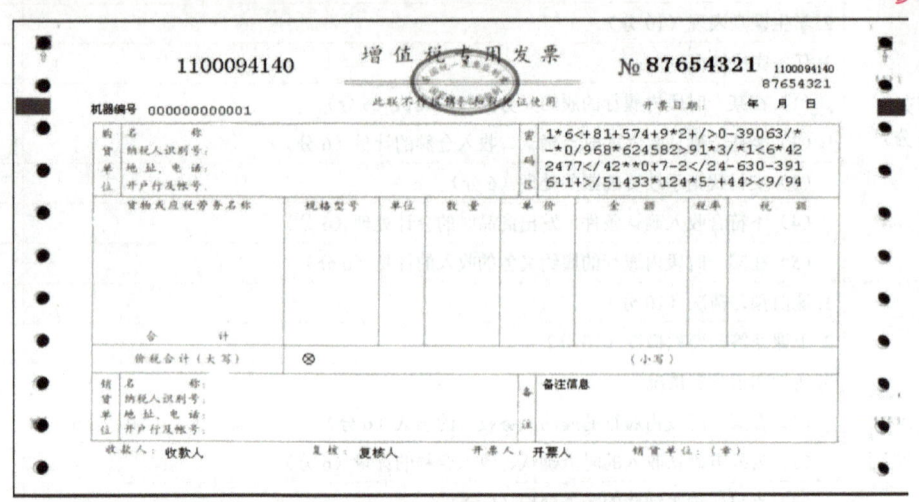

图5-2 销售洗衣机的增值税专用发票

（3）填制记账凭证，编号从01开始，如图5-3所示。

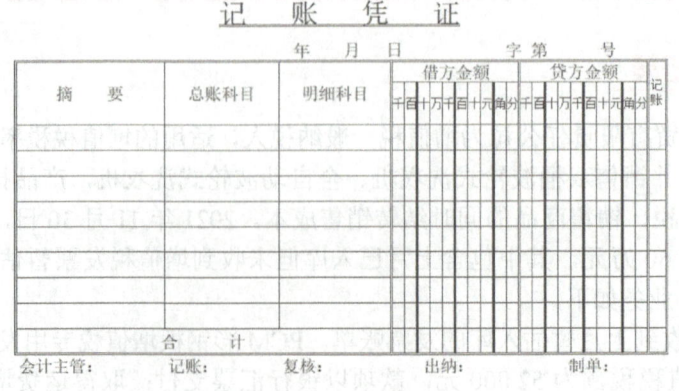

图5-3 记账凭证

六、任务测试

在线测试

任务二　费用核算

一、任务情境

（一）任务场景

北京陈鸿商贸有限责任公司为增值税一般纳税人。2021 年 12 月发生的部分经济业务如下。

① 2021 年 12 月 1 日，北京陈鸿商贸有限责任公司将自行开发完成的非专利技术出租给一家公司。该非专利技术成本为 240 000 元，双方约定的租赁期限为 10 年。

② 2021 年 12 月 7 日，北京陈鸿商贸有限责任公司用银行存款支付所销产品保险费合计 10 600 元。取得的增值税专用发票上注明的保险费为 10 000 元、增值税税额为 600 元。

③ 2021 年 12 月 10 日，北京陈鸿商贸有限责任公司发生业务招待费 20 000 元，取得增值税普通发票。已用银行存款支付。

④ 北京陈鸿商贸有限责任公司于 2021 年 10 月 1 日从银行借入生产经营用短期借款 240 000 元，期限 6 个月，年利率 5%。该借款本金到期后一次归还，利息分月预提，按季支付。

⑤ 2021 年 12 月末，北京陈鸿商贸有限责任公司计算已销售的电器 A、电器 B 两种产品的实际成本分别为 10 000 元、20 000 元。

（二）任务布置

① 完成北京陈鸿商贸有限责任公司结转 12 月出租非专利技术成本的账务处理。

② 完成北京陈鸿商贸有限责任公司支付产品保险费的账务处理。

③ 完成北京陈鸿商贸有限责任公司支付业务招待费的账务处理。

④ 完成北京陈鸿商贸有限责任公司计提 12 月利息费用的账务处理。

⑤ 完成北京陈鸿商贸有限责任公司结转 12 月已销售电器 A、电器 B 两种产品的账务处理。

⑥ 期末结转北京陈鸿商贸有限责任公司主营业务成本、其他业务成本、销售费用、管理费用及财务费用。

二、任务准备

（一）知识准备

费用包括企业日常活动所发生的经济利益的总流出，主要是指企业为取得营业收入进行产品销售等营业活动所发生的营业成本、税金及附加和期间费用。

1. 营业成本

营业成本是指企业为生产产品、提供服务等发生的可归属于产品成本、服务成本等的费用。应当在确认销售商品收入、提供服务收入等时，将已销售商品、已提供服务的成本等计入当期损益。营业成本包括主营业务成本和其他业务成本。

（1）主营业务成本

主营业务成本是指企业销售商品、提供服务等经常性活动所发生的成本。企业一般在确认销售商品、提供服务等主营业务收入时，或者在月末将已销售商品、已提供服务的成本转入主营业务成本。主营业务成本按主营业务的种类进行明细核算；期末，将主营业务成本的余额转入"本年利润"账户，结转后本账户无余额。

课堂训练 5-15 2021年12月10日，北京松北电器公司销售一批产品。开具的增值税专用发票上注明的价款为10 000元、增值税税额为1 300元；北京松北电器公司已收到对方公司支付的款项11 300元，并将提货单送交对方公司；该批产品成本为6 000元。该项销售业务属于某一时点履行的履约义务。

（1）销售实现时

  借：银行存款   11 300
    贷：主营业务收入   10 000
      应交税费——应交增值税（销项税额） 1 300
  借：主营业务成本   6 000
    贷：库存商品   6 000

（2）期末，将主营业务成本结转至本年利润时

  借：本年利润   6 000
    贷：主营业务成本   6 000

（2）其他业务成本

其他业务成本是指企业确认的除主营业务活动以外的其他日常经营活动所发生的支出。其他业务成本包括销售材料的成本、出租固定资产的折旧额、出租无形资产的摊销额、出租包装物的成本或摊销额等。其他业务成本按其他业务成本的种类进行明细核算；期末，将主营业务成本的余额转入"本年利润"账户，结转后本账户无余额。

课堂训练 5-16 2021年12月10日，北京松北电器公司销售一批原材料。开具的增值税专用发票上注明的价款为5 000元、增值税税额为650元，款项已由银行收妥。该批原材料的实际成本为3 000元。该项销售业务属于某一时点履行的履约义务。

（1）销售实现时

  借：银行存款   5 650
    贷：其他业务收入   5 000
      应交税费——应交增值税（销项税额）   650
  借：其他业务成本   3 000
    贷：库存商品   3 000

（2）期末，将主营业务成本结转至本年利润时

  借：本年利润   3 000
    贷：其他业务成本   3 000

2. 税金及附加

税金及附加是指企业经营活动应负担的相关税费，包括消费税、城市维护建设税、教育费附加、资源税、环境保护税、土地增值税、房产税、城镇土地使用税、车船税、印花税、耕地占用税、契税、车辆购置税等。期末，将税金及附加的余额转入"本年利润"账户，结转后本账户无余额。

课堂训练 5-17 2021年12月，北京松北电器公司当月实际缴纳增值税30 000元、消费税15 000元。城市维护建设税税率为7%，教育费附加征收率为3%。

（1）计算确认应缴城市维护建设税和教育费附加时

城市维护建设税税额＝(30 000＋15 000)×7%＝3 150（元）

教育费附加金额＝(30 000＋15 000)×3%＝1 350（元）

借：税金及附加　　　　　　　　　　　　　　　　　4 500
　　贷：应交税费——应交城市维护建设税　　　　　　　3 150
　　　　应交税费——应交教育费附加　　　　　　　　　1 350
借：其他业务成本　　　　　　　　　　　　　　　　3 000
　　贷：库存商品　　　　　　　　　　　　　　　　　　3 000

（2）实际缴纳城市维护建设税和教育费附加时

借：应交税费——应交城市维护建设税　　　　　　　3 150
　　应交税费——应交教育费附加　　　　　　　　　1 350
　　贷：银行存款　　　　　　　　　　　　　　　　　　4 500

3. 期间费用

期间费用是指企业日常活动发生的不能计入特定核算对象的成本，而应计入发生当期损益的费用。期间费用包括销售费用、管理费用和财务费用。

（1）销售费用

销售费用是指企业销售商品和材料、提供服务的过程中发生的各种费用。本账户以费用项目进行明细核算，包括保险费、包装费、展览费和广告费、商品维修费、预计产品质量保证损失、运输费、装卸费及为销售本企业商品而专设的销售机构（含销售网点、售后服务网点等）的职工薪酬、业务费、折旧费等经营费用。期末，将销售费用的余额转入"本年利润"账户，结转后本账户无余额。

课堂训练 5-18 2021年12月1日，北京松北电器公司（增值税一般纳税人）为宣传新产品发生广告费。取得的增值税专用发票上注明的价款为200 000元、增值税税额为12 000元。价税款用银行存款支付。

借：销售费用——广告费　　　　　　　　　　　　　200 000
　　应交税费——应交增值税（进项税额）　　　　　12 000
　　贷：银行存款　　　　　　　　　　　　　　　　　　212 000

课堂训练 5-19 2021年12月31日，北京松北电器公司将"销售费用"账户余额220 000元结转至"本年利润"账户。

借：本年利润　　　　　　　　　　　　　　　　　　220 000
　　贷：销售费用　　　　　　　　　　　　　　　　　　220 000

（2）管理费用

管理费用是指企业为组织和管理生产经营发生的各种费用，主要包括企业董事会和行政管理部门在企业经营管理中发生的，或者应当由企业统一负担的公司经费、工会经费、待业保险费、劳动保险费、董事会费、聘请中介机构费、咨询费、诉讼费、业务招待费、办公费、差旅费、邮电费、绿化费、管理人员工资及福利费等。期末，将管理费用的余额转入"本年利润"账户，结转后本账户无余额。

商品流通企业管理费用不多的，可不设置"管理费用"账户，相关核算内容并入"销售费用"账户核算。

课堂训练 5-20 2021年12月31日，北京松北电器公司计提管理部门固定资产折旧20 000元、摊销公司管理部门用无形资产成本20 000元。

借：管理费用　　　　　　　　　　　　　　　　　　40 000
　　贷：累计折旧　　　　　　　　　　　　　　　　　　20 000
　　　　累计摊销　　　　　　　　　　　　　　　　　　20 000

课堂训练 5-21 2021年12月31日，北京松北电器公司将"管理费用"账户余额80 000元结转至"本年利润"账户。

借：本年利润　　　　　　　　　　　　　　　　　　80 000
　　贷：管理费用　　　　　　　　　　　　　　　　　　80 000

（3）财务费用

财务费用是指企业为筹集生产经营所需资金等而发生的筹资费用，包括企业生产经营期间发生的利息支出（减利息收入）、汇兑损益（有的企业，如商品流通企业、保险企业进行单独核算，不包括在财务费用中）、金融机构手续费、企业发生的现金折扣或收到的现金折扣等。"财务费用"账户应按财务费用的费用项目进行明细核算；期末，将管理费用的余额转入"本年利润"账户，结转后本账户无余额。

课堂训练 5-22 2021年12月31日，北京松北电器公司用银行存款支付本月应负担的短期借款利息25 440元。

借：财务费用——利息支出　　　　　　　　　　　　25 440
　　贷：银行存款　　　　　　　　　　　　　　　　　　25 440

课堂训练 5-23 2021年12月31日，北京松北电器公司在购买材料业务中获得对方给予的现金折扣4 000元（假定不考虑增值税）。

借：应付账款　　　　　　　　　　　　　　　　　　4 000
　　贷：财务费用　　　　　　　　　　　　　　　　　　4 000

课堂训练 5-24 2021年12月31日，北京松北电器公司将"财务费用"账户余额22 940元结转至"本年利润"账户。

借：本年利润　　　　　　　　　　　　　　　　　　22 940
　　贷：财务费用　　　　　　　　　　　　　　　　　　22 940

（二）任务要领

① 注意区分各项经济业务归属的具体费用项目。

② 营业成本、期间费用期末结转至"本年利润"账户后无余额。

三、任务实施

（一）任务流程（见图 5-4）

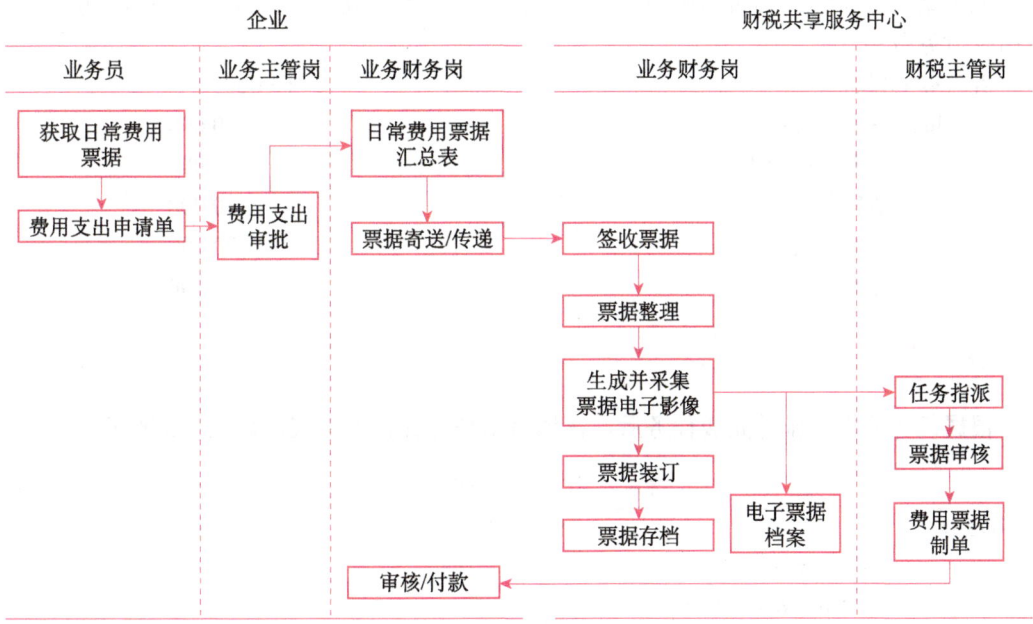

图 5-4　费用核算的流程

（二）任务操作

任务操作

步骤 1　进行各项业务的账务处理。

（1）北京陈鸿商贸有限责任公司出租专利时

每月摊销额 =240 000÷10÷12=2 000（元）

借：其他业务成本	2 000
贷：累计摊销	2 000

（2）北京陈鸿商贸有限责任公司支付保险费时

借：销售费用——保险费	10 000
应交税费——应交增值税（进项税额）	600
贷：银行存款	10 600

（3）北京陈鸿商贸有限责任公司支付业务招待费时

借：管理费用——业务招待费	20 000
贷：银行存款	20 000

（4）北京陈鸿商贸有限责任公司计提利息时

借：财务费用——利息支出	1 000
贷：应付利息	1 000

（5）结转 12 月份已销售电器 A、电器 B 两种产品时

借：主营业务成本	30 000

```
贷：库存商品——电器 A                                   10 000
    库存商品——电器 B                                   20 000
```

步骤 2　结转至"本年利润"账户。

期末结转北京陈鸿商贸有限责任公司主营业务成本、其他业务成本、销售费用、管理费用及财务费用。

```
借：本年利润                                           63 000
    贷：主营业务成本                                    30 000
        其他业务成本                                     2 000
        销售费用                                        10 000
        管理费用                                        20 000
        财务费用                                         1 000
```

四、任务评价

根据任务要求实施并完成任务后，请填写本任务评价参考表，如表 5-3 所示。

表 5-3　费用核算评价参考表

评价主体	评价内容	得分
教师评价 （50 分）	1. 学生出勤情况（10 分）	
	2. 学生课堂表现（10 分）	
	3. 任务完成情况	
	（1）营业成本相关的账务处理（10 分）	
	（2）费用相关的账务处理（10 分）	
	（3）期末结转的账务处理（10 分）	
自我评价 （50 分）	1. 课前预习情况（10 分）	
	2. 上课回答问题积极性（10 分）	
	3. 所学知识掌握情况	
	（1）营业成本相关的账务处理（10 分）	
	（2）费用相关的账务处理（10 分）	
	（3）期末结转的账务处理（10 分）	
合　　计		

五、任务拓展

2021 年 12 月 2 日，北京陈鸿商贸有限责任公司向北京祥盛物业有限公司支付当月房租，以转账支票付款 3 150 元。

要求：根据原始凭证进行北京陈鸿商贸有限责任公司支付房租的账务处理并填制记账凭证。

参考答案

在线测试

六、任务测试

任务三　税金核算

一、任务情境

（一）任务场景

北京陈鸿商贸有限责任公司为增值税一般纳税人，增值税税率为13%。2021年12月发生以下经济业务。

① 5日，外购原材料脱水电动机一批。取得的货物增值税专用发票上注明的价款为200万元、增值税税额为26万元；取得的运费增值税专用发票注明的运费为6万元、增值税税额为0.54万元。脱水电动机已验收入库，款项已经通过银行转账支付。

② 10日，销售全自动波轮式洗衣机一批。不含税收入300万元。款项已经收到。

③ 15日，为对外销售的一批全自动波轮式洗衣机提供运输服务。不含税收入5万元。款项未收，适用的税率为9%。

④ 20日，本月公司因签订购销合同，用银行存款购买印花税税票0.6万元。

⑤ 30日，计算城市维护建设税和教育费附加、地方教育费附加。

（二）任务布置

① 完成北京陈鸿商贸有限责任公司12月份业务所涉及的税款计算。

② 对北京陈鸿商贸有限责任公司12月份发生的涉税业务进行账务处理。

二、任务准备

（一）知识准备

企业根据税法规定应缴纳的各种税费包括增值税、消费税、城市维护建设税、企业所得税、土地增值税、资源税、房产税、车船税、城镇土地使用税、教育费附加、印花税、耕地占用税、契税、环境保护税、车辆购置税等。

企业应通过"应交税费"账户，总括反映各种税费的应缴、缴纳等情况。

企业代扣代缴的个人所得税，也通过"应交税费"账户核算，而企业缴纳的印花税、耕地占用税、契税、车辆购置税等不需要预计应缴数的税金，不通过"应交税费"账户核算。

1. 应缴增值税

（1）增值税概述

① 增值税征税范围和纳税义务人。

增值税是以商品（含应税劳务、应税行为）在流转过程中实现的增值额作为计税依据而征收的一种流转税。根据经营规模大小及会计核算水平的健全程度，增值税纳税人分为一般纳税人和小规模纳税人。

增值税的特点

② 增值税的一般计税方法。

一般纳税人销售货物或提供应税劳务，首先按当期销售额和适用的税率计算出销项税额，然后以该销项税额对当期购进项目支付的税款（即进项税额）进行抵扣，间接计算出当期的应纳税额。增值税一般纳税人采用的四档税率，分别为13%、9%、6%和零税率。

一般计税方法的应纳税额的计算公式为：

$$应纳税额 = 当期销项税额 - 当期进项税额$$

$$销项税额 = 不含税销售额 \times 增值税税率$$

$$不含税销售额 = 含税销售额 \div (1 + 增值税税率)$$

取得销售收入时的会计分录如下。

借：银行存款等
　　贷：主营业务收入
　　　　应交税费——应交增值税（销项税额）

③ 增值税的简易计税方法。

增值税的简易计税方法按照销售额与征收率的乘积计算应纳税额，不得抵扣进项税额。简易计税方法的应纳税额的计算公式为：

$$应纳税额 = 不含税销售额 \times 征收率（3\%或5\%）$$

增值税一般纳税人计算增值税大多采用一般计税方法；小规模纳税人一般采用简易计税方法；一般纳税人销售服务、无形资产或不动产符合规定的，也可以采用简易计税方法。

（2）一般纳税人销售等业务的账务处理。

为了核算企业应缴增值税的发生、抵扣、缴纳、退税及转出等情况，增值税一般纳税人应在"应交税费"账户下设置如表5-4所示的明细账户，在"应交增值税"明细账户下设置如表5-5所示的专栏。

表5-4　"应交税费"账户的明细账户

	二级明细账户	核算内容
应交税费	应交增值税	月末应缴的增值税税额
	未交增值税	月末应缴未缴、多缴或预缴的增值税税额，以及当月缴纳以前期间未缴的增值税税额
	预交增值税	预缴的增值税税额
	待抵扣进项税额	已取得增值税扣税凭证并经税务机关认证，准予以后期间从销项税额中抵扣的进项税额
	待认证进项税额	未经税务机关认证而不得从当期销项税额中抵扣的进项税额
	待转销项税额	已确认收入（或利得）但尚未发生增值税纳税义务而需要以后期间确认为销项税额的增值税税额
	简易计税	一般纳税人采用简易计税方法发生的增值税
	转让金融商品应交增值税	转让金融商品发生的增值税税额
	代扣代交增值税	为在境内未设经营机构的境外单位或个人在境内的应税行为代扣代缴的增值税税额

单元五 商品销售业务

表 5-5 "应交增值税"明细账户下的专栏

专　栏	核算内容
进项税额	准予从当期销项税额中抵扣的增值税税额
销项税额抵减	因扣减销售额而减少的销项税额
已交税金	当月已缴纳的应缴增值税税额
转出未/多交增值税	转出当月应缴未缴或多缴的增值税税额
减免税款	准予减免的增值税税额
出口抵减内销产品应纳税额	出口货物的进项税额抵减内销产品的应纳税额
出口退税	出口退回的增值税税额
销项税额	销售应收取的增值税税额
进项税额转出	不应从销项税额中抵扣，按规定转出的进项税额

（第一列合并单元格："应交增值税"）

① 取得资产、接受劳务或服务。

一般纳税人购进货物、加工修理修配劳务、服务、无形资产或不动产的账务处理如下：

借：材料采购／生产成本／管理费用等
　　应交税费——应交增值税（进项税额）
　贷：银行存款等

课堂训练 5—25 北京陈鸿商贸有限责任公司为增值税一般纳税人，适用的增值税税率为 13%。2021 年 12 月份，发生如下交易或事项。

1）10 日，购入一批洗衣桶并验收入库，实际成本 100 000 元。同日，与运输公司结清运输费用。增值税专用发票上注明的运输费用为 2 000 元、增值税税额为 180 元。运输费用和增值税税额已用转账支票付讫。

借：原材料——洗衣桶　　　　　　　　　　　　　　102 000
　　应交税费——应交增值税（进项税额）　　　　　　13 180
　贷：银行存款　　　　　　　　　　　　　　　　　　115 180

2）20 日，购入不需要安装的生产设备一台。增值税专用发票上注明的价款为 50 000 元、增值税税额为 6 500 元。款项尚未支付。

借：固定资产　　　　　　　　　　　　　　　　　　50 000
　　应交税费——应交增值税（进项税额）　　　　　　6 500
　贷：应付账款　　　　　　　　　　　　　　　　　　56 500

② 销售等业务。

（1）企业销售货物、提供劳务或提供应税服务。

借：银行存款等
　贷：主营业务收入
　　　应交税费——应交增值税（销项税额）
　　　应交税费——简易计税

课堂训练 5—26 2021 年 12 月 10 日，北京陈鸿商贸有限责任公司销售全自动波轮式洗衣机一批。开具的增值税专用发票上注明的价款为 80 000 元、增值税税额为 10 400 元。提货单和增值税专用发票已交给买方，款项尚未收到。

  借：应收账款   90 400
    贷：主营业务收入   80 000
      应交税费——应交增值税（销项税额） 10 400

（2）视同销售。

  企业有些交易和事项的发生按照现行增值税制度的规定，应视同对外销售处理，计算应缴的增值税税额。视同销售需要缴纳增值税的事项主要有：将自产、委托加工的货物用于集体福利、个人消费；将自产、委托加工或购买的货物用于投资、分配、捐赠等。这些行为，应该按照现行增值税制度的规定计算销项税额。

  借：长期股权投资/应付职工薪酬/利润分配等
    贷：应交税费——应交增值税（销项税额）
      应交税费——简易计税

课堂训练 5-27 2021年12月份，北京陈鸿商贸有限责任公司发生如下交易或事项。

1）9日，该公司以生产的全自动波轮式洗衣机对外捐赠。该批产品的实际成本为100 000元、售价为130 000元。开具的增值税专用发票上注明的增值税税额为16 900元。

  借：营业外支出   116 900
    贷：库存商品   100 000
      应交税费——应交增值税（销项税额） 16 900

2）10日，该公司以原材料一批洗衣桶对外进行长期股权投资。该批洗衣桶实际成本为300 000元，双方协商不含税价格为350 000元。开具的增值税专用发票上注明的增值税税额为45 500元。

  借：长期股权投资   395 500
    贷：其他业务收入   350 000
      应交税费——应交增值税（销项税额） 45 500
  借：其他业务成本   300 000
    贷：原材料——洗衣桶   300 000

③缴纳增值税。

  借：应交税费——应交增值税（已交税金）
    贷：银行存款

课堂训练 5-28 2021年12月，北京陈鸿商贸有限责任公司当月发生销项税额合计326 400元、增值税进项税额转出合计36 800元、增值税进项税额合计为359 700元。

  北京陈鸿商贸有限责任公司当月应缴增值税税额=326 400+36 800-359 700=3 500（元）
  12月30日，用银行存款缴纳增值税税款3 500元。

  借：应交税费——应交增值税（已交税金）   3 500
    贷：银行存款   3 500

④月末转出多缴增值税和未缴增值税。

  月度终了，企业应当将当月应缴未缴或多缴的增值税税额自"应交增值税"明细账户转入"未交增值税"明细账户。

（1）对于当月应缴未缴的增值税。

借：应交税费——应交增值税（转出未交增值税）
　　　　贷：应交税费——未交增值税
（2）对于当月多缴的增值税。
　　借：应交税费——未交增值税
　　　　贷：应交税费——应交增值税（转出多交增值税）

课堂训练 5-29 2021年12月30日，北京陈鸿商贸有限责任公司将尚未缴纳的其余增值税税款500元进行转账。

　　借：应交税费——应交增值税（转出未交增值税）　　500
　　　　贷：应交税费——未交增值税　　　　　　　　　　　500

12月份，北京陈鸿商贸有限责任公司缴纳11月份未缴增值税500元。

　　借：应交税费——未交增值税　　　　　　　　　　500
　　　　贷：银行存款　　　　　　　　　　　　　　　　　500

⑤ 小规模纳税人的账务处理。

小规模纳税人核算增值税采用简化的方法，即购进货物、应税服务或应税行为，取得的增值税专用发票上注明的增值税税额，一律不准抵扣，直接计入相关成本费用或资产。小规模纳税人销售货物、应税服务或应税行为时，按照不含税的销售额和规定的增值税征收率计算应缴纳的增值税税额，但不得开具增值税专用发票。小规模纳税人进行账务处理时，只需要在"应交税费"账户下设置"应交增值税"明细账户。该明细账户不设置专栏。

小规模纳税人增值税应纳税额的计算公式为：

$$应纳税额 = 不含税销售额 \times 征收率$$

$$不含税销售额 = 含税销售额 \div (1+征收率)$$

（1）小规模纳税人购进货物、应税服务或应税行为。

　　借：材料采购、原材料或库存商品等
　　　　贷：应付账款、银行存款等

（2）销售货物、应税服务或应税行为。

　　借：银行存款等
　　　　贷：主营业务收入
　　　　　　应交税费——应交增值税

课堂训练 5-30 甲公司为增值税小规模纳税人，适用的增值税征收率为3%，原材料按实际成本核算。该公司发生经济交易如下。

1）购入原材料排水装置一批。取得的增值税普通发票中注明的价款为11 300元。款项以银行存款支付，材料验收入库。

　　借：原材料——排水装置　　　　　　　　　　　11 300
　　　　贷：银行存款　　　　　　　　　　　　　　　　11 300

2）销售双桶波轮式洗衣机一批。所开出的增值税普通发票上注明的价款（含税）为20 600元。款项已存入银行。

　　借：银行存款　　　　　　　　　　　　　　　　20 600
　　　　贷：主营业务收入　　　　　　　　　　　　　　20 000
　　　　　　应交税费——应交增值税　　　　　　　　　　600

不含税销售额 =20 600÷（1+3%）=20 000（元）

2.应缴消费税

（1）消费税概述

消费税是指在我国境内生产、委托加工和进口应税消费品的单位与个人，按其流转额缴纳的一种税。

（2）消费税的纳税人

消费税的纳税人是生产并销售应税消费品、委托加工应税消费品和进口应税消费品的单位与个人。

（3）消费税的征税范围

① 过度消费会对人身健康、社会秩序、生态环境等方面造成危害的特殊消费品，如烟、酒、鞭炮焰火、电池、涂料，纳入征税范围，以抑制消费。

② 非生活必需品、奢侈品等高档消费品，如高档化妆品、贵重首饰及珠宝玉石、高尔夫球及球具、高档手表、游艇，纳入征税范围，以体现多收入者多纳税，进而调节收入分配。

③ 高能耗消费品，如小汽车、摩托车，纳入征税范围，以降低能耗、减少污染。

④ 不可再生和不可替代的稀缺资源消费品，如成品油、实木地板、木制一次性筷子，纳入征税范围，以限制消费、节约资源。

消费税的税目不是一成不变的，随着经济的发展会进行调整。

（4）消费税的征收方法

① 从价定率。

消费税税额=不含增值税销售额×税率

② 从量定额。

消费税税额=数量×单位税额

③ 复合计税。

消费税税额=不含增值税售价×税率+数量×单位税额

不含税销售额=含增值税销售额÷（1+13%或9%等）

（5）应缴消费税的账务处理

企业应在"应交税费"账户下设置"应交消费税"明细账户，核算应缴消费税的发生、缴纳情况。

① 销售应税消费品。

借：税金及附加

　　贷：应交税费——应交消费税

课堂训练 5-31 北京陈鸿商贸有限责任公司销售所生产的高档化妆品，价款 100 000 元（不含增值税）。开具的增值税专用发票上注明的增值税税额为 13 000 元，适用的消费税税率为 30%。款项已存入银行。

（1）取得价款和税款时

借：银行存款　　　　　　　　　　　　　　　　　　113 000

　　贷：主营业务收入　　　　　　　　　　　　　　100 000

　　　　应交税费——应交增值税（销项税额）　　　 13 000

（2）计算应缴纳的消费税
应纳消费税税额＝100 000×30%＝30 000（元）
借：税金及附加　　　　　　　　　　　　　　　　30 000
　　贷：应交税费——应交消费税　　　　　　　　　　　30 000
② 自产自用应税消费品。
借：在建工程
　　营业外支出（用于捐赠）
　　税金及附加（用于职工福利或对外投资）
　　贷：应交税费——应交消费税

课堂训练 5-32 北京陈鸿商贸有限责任公司为增值税一般纳税人。在建工程领用自产柴油的成本为 50 000 元、应纳消费税税额为 6 000 元，则企业计入在建工程中的金额为（　　）元。
　　A. 50 000　　　B. 60 200　　　C. 66 200　　　D. 56 000
答案为 D

3. 其他应缴税费

（1）应缴资源税

资源税是对在我国境内开采矿产品或生产盐的单位和个人征收的一种税。对销售应税产品应缴纳的资源税应记入"税金及附加"账户。

① 对外销售时。
借：税金及附加
　　贷：应交税费——应交资源税
② 自产自用应税产品时。
借：生产成本、制造费用等
　　贷：应交税费——应交资源税
③ 缴纳资源税时。
借：应交税费——应交资源税
　　贷：银行存款

课堂训练 5-33 北京陈鸿商贸有限责任公司自产自用的应税矿产品应缴的资源税，可能计入（　　）。
　　A. 主营业务成本　　　　　　　B. 制造费用
　　C. 生产成本　　　　　　　　　D. 税金及附加
答案为 B、C

（2）应缴城市维护建设税

城市维护建设税是以增值税和消费税为计税依据征收的一种税。其纳税人为缴纳增值税和消费税的单位和个人，以纳税人实际缴纳的增值税和消费税为计税依据并分别与两项税金同时缴纳。其税率因纳税人的所在地不同而不同：市区 7%；县城、镇 5%；不在市区、县城或镇的 1%。其计算公式为：

应纳税额＝（实际缴纳的增值税＋实际缴纳的消费税）×适用税率

① 企业按规定计算应缴纳的城市维护建设税时。
借：税金及附加

贷：应交税费——应交城市维护建设税
②实际缴纳时。
　　借：应交税费——应交城市维护建设税
　　贷：银行存款

课堂训练 5-34 北京陈鸿商贸有限责任公司本期实际缴纳增值税21万元、消费税18万元。适用的城市维护建设税税率为7%。

　　借：税金及附加　　　　　　　　　　　　　　　　　　　27 300
　　　　贷：应交税费——应交城市维护建设税　　　　　　　　　　27 300

（3）应缴教育费附加及地方教育费附加

教育费附加是为了加快发展地方教育事业、扩大地方教育经费资金来源而向企业征收的附加费用；地方教育附加是各省、自治区、直辖市根据国家有关规定，为实施"科教兴省"战略，增加地方教育的资金投入，促进本省、自治区、直辖市教育事业发展，开征的一项地方政府性基金。教育费附加及地方教育费附加以各单位实际缴纳的增值税、消费税的税额为计税依据，按一定比例分别与增值税、消费税同时缴纳。其计算公式为：

　　教育费附加＝（实际缴纳的增值税＋实际缴纳的消费税）×3%
　　地方教育费附加＝（实际缴纳的增值税＋实际缴纳的消费税）×2%

　　借：税金及附加
　　　　贷：应交税费——应交教育费附加
　　　　　　应交税费——应交地方教育费附加

课堂训练 5-35 北京陈鸿商贸有限责任公司按税法规定计算，2021年度第四季度应缴教育费附加2万元、应缴地方教育费附加1.3万元。款项已经用银行存款支付。

（1）应缴纳的教育费附加
　　借：税金及附加　　　　　　　　　　　　　　　　　　　33 000
　　　　贷：应交税费——应交教育费附加　　　　　　　　　　　　20 000
　　　　　　应交税费——应交地方教育费附加　　　　　　　　　　13 000

（2）缴纳教育费附加
　　借：应交税费——应交教育费附加　　　　　　　　　　　　20 000
　　　　应交税费——应交地方教育费附加　　　　　　　　　　13 000
　　　　贷：银行存款　　　　　　　　　　　　　　　　　　　33 000

（4）应缴土地增值税

土地增值税是对转让国有土地使用权、地上的建筑物及其附着物并取得增值性收入的单位和个人所征收的一种税。土地增值税按照转让房地产所取得的增值额和规定的税率计算征收。转让房地产的增值额是转让收入减去税法规定扣除项目金额后的余额；扣除项目主要包括取得土地使用权所支付的金额、开发土地的成本及费用、新建房及配套设施的成本及费用、与转让房地产有关的税金、旧房及建筑物的评估价格、财政部确定的其他扣除项目等。土地增值税采用四级超率累进税率，最低税率为30%，最高税率为60%。

根据企业对房地产核算方法的不同，企业应缴土地增值税的账务处理也有区别，如表5-6所示。

表 5-6　不同企业土地增值税的处理方法

企　业	核算方法	账务处理
普通企业	土地使用权连同地上建筑物及其附着物一并在"固定资产"账户核算的	借：固定资产清理 　　贷：应交税费——应交土地增值税
	土地使用权在"无形资产"账户核算的	借：银行存款 　　累计摊销 　　无形资产减值准备 　　贷：无形资产 　　　　应交税费——应交土地增值税 按其差额，借记或贷记"资产处置损益"账户
房地产开发经营企业	销售房地产应缴纳的土地增值税	借：税金及附加 　　贷：应交税费——应交土地增值税

课堂训练 5—36 北京陈鸿商贸有限责任公司对外转让一栋厂房。根据税法规定计算的应缴土地增值税为 30 000 元。

借：固定资产清理　　　　　　　　　　　　　　　30 000
　　贷：应交税费——应交土地增值税　　　　　　　　　30 000

（5）应缴房产税、城镇土地使用税、车船税

房产税是国家对在城市、县城、建制镇和工矿区的产权所有人征收的一种税。房产税依照房产原值一次减去 10% 至 30% 后的余额计算缴纳；城镇土地使用税以城市、县城、建制镇、工矿区范围内使用土地的单位和个人为纳税人，以其实际占用的土地面积和规定的税额计算征收；车船税是以车辆、船舶为征税对象，向车船的所有人或管理人征收的一种税。

企业应缴的房产税、城镇土地使用税、车船税，记入"税金及附加"账户。

借：税金及附加
　　贷：应交税费——应交房产税
　　　　应交税费——应交城镇土地使用税
　　　　应交税费——应交车船税

（6）应缴个人所得税

企业职工按规定应缴纳的个人所得税通常由单位代扣代缴。企业按规定计算代扣代缴的职工个人所得税时，应做如下账务处理。

借：应付职工薪酬——工资
　　贷：应交税费——应交个人所得税

企业缴纳个人所得税时，应做如下账务处理。

借：应交税费——应交个人所得税
　　贷：银行存款

（二）任务要领

① 了解增值税的计税原理，能够进行销项税额、进项税额的计算。
② 根据税收的征税范围、征税对象及计税方法计算应纳税额。
③ 根据增值税的价外税原理，将计算出的增值税税额计入销项或进项税额。

④ 将消费税、城市维护建设税、资源税等价内税记入"税金及附加"账户。

⑤ 车船税、车辆购置附加税、印花税等不需要预计应缴数的，不能通过"应交税费"账户核算。

三、任务实施

（一）任务流程（见图 5-5）

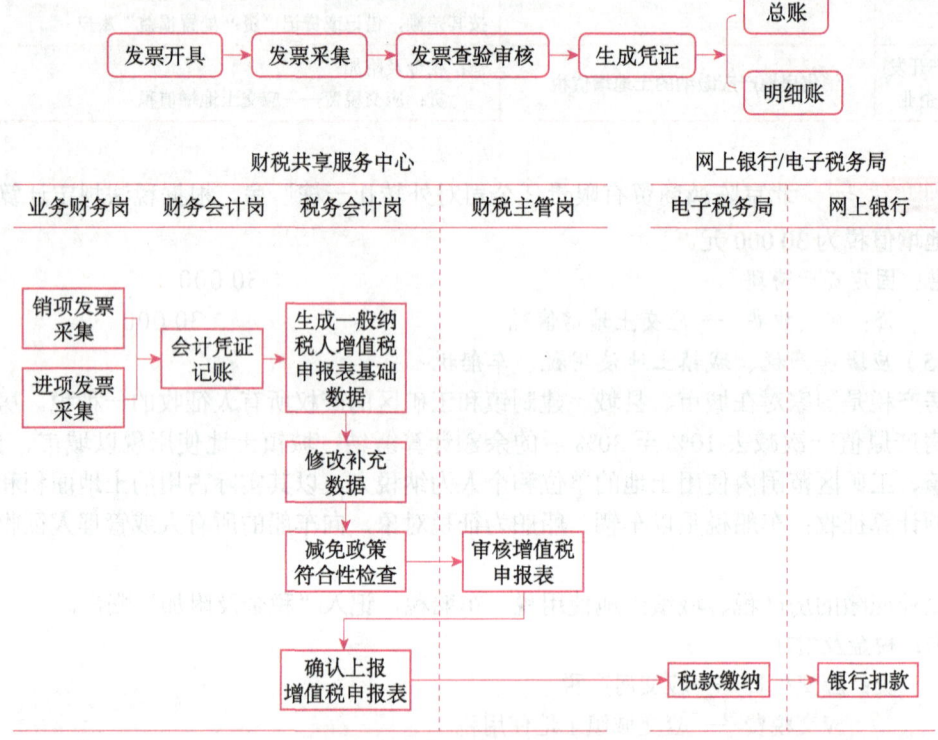

图 5-5　税金核算的流程

（二）任务操作

步骤 1　计算本月的进项税额。

进项税额 =26+0.54=26.54（万元）

步骤 2　计算本月的销项税额。

销项税额 =300×13%+5×9%=39.45（万元）

步骤 3　计算应缴增值税税额。

应缴增值税税额 = 销项税额 − 进项税额 =39.45−26.54=12.91（万元）

步骤 4　计算应缴城市维护建设税、教育费附加、地方教育费附加。

应缴城市维护建设税税额 =12.91×7%≈0.9（万元）

应缴教育费附加金额 =12.91×3%≈0.39（万元）

应缴地方教育费附加金额 =12.91×2%≈0.26（万元）

步骤 5　进行账务处理。

(1) 借：原材料　　　　　　　　　　　　　　　　　2 060 000
　　　　应交税费——应交增值税（进项税额）　　　 265 400
　　　贷：银行存款　　　　　　　　　　　　　　　　2 325 400
(2) 借：银行存款　　　　　　　　　　　　　　　　　3 390 000
　　　贷：主营业务收入　　　　　　　　　　　　　　3 000 000
　　　　　应交税费——应交增值税（销项税额）　　　 390 000
(3) 借：银行存款　　　　　　　　　　　　　　　　　 54 500
　　　贷：其他业务收入　　　　　　　　　　　　　　 50 000
　　　　　应交税费——应交增值税（销项税额）　　　 4 500
(4) 借：税金及附加　　　　　　　　　　　　　　　　 6 000
　　　贷：银行存款　　　　　　　　　　　　　　　　 6 000
(5) 借：税金及附加　　　　　　　　　　　　　　　　 15 500
　　　贷：应交税费——应交城市维护建设税　　　　 9 000
　　　　　应交税费——应交教育费附加　　　　　　 3 900
　　　　　应交税费——应交地方教育费附加　　　　 2 600

四、任务评价

根据任务要求实施并完成任务后，请填写本任务评价参考表，如表 5-7 所示。

表 5-7　税金核算评价参考表

评价主体	评价内容	得　分
教师评价 （50 分）	1. 学生出勤情况（10 分）	
	2. 学生课堂表现（10 分）	
	3. 任务完成情况	
	（1）应缴增值税的计算与涉税业务处理（10 分）	
	（2）应缴消费税的计算与涉税业务处理（10 分）	
	（3）其他税种的计算与涉税业务处理（10 分）	
自我评价 （50 分）	1. 课前预习情况（10 分）	
	2. 上课回答问题积极性（10 分）	
	3. 所学知识掌握情况	
	（1）应缴增值税的计算与涉税业务处理（10 分）	
	（2）应缴消费税的计算与涉税业务处理（10 分）	
	（3）其他税种的计算与涉税业务处理（10 分）	
合　计		

五、知识拓展

知识拓展

六、任务拓展

北京陈鸿商贸有限责任公司为增值税一般纳税人，适用的增值税税率为13%。2021年12月发生以下经济业务。

（1）2日，购入原材料PCM彩钢板一批。增值税专用发票上注明的价款为80 000元、增值税税额为10 400元。材料已经验收入库，款项已经支付。

（2）5日，购入一台不需要安装的生产设备。增值税专用发票上注明的价款为20 000元、增值税税额为2 600元。款项已经支付。

（3）15日，该公司购进一批电气控制系统。增值税专用发票上注明的价款为10 000元、增值税税额为1 300元。款项已经通过银行存款支付。

（4）18日，销售一批全自动波轮式洗衣机。增值税专用发票上注明的价款为150 000元、增值税税额为19 500元。款项尚未收到。

（5）20日，生产销售一批应税消费品。售价为80 000元，消费税税率为10%。款项已经收到。

（6）该公司实际缴纳增值税16 000元、消费税8 000元。城市维护建设税税率为7%、教育费附加为3%、地方教育费附加为2%。

要求：

（1）计算相关税金。
（2）进行相关的账务处理。

参考答案

七、任务测试

在线测试

任务四　往来账资产核算

一、任务情境

（一）任务场景

北京陈鸿商贸有限责任公司为增值税一般纳税人。2021年12月发生以下经济业务。

① 1日，向北京味道全餐饮有限公司销售矿泉水2 000箱。每箱30元，增值税专用发票上注明的价款为60 000元、增值税税额为7 800元。10日收到货款。

② 1日，向北京爱佳生活超市有限公司（为增值税一般纳税人）销售1 600箱糖心苹果和300箱方便面。其中，糖心苹果单价90元/箱，增值税税率9%；方便面单价60元/箱，增值税税率13%。增值税专用发票上注明的价款合计162 000元、增值税税额为15 300元。货款尚未收到，已办妥托收手续。15日，北京陈鸿商贸有限责任公司收到北京爱佳生活超市有限公司寄来的一张期限为3个月的银行承兑汇票，面值为177 300元，

用于抵付销售价款和增值税税款。15 日，票据到期，北京陈鸿商贸有限责任公司收回票面金额 177 300 元，存入银行。

③ 10 日，销售糖心苹果 400 箱给北京爱佳生活超市有限公司。增值税专用发票上注明的价款为 36 000 元、增值税税额为 3 240 元。公司为了及早收回货款在合同中规定的现金折扣条件为"2/10，1/20，n/30"。买方在 24 日付清货款。假定计算现金折扣时不考虑增值税。

④ 10 日，向北京面面聚食品有限公司（为增值税一般纳税人）采购方便面 2 000 箱。每箱 35 元，所需支付的款项总额 70 000 元。按照合同规定，需要预付货款的 50%，验收货物后补付其余款项。当日收到 2 000 箱方便面，验收无误。增值税专用发票上注明的价款为 70 000 元、增值税税额为 9 100 元。以银行存款补付所欠货款 44 100 元。

⑤ 15 日，向海淀某公司租入包装物一批。以银行存款向海淀某公司支付押金 10 000 元。按期如数向海淀某公司返回所租包装物，并收到海淀某公司退还的押金 10 000 元。已存入银行。

⑥ 31 日，公司应收北京爱佳生活超市有限公司的账款余额为 1 000 000 元，公司根据《企业会计准则》确定应计提坏账准备的金额为 100 000 元。2022 年 6 月，应收北京爱佳生活超市有限公司的销售货款实际发生坏账损失 30 000 元。北京陈鸿商贸有限责任公司 2022 年 12 月 31 日应收北京爱佳生活超市有限公司的账款余额为 1 200 000 元。2023 年 1 月 20 日，北京陈鸿商贸有限责任公司收回 2022 年已做坏账转销的应收账款 20 000 元。已存入银行。

（二）任务布置

根据以上业务描述，利用财天下处理北京陈鸿商贸有限责任公司的上述业务。

二、任务准备

（一）知识准备

1. 应收账款概述

（1）应收账款的概念

应收账款是指企业因销售商品、提供服务等经营活动，应向购货单位或接受服务单位收取的款项，主要包括企业销售商品或提供服务等应向有关债务人收取的价款及代购货单位垫付的包装费、运杂费等。

（2）应收账款的核算

为了反映和监督应收账款的增减变动及其结存情况，企业应设置"应收账款"账户，借方登记应收账款的增加，贷方登记应收账款的收回及确认的坏账损失；期末余额一般在借方，反映企业尚未收回的应收账款；如果期末余额在贷方，则一般为企业的预收账款。该账户按债务人进行明细核算。

课堂训练 5-37 北京陈鸿商贸有限责任公司采用托收承付结算方式销售一批电视机。增值税专用发票上注明的价款为 500 万元、增值税税额为 65 万元。代为购货方垫付包装费 2 万元、运输费 3 万元（不含增值税）。已办妥托收手续。假定不考虑其他因素。

借：应收账款　　　　　　　　　　　　　　　5 700 000
　　贷：主营业务收入　　　　　　　　　　　　　　　5 000 000

    应交税费——应交增值税（销项税额）   650 000
    银行存款   50 000

2. 应收票据概述

（1）应收票据的定义

  应收票据是指企业因销售商品、提供服务等收到的商业汇票。应收票据的入账价值包括销售价款、增值税销项税额，以及代购货单位垫付的包装费、运杂费、保险费等。为了反映和监督企业应收票据的取得、票款收回等情况，应当设置"应收票据"账户，借方登记企业取得的应收票据的面值，贷方登记到期收回票款或到期前向银行贴现的应收票据的票面余额；期末余额在借方，反映企业期末实际持有的商业汇票的票面余额。

（2）应收票据的核算

①应收票据的取得与收回。

  企业因销售商品、提供劳务等收到商业汇票时，按票面金额，借记"应收票据"账户，贷记"主营业务收入""应交税费——应交增值税（销项税额）"等账户；票据到期收回时，按实际收到的金额，借记"银行存款"账户，按票据的票面金额，贷记"应收票据"账户。

课堂训练 5-38 北京陈鸿商贸有限责任公司为增值税一般纳税人。2021年6月1日，向华阳公司（为增值税一般纳税人）销售一批空调。增值税专用发票上注明的价款为 1 500 000 元、增值税税额为 195 000 元。当日，华阳公司签发面值为 1 695 000 元的不带息的商业承兑汇票，期限为 6 个月。已办妥托收手续。

    借：应收票据   1 695 000
      贷：主营业务收入   1 500 000
        应交税费——应交增值税（销项税额） 195 000

课堂训练 5-39 2021年12月1日，北京陈鸿商贸有限责任公司持有的上述票据到期，收回票面金额 1 695 000 元。存入银行。

    借：银行存款   1 695 000
      贷：应收票据   1 695 000

②应收票据的转让。

  应收票据转让是指持票人因偿还货款等原因，将持有未到期的商业汇票背书后转让给其他单位或个人。背书是指在票据转让时让持票人在票据背面签字的行为。签字人为背书人，背书人对票据承担连带法律责任。

  企业将持有的商业汇票背书转让以取得所需物资时，按应计入取得物资成本的价值，借记"材料采购""原材料""库存商品"等账户，按当月已经税务机关认证的可抵扣增值税税额，借记"应交税费——应交增值税（进项税额）"账户，按应收票据的票面金额，贷记"应收票据"账户；如有差额，借记或贷记"银行存款"等账户。

  对于票据贴现，企业通常按实际收到的金额，借记"银行收款"账户，按应收票据的票据金额，贷记"应收票据"账户；按其差额，借记或贷记"财务费用"账户。

课堂训练 5-40 承课堂训练 5-38，北京陈鸿商贸有限责任公司假定于 2021 年 10 月 1 日将上述应收票据背书转让，以取得生产经营所需的 A 种材料。该材料价款为 1 500 000 元，适用的增值税税率为 13%。

借：原材料——A	1 500 000	
应交税费——应交增值税（进项税额）	195 000	
贷：应收票据		1 695 000

3. 预付账款概述

（1）预付账款的概念

预付账款是指企业按照合同规定预付的款项，如预付的材料款、商品采购款、在建工程价款等。为了反映和监督预付账款的增减变动及其结存情况，企业应当设置"预付账款"账户。预付款项情况不多的企业，可以不设置"预付账款"账户，而直接通过"应付账款"账户核算。"预付账款"账户的借方登记预付的款项及补付的款项，贷方登记收到所购物资时根据有关发票账单记入"原材料"等账户的金额及收回多付款项的金额；如果期末余额在借方，则反映企业实际预付的款项；如果期末余额在贷方，则反映企业应付或应补付的款项。

（2）预付账款的核算

企业根据购销合同应向供应单位预付款项时，借记"预付账款（应付账款）"账户，贷记"银行存款"账户；企业收到所购物资时，按应计入物资成本的金额，借记"原材料""材料采购""库存商品"账户，按可抵扣的增值税进项税额，借记"应交税费——应交增值税（进项税额）"等账户，贷记"预付账款（应付账款）"账户；当预付款项小于购货款，需要补付货款时，借记"预付账款（应付账款）"账户，贷记"银行存款"账户；当预付款项大于购货所需的款项，收回多余的款项时，借记"银行存款"账户，贷记"预付账款"账户。预付账款一般按供应单位进行明细核算。

课堂训练 5-41 北京陈鸿商贸有限责任公司为增值税一般纳税人，向乙公司（为增值税一般纳税人）采购材料3 000千克。每千克单价10元，所需要支付的款项总额30 000元。按照合同规定向乙公司预付货款的50%，验收货物后补付其余款项。

1）预付50%的货款时。

借：预付账款——乙公司	15 000	
贷：银行存款		15 000

2）收到乙公司发来的3 000千克材料，验收无误。增值税专用发票上注明的价款为30 000元、增值税税额为3 900元。以银行存款补付所欠货款18 900元。

借：原材料	30 000	
应交税费——应交增值税（进项税额）	3 900	
贷：预付账款——乙公司		33 900
借：预付账款——乙公司	18 900	
贷：银行存款		18 900

4. 其他应收款概述

（1）其他应收款的概念

其他应收款是指企业除应收票据、应收账款、预付账款、应收股利和应收利息以外的其他各种应收及暂付款项。其主要内容包括：应收的各种赔款、罚款，如因企业财产等遭受意外损失而应向保险公司收取的赔款；应收出租物的租金；应向职工收取的各种垫付款，如为职工垫付的水电费、应由职工负担的医药费、房租费；存出保证金，如租入包装物应支付的押金；其他各种应收暂付款项。

为了反映和监督其他应收账款的增减变动及其结存情况,企业应当设置"其他应收款"账户进行核算。"其他应收款"账户的借方登记其他应收款的增加,贷方登记其他应收款的收回;期末余额一般在借方,反映企业尚未收回的其他应收款项。"其他应收款"账户应当按照对方单位(或个人)设置明细账户进行核算。

(2)其他应收款的核算

企业发生各种其他应收款项时,应借记"其他应收款"账户,贷记"库存现金""银行存款""固定资产清理"等账户;收回其他各种应收款项时,借记"库存现金""银行存款""应付职工薪酬"等账户,贷记"其他应收款"账户。

课堂训练 5-42 北京陈鸿商贸有限责任公司向江南股份有限公司租入包装物一批,以银行存款向出租方支付押金4 000元。

  借:其他应收款——江南公司   4 000
    贷:银行存款   4 000

课堂训练 5-43 北京陈鸿商贸有限责任公司以银行存款替职工张某垫付应由其个人负担的医疗费10 000元。拟从其工资中扣回。

(1)垫付款时
  借:其他应收款——张某   10 000
    贷:银行存款   10 000
(2)扣款时
  借:应付职工薪酬   10 000
    贷:其他应收款——张某   10 000

5. 坏账准备概述

(1)坏账准备的概念

企业的各项应收款项可能会因购货人拒付、破产、死亡等原因而无法收回,这类无法收回的应收款项就是坏账。企业因坏账而遭受的损失为坏账损失或减值损失。企业应当在资产负债表日对应收款项的账面价值进行评估,应收款项发生减值的,应当将减值的金额确认为减值损失,计提坏账准备。

企业应当设置"坏账准备"账户,核算应收款项的坏账准备计提、转销等事项。该账户属于资产类账户,贷方登记当期计提的坏账准备、收回已转销的应收账款而恢复的坏账准备,借方登记实际发生的坏账损失金额和冲减的坏账准备金额;期末贷方余额,反映企业已计提但尚未转销的坏账准备。

(2)坏账准备的核算方法

应收款项减值有两种核算方法:直接转销法和备抵法。《企业会计准则》规定,应收款项减值的核算应采用备抵法,不得采用直接转销法。

备抵法是指采用一定的方法按期估计坏账损失,计入当期损益,同时建立坏账准备,待坏账实际发生时,冲销已计提的坏账准备和相应的应收款项。采用这种方法时,在财务报表上列示应收款项的净额,使财务报表使用者能了解企业应收款项预期可收回的金额或真实的财务情况。坏账准备金额的计算公式为:

当期应计提的坏账准备金额=当期按应收款项计算的坏账准备金额-
            计提前"坏账准备"账户的贷方余额(或+借方余额)

结果为正数,即为补提的坏账准备金额;结果为负数,即为需要转回多提的坏账准备金额。

(3)坏账准备的核算

期末计提或补提坏账准备时,按照需要计提或补提的金额,借记"信用减值损失——计提的坏账准备"账户,贷记"坏账准备"账户;期末冲减多计提的坏账准备时,按照需要冲减的金额,借记"坏账准备"账户,贷记"信用减值损失——计提的坏账准备"账户;实际发生坏账损失时,转销坏账准备,按照需要转销的金额,借记"坏账准备"账户,贷记"应收账款"账户;已确认并作为坏账转销的应收款项以后又收回时,按照收回的金额,借记"应收账款"账户,贷记"坏账准备"账户。同时,借记"银行存款"账户,贷记"应收账款"账户。

课堂训练 5-44 2021年12月31日,北京陈鸿商贸有限责任公司应收账款的年末余额是200万元。按照《企业会计准则》,该公司应计提20万元的坏账准备。

  借:信用减值损益——计提的坏账准备   200 000
    贷:坏账准备   200 000

课堂训练 5-45 承课堂训练5-44,2022年6月1日,北京陈鸿商贸有限责任公司实际发生坏账3万元。

  借:坏账准备   30 000
    贷:应收账款   30 000

课堂训练 5-46 承课堂训练5-45,假定北京陈鸿商贸有限责任公司2022年12月31日应收账款余额是120万元。该公司应计提12万元的坏账准备,即北京陈鸿商贸有限责任公司年末"坏账准备"账户贷方余额应为12万元。计提坏账准备前,"坏账准备"账户贷方余额为17万元,因此2022年末冲回的坏账准备金额为5万元。

  借:坏账准备   50 000
    贷:信用减值损益——计提的坏账准备   50 000

课堂训练 5-47 2023年1月20日,北京陈鸿商贸有限责任公司收回2022年已做坏账损失的应收账款1万元。存入银行。

  借:应收账款   10 000
    贷:坏账准备   10 000
  借:银行存款   10 000
    贷:应收账款   10 000

(二)操作准备

完成该任务所需知识的准备,掌握应收票据、应收账款、预付账款、其他应收款的账务处理步骤;掌握现金折扣的计算和坏账准备的计算;熟悉财天下的凭证生成方式。

登录财天下,找到相应的公司账套,选择正确的会计期间,将票据扫描上传至智能票据采集模块,然后进入票据的查验审核,即可自动生成凭证或手工输入凭证。

(三)任务要领

认真对票据进行查验、审核;选择合适的方式完成凭证的编制工作。

三、任务实施

步骤1　分析业务①。
（1）销售矿泉水时
借：应收账款——北京味道全餐饮有限公司　　　67 800
　　贷：主营业务收入　　　　　　　　　　　　　　60 000
　　　　应交税费——应交增值税（销项税额）　　　7 800
（2）收到货款时
借：银行存款　　　　　　　　　　　　　　　　67 800
　　贷：应收账款——北京味道全餐饮有限公司　　67 800

步骤2　分析业务②。
（1）销售糖心苹果和方便面时
借：应收账款——北京爱佳生活超市有限公司　　177 300
　　贷：主营业务收入　　　　　　　　　　　　　162 000
　　　　应交税费——应交增值税（销项税额）　　15 300
（2）收到承兑汇票时
借：应收票据　　　　　　　　　　　　　　　　177 300
　　贷：应收账款——北京爱佳生活超市有限公司　177 300
（3）收回票面金额时
借：银行存款　　　　　　　　　　　　　　　　177 300
　　贷：应收票据　　　　　　　　　　　　　　　177 300

步骤3　分析业务③。
（1）销售糖心苹果时
借：应收账款——北京爱佳生活超市有限公司　　39 240
　　贷：主营业务收入　　　　　　　　　　　　　36 000
　　　　应交税费——应交增值税（销项税额）　　3 240
（2）买方付清货款时
企业实际收款金额 =36 000×(1-2%)+3 240=38 520（元）
借：银行存款　　　　　　　　　　　　　　　　38 520
　　财务费用　　　　　　　　　　　　　　　　720
　　贷：应收账款——北京爱佳生活超市有限公司　39 240

步骤4　分析业务④。
（1）预付 50% 的货款时
借：预付账款——北京面面聚食品有限公司　　　35 000
　　贷：银行存款　　　　　　　　　　　　　　　35 000
（2）收到发来的方便面时
借：库存商品——方便面　　　　　　　　　　　70 000
　　应交税费——应交增值税（进项税额）　　　9 100
　　贷：预付账款——北京面面聚食品有限公司　　79 100

借：预付账款——北京面面聚食品有限公司　　　　　　44 100
　　贷：银行存款　　　　　　　　　　　　　　　　　　　44 100

步骤5　分析业务⑤。
（1）租入包装物时
借：其他应收款——海淀某公司　　　　　　　　　　　10 000
　　贷：银行存款　　　　　　　　　　　　　　　　　　　10 000
（2）返回所租包装物时
借：银行存款　　　　　　　　　　　　　　　　　　　　10 000
　　贷：其他应收款——海淀某公司　　　　　　　　　　　10 000

步骤6　分析业务⑥。
（1）计提坏账准备时
借：信用减值损失——计提的坏账准备　　　　　　　　100 000
　　贷：坏账准备　　　　　　　　　　　　　　　　　　　100 000
（2）发生坏账损失时
借：坏账准备　　　　　　　　　　　　　　　　　　　　30 000
　　贷：应收账款——北京爱佳生活超市有限公司　　　　　30 000
（3）计提坏账准备前"坏账准备"账户的实际余额为贷方70 000（100 000-30 000）元，因此本年年末应计提的坏账准备金额为50 000（120 000-70 000）元
借：信用减值损失——计提的坏账准备　　　　　　　　50 000
　　贷：坏账准备　　　　　　　　　　　　　　　　　　　50 000
（4）收回已做坏账转销的应收账款时
借：应收账款——北京爱佳生活超市有限公司　　　　　20 000
　　贷：坏账准备　　　　　　　　　　　　　　　　　　　20 000
借：银行存款　　　　　　　　　　　　　　　　　　　　20 000
　　贷：应收账款——北京爱佳生活超市有限公司　　　　　20 000

四、任务评价

根据任务要求实施并完成任务后，请填写任务评价参考表，如表5-8所示。

表5-8　往来账资产核算评价参考表

评价主体	评价内容	得　分
教师评价 （50分）	1.学生出勤情况（10分）	
	2.学生课堂表现（10分）	
	3.任务完成情况	
	（1）应收票据账务处理（5分）	
	（2）应收账款及坏账准备账务处理（15分）	
	（3）预收账款账务处理（5分）	
	（4）其他应收账务处理（5分）	

(续表)

评价主体	评价内容	得 分
自我评价 （50分）	1. 课前预习情况（10分）	
	2. 上课回答问题积极性（10分）	
	3. 所学知识掌握情况	
	（1）应收票据账务处理（5分）	
	（2）应收账款及坏账准备账务处理（15分）	
	（3）预收账款账务处理（5分）	
	（4）其他应收款账务处理（5分）	
合　计		

五、任务拓展

甲公司为增值税一般纳税人，存货按实际成本进行日常核算。2021年12月初，"应收账款"账户借方余额800 000元（各明细账户无贷方余额），"应收票据"账户借方余额300 000元，"坏账准备"账户贷方余额80 000元。2021年12月甲公司发生如下经济业务。

（1）10日，采用委托收款方式向乙公司销售一批商品。发出的商品满足收入确认条件，开具的增值税专用发票上注明的价款为500 000元、增值税税额为65 000元。用银行存款为乙公司垫付运费40 000元，增值税税额为3 600元。上述全部款项至月末尚未收到。

（2）18日，购入一批原材料，取得并经税务机关认证的增值税专用发票上注明的价款为270 000元、增值税税额为35 100元。材料验收入库。甲公司背书转让面值300 000元、不带息的银行承兑汇票结算购料款，不足部分以银行存款补付。

（3）25日，因丙公司破产，应收丙公司账款40 000元不能收回。经批准确认为坏账并予以核销。

（4）31日，经评估，甲公司"坏账准备——应收账款"账户应保持的贷方余额为102 400元。

要求：根据以上资料，进行账务处理。

参考答案

六、任务测试

在线测试

单元六

企业投资业务

↘ 思政目标
1. 树立正确的世界观、价值观、人生观。
2. 树立正确的投资观。

↘ 知识目标
1. 理解并掌握企业投资范围。
2. 理解交易性金融资产、投资性房地产、长期股权投资核算原理,并掌握其核算方法的选择原则。
3. 掌握核算方法、核算账户与核算流程。

↘ 技能目标
1. 能够准确判断金融资产的类别及投资性房地产确认的条件。
2. 能够准确处理金融资产取得、持有、出售的会计核算。
3. 能够完成金融资产和投资性房地产的账务处理。

任务一 交易性金融资产核算

一、任务情境

(一)任务场景

北京陈鸿商贸有限责任公司为增值税一般纳税人。2021年发生的有关交易性金融资产业务如下。

① 1月1日,北京陈鸿商贸有限责任公司从二级市场购入乙公司债券,支付价款2 650万元(其中包含已宣告但尚未发放的利息50万元)。另支付相关交易费用30万元,取得增值税专用发票,支付增值税1.8万元。该债券面值2 500万元,票面年利率4%,按年付息,上年债券利息于下年年初支付。公司将该债券确认为交易性金融资产。

② 1月5日,收到乙公司债券2021年利息50万元并存入银行的投资款专户。

③ 6月30日,乙公司债券的公允价值为2 480万元。

④12月31日，乙公司债券的公允价值为2 570万元。
⑤2022年1月15日，收到乙公司债券2021年利息100万元。
⑥2022年3月15日，全部出售乙公司债券，售价为2 640万元。

（二）任务布置

假定不考虑相关税费和其他因素。
①完成北京陈鸿商贸有限责任公司取得交易性金融资产的账务处理。
②完成该公司1月5日实际收到利息的账务处理。
③完成6月30日与12月31日乙公司债券公允价值变动的账务处理。
④计提12月31日的投资收益，即债券利息，并做账务处理。
⑤完成该公司2022年1月15日实际收到利息的账务处理。
⑥完成出售交易性金融资产的账务处理。

二、任务准备

（一）知识准备

1. 交易性金融资产的内容

以公允价值计量且其变动计入当期损益的金融资产称为交易性金融资产，是企业为了近期出售而持有的金融资产。例如，企业以赚取差价为目的从二级市场购入的股票、债券、基金等，或者是在初始确认时属于集中管理的可确认金融工具组合的一部分，且有客观证据表明近期实际存在短期获利模式的金融资产等，如企业管理的以公允价值进行业绩考核的某项投资组合。

从企业管理金融资产的业务模式（即企业如何管理其金融资产以产生现金流量）来看，企业关键管理人员决定对交易性金融资产进行管理的业务目标是以交易为目的的，而非为收取合同现金流量（即与基本借贷安排相一致，如本金加利息）而持有——仅仅是通过交易性活动，即频繁地购买和出售，从市场价格的短期波动中赚取买卖差价，即可使企业闲置的资金能获得较高的投资回报。

交易性金融资产预期能在短期内变现以满足日常经营的需要，因此在资产负债表中作为流动资产列示。

需要说明的是，从金融资产的合同现金流量特征看，尽管交易性金融资产仍将收取合同现金流量，但只是偶尔为之，并非为了实现业务模式目标（收取合同现金流量）而不可或缺。

2. 交易性金融资产的计量及账务处理（取得、持有、处置）

（1）账户设置

为了反映和监督交易性金融资产的取得、收取现金股利或利息、出售等情况，企业应当设置"交易性金融资产""公允价值变动损益""投资收益"等账户进行核算。

①"交易性金融资产"账户核算企业分类为公允价值计量且其变动计入当期损益的金融资产，借方登记交易性金融资产的取得成本、资产负债表日其公允价值高于账面余额的差额，以及出售交易性金融资产时结转公允价值低于账面余额的变动金额，贷方登记资产负债表日其公允价值低于账面余额的差额，以及企业出售交易性金融资产时结转的成本和公允价值高于账面余额的变动金额。企业应当按照交易性金融资产的类别和品种，分别设置"成本""公允价值变动"等明细账户进行核算。

②"公允价值变动损益"账户核算企业交易性金融资产等的公允价值变动形成的应计入当期损益的利得或损失,借方登记资产负债表日企业持有的交易性金融资产等的公允价值低于账面余额的差额,贷方登记资产负债表日企业持有的交易性金融资产等的公允价值高于账面余额的差额。

③"投资收益"账户核算企业持有交易性金融资产等期间取得的投资收益及出售交易性金融资产等实现的投资收益或投资损失,借方登记企业取得交易性金融资产等支付的交易费用、出售交易性金融资产等发生的投资损失,贷方登记企业持有交易性金融资产等期间取得的投资收益、出售交易性金融资产等实现的投资收益。"投资收益"账户应当按照投资项目设置明细账户进行核算。

(2)取得交易性金融资产

企业取得交易性金融资产时,应当按照该金融资产取得时的公允价值作为其初始入账金额。金融资产的公允价值应当以市场交易价格为基础加以确定。

企业取得交易性金融资产所支付价款中包含的已宣告但尚未发放的现金股利或已到付息期但尚未领取的债券利息,应当单独确认为应收项目,计入应收股利或应收利息。

企业取得交易性金融资产所发生的相关交易费用应当在发生时计入当期损益,冲减投资收益,发生交易费用取得增值税专用发票的,其进项税额经认证后可从当月销项税额中扣除。

企业取得交易性金融资产,应当按照该金融资产取得时的公允价值,借记"交易性金融资产——成本"账户,按照发生的交易费用,借记"投资收益"账户;发生交易费用取得增值税专用发票的,按其注明的增值税进项税额,借记"应交税费——应交增值税(进项税额)"账户;按照实际支付的金额,贷记"其他货币资金"等账户。

注意,交易费用是指可直接归属于购买、发行或处置金融工具的增量费用。增量费用是指企业没有发生购买、发行或处置相关金融工具的情形就不会发生的费用,包括支付给代理机构、咨询公司、券商、证券交易所、政府有关部门等的手续费、佣金、相关税费及其他必要支出,不包括债券溢价、折价、融资费用、内部管理成本和持有成本等与交易不直接相关的费用。

课堂训练 6-1 2021年6月1日,甲公司从上海证券交易所购入乙公司股票,并划入交易性金融资产进行管理和核算,共支付价款360 000元(其中包含已宣告但尚未发放的现金股利10 000元)。另支付相关交易费用2 000元,取得的增值税专用发票上注明的增值税税额为120元。

```
借:交易性金融资产——乙公司股票——成本         350 000
    应收股利                                  10 000
    投资收益                                   2 000
    应交税费——应交增值税(进项税额)             120
    贷:其他货币资金——存出投资款              362 120
```

(3)持有交易性金融资产

①企业持有交易性金融资产期间对于被投资单位宣告发放的现金股利或已到付息期但尚未领取的债券利息,应当确认为应收项目,并计入投资收益,即借记"应收股利"或"应收利息"账户,贷记"投资收益"账户。实际收到款项时作为冲减应收项目处理,即借记"其他货币资金"等账户,贷记"应收股利"或"应收利息"账户。

课堂训练 6-2 承课堂训练 6-1，2021 年 6 月 20 日，甲公司收到乙公司向其发放的现金股利 10 000 元，并存入银行。假定不考虑相关税费。

  借：其他货币资金——存出投资款   10 000
    贷：应收股利——乙公司股票   10 000

课堂训练 6-3 承课堂训练 6-2，2022 年 3 月 20 日，乙公司宣告发放 2021 年现金股利，甲公司按持有的股份计算确定应分得的现金股利为 12 000 元。假定不考虑相关税费。

  借：应收股利——乙公司股票   12 000
    贷：投资收益——乙公司股票   12 000

  ② 交易性金融资产的期末计量。在资产负债表日，交易性金融资产应当按照公允价值计量，公允价值高于其账面余额的差额，借记"交易性金融资产——公允价值变动"账户，贷记"公允价值变动损益"账户；公允价值低于其账面余额的差额，做相反的会计分录。

课堂训练 6-4 承课堂训练 6-1，假定 2021 年 6 月 30 日，甲公司持有乙公司股票的公允价值为 380 000 元；2021 年 12 月 31 日，甲公司持有乙公司股票的公允价值为 360 000 元。不考虑相关税费。

  （1）2021 年 6 月 30 日，确认乙公司股票的公允价值变动损益时
  借：交易性金融资产——乙公司股票——公允价值变动 30 000
    贷：公允价值变动损益——乙公司股票   30 000

  （2）2021 年 12 月 31 日，确认乙公司股票的公允价值变动损益时
  借：公允价值变动损益——乙公司股票   20 000
    贷：交易性金融资产——乙公司股票——公允价值变动 20 000

（4）出售交易性金融资产

  企业出售交易性金融资产时，应当将出售时交易性金融资产的公允价值与其账面余额之间的差额作为投资收益进行会计处理。

  企业出售交易性金融资产，应当按照实际收到的金额，借记"其他货币资金"等账户，按照该金融资产的账面余额的成本部分，贷记"交易性金融资产——成本"账户；按照该金融资产账面余额的公允价值变动部分，贷记或借记"交易性金融资产——公允价值变动"账户，按照其差额贷记或借记"投资收益"账户。

课堂训练 6-5 承课堂训练 6-2，假定 2022 年 6 月 30 日，甲公司出售所持有的乙公司全部股票，价款为 400 000 元。不考虑相关税费和其他因素。

  借：其他货币资金——存出投资款   400 000
    贷：交易性金融资产——乙公司股票——成本   350 000
      交易性金融资产——公允价值变动   10 000
      投资收益——乙公司股票   40 000

提示

  出售时，如果"交易性金融资产"账户是借方余额，则进行账务处理时需要转移到贷方；如果是贷方余额，则出售时需要转移到借方。以课堂训练 6-5 为例，"交易性金融资产——乙公司股票——成本"账户账面余额为借方 350 000 元、"交易性金融资产——公允价值变动"账户为借方余额 10 000 元，出售时均需要转移到贷方。

（二）任务要领

1. 取得交易性金融资产时的账务处理

借：交易性金融资产——成本（以公允价值入账）
　　应收股利/应收利息（已宣告但尚未发放的现金股利或已到付息期还未领取的债券利息）
　　投资收益（交易费用）
　　应交税费——应交增值税（进项税额）（交易费用可以抵扣的增值税税额）
　　贷：其他货币资金（支付的总价款）

2. 持有期间确认利息或确认股利收益时的账务处理

（1）被投资单位宣告发放现金股利或债券利息时

借：应收股利（股票现金股利）/应收利息（面值×利率）
　　贷：投资收益

（2）收到上述股利或利息时

借：其他货币资金
　　贷：应收股利/应收利息

3. 资产负债表日的账务处理

（1）公允价值高于账面余额时

借：交易性金融资产——公允价值变动
　　贷：公允价值变动损益

（2）公允价值低于账面余额时

借：公允价值变动损益
　　贷：交易性金融资产——公允价值变动

4. 出售交易性金融资产时的账务处理

借：其他货币资金（实际收到的价款）
　　贷：交易性金融资产——成本
　　　　交易性金融资产——公允价值变动（或借方）
　　　　投资收益（按上面差额倒挤，损失记借方，收益记贷方）

三、任务实施

（以下金额单位为万元）

步骤1　1月1日取得交易性金融资产时的账务处理。

借：交易性金融资产——乙公司债券——成本　　　　2 600
　　应收利息　　　　　　　　　　　　　　　　　　50
　　投资收益　　　　　　　　　　　　　　　　　　30
　　应交税费——应交增值税（进项税额）　　　　　1.8
　　贷：其他货币资金——存出投资款　　　　　　　　　2 681.8

步骤2　1月5日，实际收到债券利息时的账务处理。

借：其他货币资金　　　　　　　　　　　　　　　50

　　　　贷：应收利息　　　　　　　　　　　　　　　　　50

　　步骤3　在资产负债表日，公允价值变动的账务处理。
　　（1）6月30日
　　借：公允价值变动损益　　　　　　　　　　　　　120
　　　　贷：交易性金融资产——公允价值变动　　　　　　120
　　（2）12月31日
　　借：交易性金融资产——公允价值变动　　　　　　90
　　　　贷：公允价值变动损益　　　　　　　　　　　　　90

　　步骤4　12月31日，持有期间确认投资收益的账务处理。
　　借：应收利息　　　　　　　　　　　　　　　　100
　　　　贷：投资收益　　　　　　　　　　　　　　　　100

　　步骤5　2022年1月15日，实际收到债券利息时的账务处理。
　　借：其他货币资金　　　　　　　　　　　　　　100
　　　　贷：应收利息　　　　　　　　　　　　　　　　100

　　步骤6　2022年3月15日，出售债券时的账务处理。
　　借：其他货币资金——存出投资款　　　　　　　2 640
　　　　交易性金融资产——公允价值变动　　　　　　30
　　　　贷：交易性金融资产——成本　　　　　　　　2 600
　　　　　　投资收益　　　　　　　　　　　　　　　70

四、任务评价

根据任务要求实施并完成任务后，请填写本任务评价参考表，如表6-1所示。

表6-1　交易性金融资产核算评价参考表

评价主体	评价内容	得　分
教师评价 （50分）	1.学生出勤情况（10分）	
	2.学生课堂表现（10分）	
	3.任务完成情况	
	（1）取得交易性金融资产的账务处理（10分）	
	（2）持有交易性金融资产的账务处理（10分）	
	（3）出售交易性金融资产的账务处理（10分）	
自我评价 （50分）	1.课前预习情况（10分）	
	2.上课回答问题积极性（10分）	
	3.所学知识掌握情况	
	（1）取得交易性金融资产的会计核算（10分）	
	（2）持有交易性金融资产的会计核算（10分）	
	（3）出售交易性金融资产的会计核算（10分）	
合　计		

五、任务拓展

2021 年 5 月 10 日，甲公司从上海证券交易所购入 A 上市公司股票 100 万股。该股票在购买日的公允价值为 1 000 万元。另支付相关交易费用 2.5 万元，取得的增值税专用发票上注明的增值税税额为 0.15 万元。甲公司将其划分为交易性金融资产进行管理和核算。

要求：

（1）编制甲公司 5 月 10 日购入交易性金融资产的账务处理。

（2）如果交易费用取得的发票为增值税普通发票，完成相应的账务处理。

参考答案

六、任务测试

在线测试

任务二　长期股权投资核算

一、任务情境

（一）任务场景

北京陈鸿商贸有限责任公司在 2020 年至 2022 年发生的与长期股权投资有关的交易或事项如下：

① 2020 年 6 月 15 日，北京陈鸿商贸有限责任公司以 1 500 万元购入乙公司 80% 的股权。北京陈鸿商贸有限责任公司取得该部分股权后，能够有权主导乙公司的相关活动并获得可变回报。2020 年 9 月 30 日，乙公司宣告分派现金股利，北京陈鸿商贸有限责任公司按照其持有比例确定可分回 20 万元。2020 年 10 月 20 日，收到乙公司发放的现金股利 20 万元。

② 2020 年 3 月 25 日，北京陈鸿商贸有限责任公司支付 15 075 万元，取得丙公司 3 000 万股股份。北京陈鸿商贸有限责任公司持股比为 30%，能够对丙公司生产经营决策施加重大影响。丙公司在购买日的可辨认净资产的公允价值为 40 000 万元。

③ 2020 年年末，丙公司提供的有关资料显示其在 2020 年实现净利润为 1 200 万元。丙公司提供的有关资料显示其在 2020 年除净损益以外的其他权益变动为 100 万元。

④ 2021 年 3 月 16 日，丙公司宣告发放 2021 年度现金股利每股 0.1 元。2021 年 4 月 1 日收到丙公司宣告发放的现金股利。

⑤ 丙公司因自然灾害导致资产巨额损失，出现财务危机，股票价格出现非暂时性的严重下跌。2021 年 12 月 31 日，甲公司对持有丙公司的股份进行减值测试，可收回金额为 12 000 万元。

⑥ 2022 年 2 月 5 日，北京陈鸿商贸有限责任公司以每股 3.184 元的价格出售丙公司 500 万股，取得银行存款 1 592 万元。

（二）任务布置

① 完成北京陈鸿商贸有限责任公司购入乙公司股份的账务处理。
② 完成北京陈鸿商贸有限责任公司购入丙公司股份的账务处理。
③ 完成北京陈鸿商贸有限责任公司持有期间丙公司账面价值的调整。
④ 完成北京陈鸿商贸有限责任公司宣告收到丙公司现金股利的账务处理。
⑤ 完成北京陈鸿商贸有限责任公司长期股权投资减值的账务处理。
⑥ 完成北京陈鸿商贸有限责任公司长期股权投资处置的账务处理。

二、任务准备

（一）知识准备

1. 长期股权投资概述

长期股权投资是指企业在超过一年（不含一年）的期限，将资产让渡给被投资单位而获得被投资单位的股权，使投资企业成为被投资单位的股东，并按持有的股份享有权利和承担责任的投资。

（1）长期股权投资的范围
① 企业持有的能够对被投资单位实施控制的权益性投资，即对子公司投资。
② 企业持有的能够与其他合营方一同对被投资单位实施共同控制的权益性投资，即对合营企业投资。
③ 企业持有的能够对被投资单位施加重大影响的权益性投资，即对联营企业投资。

（2）长期股权投资账户的设置
为了反映长期股权投资的发生、投资额的增减变动、投资的收回及投资过程中实现的损益，需要设置"长期股权投资""投资收益""长期股权投资减值准备"等账户。

①"长期股权投资"账户。
"长期股权投资"账户核算企业持有的采用成本法和权益法核算的长期股权投资。对外投资时按初始投资成本记入该账户的借方，收回投资时记入该账户的贷方。长期股权投资采用权益法核算时，应当分别按"成本""损益调整""其他权益变动"账户进行明细核算。

②"投资收益"账户。
"投资收益"账户核算企业根据《企业会计准则第 2 号——长期股权投资》确认的投资收益或投资损失，贷方登记取得的投资收益，借方登记发生的投资损失。

③"长期股权投资减值准备"账户。
"长期股权投资减值准备"账户用于核算企业长期股权投资发生减值时计提的减值准备。提取的减值准备记入该账户的贷方；企业处置长期股权投资时，应同时在该账户的借方结转已计提的长期股权投资减值准备；该账户的余额在贷方，反映企业已经计提但尚未转销的长期股权投资减值准备。

2. 长期股权投资成本法

（1）成本法的适用范围

成本法是指投资按投资成本计价的方法。投资方能够对被投资单位实施控制的长期股权投资应当采用成本法核算。控制，是指投资方拥有对被投资方的权力，通过参与被投资方的相关活动而享有可变回报，并且有能力运用对被投资方的权力影响其回报金额。

（2）成本法的核算程序及方法

企业进行初始投资或追加投资时，按照初始投资或追加投资的投资成本增加长期股权投资的账面价值。

被投资单位宣告分派的利润或现金股利，投资企业按照应该享有的部分，确认当期投资收益。根据《企业会计准则解释第3号》的规定，采用成本法核算的长期股权投资，除取得投资时实际支付的价款或者对价中包含的已宣告但尚未发放的现金股利或利润外，投资企业应当按照享有被投资单位宣告发放的现金股利或利润确认投资收益，不再划分是否属于投资前和投资后被投资单位实现的净利润。

企业按照上述规定确认自被投资单位应分得的现金股利或利润后，应当考虑长期股权投资是否发生减值。企业应当按照《企业会计准则第8号——资产减值》对长期股权投资进行减值测试，如果发生减值迹象，即长期股权投资的可收回金额低于长期股权投资账面价值，则计提减值准备。

课堂训练 6-6 2022年1月1日，A公司购入甲公司有表决权的60%的股票，用银行存款支付价款9 500 000元，并准备长期持有。甲公司于2022年4月2日宣告分派2021年度的现金股利10 000元。

（1）购入甲公司股票时

借：长期股权投资——甲公司　　　　　　　9 500 000
　　贷：银行存款　　　　　　　　　　　　　　　　　9 500 000

（2）甲公司宣告分派现金股利时

借：应收股利　　　　　　　　　　　　　　　10 000
　　贷：投资收益　　　　　　　　　　　　　　　　　10 000

（3）实际收到现金股利

借：银行存款　　　　　　　　　　　　　　　10 000
　　贷：应收股利　　　　　　　　　　　　　　　　　10 000

3. 长期股权投资权益法

（1）权益法的适用范围

权益法是指投资最初以投资成本计量，以后根据投资企业享有被投资单位所有者权益份额的变动对投资的账面价值进行调整的方法。权益法"长期股权投资"账户的账面金额反映的是投资企业在被投资企业所有者权益总额中所占的份额。《企业会计准则第2号——长期股权投资》规定，应当采用权益法核算的长期股权投资包括两类：一是对合营企业投资；二是对联营企业投资。

（2）权益法的核算程序及方法

① 初始投资或追加投资。

初始投资或追加投资时，按照初始投资或追加投资的投资成本，增加长期股权投资的账面价值。具体应区分以下两种情况分别处理。
- 初始投资成本大于取得投资时应享有被投资单位可辨认净资产公允价值份额的，应按初始投资成本计价入账。
- 初始投资成本小于取得投资时应享有被投资单位可辨认净资产公允价值份额的，应对长期股权投资的账面价值进行调整，计入取得投资当期的损益。

② 持有期间长期股权投资账面价值的调整。

持有期间，随着被投资单位所有者权益的变动应相应地调整增加或减少长期股权投资的账面价值，并分别按以下情况处理：对属于因被投资单位实现净损益产生的所有者权益的变动，投资企业按照持股比例计算应享有的份额，增加或减少长期股权投资的账面价值，同时确认为当期投资损益；对被投资单位除净损益以外其他因素导致的所有者权益变动，在持股比例不变的情况下，按照持股比例计算应享有的份额或应分担的份额，增加或减少长期股权投资的账面价值，同时确认为资本公积。需要注意的是，《企业会计准则——长期股权投资》规定，投资企业确认应分担被投资单位发生的损失，原则上应以长期股权投资及其他实质上构成对被投资单位净投资的长期权益减记至0为限，投资企业负有承担额外损失业务的除外。

③ 被投资单位宣告分派现金股利或利润时。

被投资单位宣告分派现金股利或利润时，投资企业按持股比例计算应分得的部分，一般应冲减长期股权投资的账面价值。

（3）权益法下长期股权投资的核算

① 长期股权投资的取得。

取得长期股权投资，其初始投资成本大于投资时应享有被投资单位可辨认净资产公允价值份额的，不需要调整，直接借记"长期股权投资——成本"账户，贷记"银行存款"等账户。长期股权投资的初始投资成本小于投资时应享有被投资单位可辨认净资产公允价值份额的，借记"长期股权投资——成本"账户，贷记"银行存款"等账户；按其差额，贷记"营业外收入"账户或"资本公积"账户。

② 持有期间被投资单位实现的净损益。

投资企业根据被投资单位实现的净利润计算应享有的份额，借记"长期股权投资——损益调整"账户，贷记"投资收益"账户。被投资单位发生净亏损，做相反分录记录即可，但以"长期股权投资"账户的账面价值减记至0为限。被投资单位以后宣告发放现金股利或利润时，投资企业计算应分得的部分，借记"应收股利"账户，贷记"长期股权投资——损益调整"账户。收到被投资单位宣告发放的股票股利，不进行会计处理，但应在备查簿中登记。

③ 长期股权投资的处置。

企业持有长期股权投资的过程中，将所持有的对被投资单位的股份全部或部分对外出售时，应相应结转与所售股权相对应的长期股权投资的账面价值，出售所得价款和处置长期股权投资账面价值之间的差额，应确认为处置损益。企业处置长期股权投资时，应按实际收到的金额，借记"银行存款"等账户，按原已计提的减值准备，借记"长期股权投资减值准备"账户，按长期股权投资账面余额，贷记"长期股权投资"账户，按尚未领取的现金股利或利润，贷记"应收股利"账户；按其差额，贷记或借记"投资收益"账户。同时，还应结转原计入资本公积的金额，借记或贷记"资本公积——其他资本公积"账户，贷记或借记"投资收益"账户。

4. 长期股权投资减值和处置

（1）长期股权投资的减值

长期股权投资的减值是指长期股权投资的可收回金额低于账面价值所发生的损失。可收回金额应当根据长期股权投资的公允价值减去处置费用后的净额和资产预计未来现金流量的现值两者之间的较高者确定。

如果由于市价持续下跌或被投资单位经营状况变化等原因导致长期股权投资的可收回金额低于账面价值，则将可收回金额低于账面价值的差额确认为当期投资损失，并计提减值准备，以抵减长期股权投资的账面价值。但长期股权投资减值损失一经确定，在以后会计期间就不得转回。

企业计提长期股权投资减值准备应当设置"长期股权投资减值准备"账户，企业按减记的金额，借记"资产减值损失——计提的长期股权投资减值准备"账户，贷记"长期股权投资减值准备"账户。

（2）长期股权投资的处置

企业持有长期股权投资的过程中，出于各方面的考虑，决定将所持有的对被投资单位的股权全部或部分对外出售时，应相应结转与所售股权相对应的长期股权投资的账面价值，出售所得价款和处置长期股权投资账面之间的差额，应确认为投资收益。采用权益法的，原计入资本公积中的金额，在处置时也应进行结转，将与所出售股权相对应的部分在处置时自"资本公积"转入"投资收益"账户。

（二）任务要领

① 区别长期股权投资是按照成本法还是权益法进行核算。

② 成本法核算按照其初始投资的账面价值，确定长期股权投资的投资成本，但不包括取得投资时实际支付的价款或者对价中包含的已宣告但尚未发放的现金股利或利润。

③ 权益法核算要比较初始投资成本和取得投资时应享有被投资单位可辨认净资产公允价值的份额来确定入账价值，持有期间长期股权投资需要进行必要的账面价值调整。

④ 在持有期间，随着被投资单位所有者权益的变动应相应地调整增加或减少长期股权投资的账面价值。

⑤ 权益法下被投资单位宣告分派现金股利或利润时，投资企业按持股比例计算应分得的部分，一般应冲减长期股权投资的账面价值。

⑥ 当长期股权投资发生减值时，可收回金额应当根据长期股权投资的公允价值减去处置费用后的净额和资产预计未来现金流量的现值两者之间的较高者确定。

⑦ 长期股权投资对外出售时，应相应结转与所售股权相对应的长期股权投资的账面价值，出售所得价款和处置长期股权投资账面之间的差额，应确认为投资收益。采用权益法的，原计入资本公积中的金额，在处置时也应进行结转，将与所出售股权相对应的部分在处置时自"资本公积"账户转入"投资收益"账户。

三、任务实施

（一）任务流程

① 确定长期股权投资的核算方法。

② 甲公司购入乙公司股份作为长期股权投资，采用成本法确认初始投资成本。已宣告但尚未发放的现金股利，确认为投资收益。

③ 甲公司购入丙公司股份作为长期股权投资，采用权益法确认初始投资成本，记入"长期股权投资——成本"账户。

④ 甲公司按照享有并实现的净损益的份额，确认投资收益并调整长期股权投资的账面价值（损益调整）。除实现净损益外所有者权益的其他变动，甲公司应按所有者权益其他变动额及持股比例计算应享有或应分担的份额，调整长期股权投资的账面价值（其他权益变动）并确认资本公积（其他资本公积）。

⑤ 丙公宣告分派现金股利或利润时，甲公司按持股比例计算应分得的部分，一般应冲减长期股权投资的账面价值（损益调整）。实际收到时冲减应收股利。

⑥ 存在减值情况时，按减记的金额，借记"资产减值损失——计提的长期股权投资减值准备"账户，贷记"长期股权投资减值准备"账户。

⑦ 甲公司相应结转与所售股权相对应的长期股权投资的账面价值，出售所得价款和处置长期股权投资账面之间的差额，应确认为投资收益，并将之前因其他权益变动记入"资本公积——其他资本公积"账户的金额，按照所售股份的比例，转入"投资收益"账户。

（二）任务操作

步骤1　长期股权投资入账处理。

由于北京陈鸿商贸有限责任公司对乙公司实施控制，因此采用成本法进行核算。

（1）购入乙公司股权时

借：长期股权投资　　　　　　　　　　　　　15 000 000
　　贷：银行存款　　　　　　　　　　　　　　　　15 000 000

（2）乙公司宣告分派现金股利时

借：应收股利　　　　　　　　　　　　　　　　200 000
　　贷：投资收益　　　　　　　　　　　　　　　　　200 000

（3）收到乙公司发放的现金股利时

借：银行存款　　　　　　　　　　　　　　　　200 000
　　贷：应收股利　　　　　　　　　　　　　　　　　200 000

步骤2　长期股权投资入账处理。

由于甲公司能够对丙公司生产经营决策施加重大影响，因此采用权益法进行核算，并确定初始投资成本 150 750 000 元大于投资时应享有被投资单位可辨认净资产公允价值份额 120 000 000 元，无须进行账面价值调整。

借：长期股权投资——丙公司——成本　　　　150 750 000
　　贷：银行存款　　　　　　　　　　　　　　　　150 750 000

步骤3　确认投资收益并调整长期股权投资的账面价值。

在权益法核算下，确认投资收益并调整长期股权投资的账面价值（损益调整）。除净损益以外的其他权益变动，调整长期股权投资的账面价值（其他权益变动）并确认资本公积（其他资本公积）。

（1）确认净利润对长期股权投资的账面价值影响时

借：长期股权投资——丙公司——损益调整　　　3 600 000

       贷：投资收益   3 600 000
　　（2）确认除净损益以外的其他权益变动对长期股权投资的账面价值影响时
　　　借：长期股权投资——丙公司——其他权益变动   300 000
　　　　 贷：资本公积——其他资本公积   300 000
　　步骤 4　宣告发放股利时处理。
　　按持股比例计算应得的份额，冲减长期股权投资的账面价值，收到时再进行相应的账务处理。
　　（1）宣告发放现金股利时
　　　借：应收股利   3 000 000
　　　　 贷：长期股权投资——丙公司——损益调整   3 000 000
　　（2）收到现金股利时
　　　借：银行存款   3 000 000
　　　　 贷：应收股利   3 000 000
　　步骤 5　资产负债表日处理。
　　甲公司持有的丙账面价值为151 650 000（150 750 000+3 600 000-3 000 000+300 000）元，可收回金额为120 000 000元，所以应计提31 650 000（151 650 000-120 000 000）元的资产减值损失。
　　　借：资产减值损失——计提的长期股权投资减值准备   31 650 000
　　　　 贷：长期股权投资减值准备   31 650 000
　　步骤 6　进行长期股权投资处置。
　　出售500万股丙公司股份，取得银行存款15 920 000元，出售部分的账面价值为20 000 000万元，并将之前因其他权益变动记入"资本公积——其他资本公积"账户的金额，按照所售股份的比例，转入"投资收益"账户。
　　（1）长期股权投资处置时
　　　借：银行存款   15 920 000
　　　　　长期股权投资减值准备   5 275 000
　　　　　投资收益   4 080 000
　　　　 贷：长期股权投资——丙公司——成本   25 125 000
　　　　　　　长期股权投资——丙公司——损益调整   100 000
　　　　　　　长期股权投资——丙公司——其他权益变动   50 000
　　（2）将之前因其他权益变动记入"资本公积——其他资本公积"账户的300 000元，按照所售股份的比例，转入"投资收益"账户时
　　　借：资本公积——其他资本公积   50 000
　　　　 贷：投资收益   50 000

四、任务评价

根据任务要求实施并完成任务后，请填写本任务评价参考表，如表6-2所示。

表 6-2　长期股权投资核算评价参考表

评价主体	评价内容	得　分
教师评价 （50 分）	1. 学生出勤情况（10 分）	
	2. 学生课堂表现（10 分）	
	3. 任务完成情况	
	（1）取得长期股权投资的账务处理（10 分）	
	（2）持有长期股权投资的账务处理（10 分）	
	（3）处置长期股权投资的账务处理（10 分）	
自我评价 （50 分）	1. 课前预习情况（10 分）	
	2. 上课回答问题积极性（10 分）	
	3. 所学知识掌握情况	
	（1）取得长期股权投资的账务处理（10 分）	
	（2）持有长期股权投资的账务处理（10 分）	
	（3）处置长期股权投资的账务处理（10 分）	
合　计		

五、任务拓展

甲公司 2020 年至 2022 年有关投资业务如下。

（1）2020 年 1 月 1 日，甲公司以银行存款 6 100 万元购入乙股份有限公司（以下简称乙公司）的股票，占乙公司有表决权股份的 25%，对乙公司的财务和经营政策具有重大影响。2020 年 1 月 1 日，乙公司所有者权益总额和公允价值均为 24 400 万元。

（2）2020 年度，乙公司实现净利润 3 800 万元。

（3）2021 年度，乙公司发生亏损 1 900 万元。

（4）2021 年 12 月 31 日，因乙公司发生严重财务困难，甲公司预计对乙公司长期股权投资的可收回金额为 5 000 万元。

（5）2022 年 5 月，乙公司增发股票，资本公积增加 1 000 万元。

要求：根据上述业务，对甲公司做相关的账务处理。

参考答案

六、任务测试

在线测试

任务三　投资性房地产核算

一、任务情境

（一）任务场景

北京陈鸿商贸有限责任公司对投资性房地产采用公允价值模式进行后续计量，2021 年 3 月 1 日，北京陈鸿商贸有限责任公司与乙公司签订了一项租赁协议，将一栋经营管理用写字楼出租给乙公司，租赁期为 18 个月。其相关资料如下。

① 2021 年 3 月 1 日，写字楼的公允价值为 16 000 万元。账面原价为 15 000 万元，已计提累计折旧的金额为 3 000 万元。

② 2021 年 3 月 31 日，北京陈鸿商贸有限责任公司收到出租写字楼的租金 125 万元。存入银行。

③ 2021 年 12 月 31 日，该写字楼的公允价值为 17 000 万元。

④ 2022 年 9 月 1 日，租赁期满，北京陈鸿商贸有限责任公司为解决资金周转困难，以 17 500 万元的价格出售该写字楼。款项已收存银行。

（二）任务布置

① 完成北京陈鸿商贸有限责任公司 2021 年 3 月 1 日出租该写字楼的账务处理。
② 完成北京陈鸿商贸有限责任公司 2021 年 3 月 31 日收到租金的账务处理。
③ 完成北京陈鸿商贸有限责任公司 2021 年 12 月 31 日写字楼公允价值变动的账务处理。
④ 完成北京陈鸿商贸有限责任公司 2022 年 9 月 1 日出售该写字楼的账务处理。

二、任务准备

（一）知识准备

1. 投资性房地产的定义及特征

投资性房地产是指为赚取租金或资本增值，或者两者兼有而持有的房地产。

投资性房地产应当能够单独计量和出售。投资性房地产的主要形式是出租建筑物、出租土地使用权，这实质上属于一种让渡资产使用权的行为。房地产租金就是让渡资产使用权取得的使用费收入，是企业为完成其经营目标所从事的经营性活动及与之相关的其他活动形成的经济利益总流入。

投资性房地产的另一种形式是持有并准备增值后转让的土地使用权，尽管其增值收益通常与市场供求、经济发展等因素相关，但目的是增值后转让以赚取增值收益，也是企业为完成其经营目标所从事的经营性活动及与之相关的其他活动形成的经济利益总流入。在我国实务中，持有并准备增值后转让土地使用权的情况比较少见。

投资性房地产具有以下特征。
① 投资性房地产是一种经营性活动（日常活动）。
② 投资性房地产在用途、状态、目的等方面区别于作为生产经营场所的房地产和用于销售的房地产。

2. 投资性房地产的范围

（1）属于投资性房地产的范围
① 已出租的土地使用权。
已出租的土地使用权是指企业通过出让或转让方式取得，并以经营租赁方式出租的土地使用权。企业计划用于出租但尚未出租的土地使用权不属于此类。对于以经营租赁方式租入土地使用权再转租给其他单位的，不能确认为投资性房地产。
② 持有并准备增值后转让的土地使用权。
持有并准备增值后转让的土地使用权是指企业取得的、准备增值后转让的土地使用权。

这类土地使用权很可能给企业带来资本增值收益，符合投资性房地产的定义。按照我国有关规定认定的闲置土地，不属于持有并准备增值后转让的土地使用权，因而也就不属于投资性房地产。

③ 已出租的建筑物。

已出租的建筑物是指企业拥有产权的、以经营租赁方式出租的建筑物，包括自行建造或开发活动完成后用于出租的建筑物。已出租的建筑物是企业已经与其他方签订了租赁协议，约定以经营租赁方式出租的建筑物。一般应自租赁协议规定的租赁期开始日起，经营租出的建筑物才属于已出租的建筑物。

通常情况下，对企业持有以备经营出租的空置建筑物，如董事会或类似机构做出书面决议，明确表明将其用于经营出租且持有意图短期内不再发生变化的，即使尚未签订租赁协议，也应视为投资性房地产。这里的空置建筑物，是指企业新购入、自行建造或开发完成但尚未使用的建筑物，以及不再用于日常生产经营活动且经整理后达到可经营出租状态的建筑物。

（2）不属于投资性房地产的范围

下列项目不属于投资性房地产。

① 自用房地产。

自用房地产是指为生产商品、提供劳务或经营管理而持有的房地产。例如，企业生产经营用的厂房和办公楼属于固定资产；企业生产经营用的土地使用权属于无形资产。

② 作为存货的房地产。

作为存货的房地产通常是指房地产开发企业在正常经营过程中销售的或为销售而正在开发的商品房和土地。这部分房地产属于房地产开发企业的存货，其生产、销售构成企业的主营业务活动，产生的现金流量也与企业的其他资产密切相关。因此，具有存货性质的房地产不属于投资性房地产。

在实务中，存在某项房地产部分自用或作为存货出售、部分用于赚取租金或资本增值的情形。某项投资性房地产不同用途的部分能够单独计量和出售的，应当分别确认为固定资产（或无形资产、存货）和投资性房地产。例如，A房地产开发商建造了一栋商住两用楼盘，一层出租给一家大型超市，已签订经营租赁合同，其余楼层均为普通住宅正在公开销售中。在这种情况下，如果一层商铺能够单独计量和出售，则应当确认为A房地产开发商的投资性房地产，其余楼层为A房地产开发商的存货，即开发产品。

3. 投资性房地产核算应设置的账户

为了反映和监督投资性房地产的取得、后续计量、处置等情况，企业应当设置"投资性房地产"、"投资性房地产累计折旧"或"投资性房地产累计摊销"、"公允价值变动损益"、"其他业务收入"、"其他业务成本"等账户进行核算。以投资性房地产作为企业主营业务的，应当设置"主营业务收入"和"主营业务成本"账户核算相关的损益。

"投资性房地产"账户核算企业采用成本模式计量的投资性房地产的成本或采用公允价值模式计量的投资性房地产的公允价值。"投资性房地产"账户的借方登记企业投资性房地产的取得成本、资产负债表日其公允价值高于账面余额的差额等，贷方登记资产负债表日其公允价值低于账面余额的差额、处置投资性房地产时结转的成本和公允价值变动等。企业可以按照投资性房地产类别和项目进行明细核算。

采用公允价值模式计量的投资性房地产，还应当分别设置"成本"和"公允价值变动"明细账户进行核算。

采用成本模式计量的投资性房地产的累计折旧或累计摊销，可以单独设置"投资性房地产累计折旧"或"投资性房地产累计摊销"账户，比照"累计折旧""累计摊销"等账户进行账务处理。

采用成本模式计量的投资性房地产发生减值的，可以单独设置"投资性房地产减值准备"账户，比照"固定资产减值准备""无形资产减值准备"账户进行账务处理。

"其他业务收入""其他业务成本"账户分别核算企业投资性房地产取得的租金收入、处置投资性房地产实现的收入和投资性房地产计提的折旧或进行摊销、处置投资性房地产结转的成本。

4. 投资性房地产的取得

企业取得的投资性房地产应当按照其取得时的成本进行计量。以下分别对外购、自行建造和内部转换3种情况进行说明。

（1）外购的投资性房地产

外购投资性房地产的成本包括购买价款、相关税费和可直接归属于该资产的其他支出。外购取得投资性房地产时，按照取得时的实际成本进行初始计量，借记"投资性房地产"账户（后续计量采用成本模式下）或"投资性房地产——成本"账户（后续计量采用公允价值模式下），贷记"银行存款"等账户。

（2）自行建造的投资性房地产

① 企业自行建造（或开发，下同）的房地产只有在自行建造或开发活动完成（即达到预定可使用状态）的同时开始对外出租或用于资本增值，才能将自行建造的房地产确认为投资性房地产。

② 自行建造投资性房地产的成本由建造该项房地产达到预定可使用状态前发生的必要支出构成，包括土地开发费、建筑成本、安装成本、应予资本化的借款费用、支付的其他费用和分摊的间接费用等。

③ 企业自行建造房地产达到预定可使用状态后一段时间才对外出租或用于资本增值的，应当先将自行建造的房地产确认为固定资产（如果是房地产开发企业，则建造的商品房属于存货），自租赁期开始日从固定资产或存货（房地产开发企业）转换为投资性房地产。

建造完工达到可预定可使用状态时，应当按照确定的成本，借记"投资性房地产"账户（后续计量采用成本模式下）或"投资性房地产——成本"账户（后续计量采用公允价值模式下），贷记"在建工程"等账户。

（3）内部转换形成的投资性房地产

企业将作为存货的房地产转换为投资性房地产的，应当按照该项存货在转换日的账面余额或公允价值，借记"投资性房地产"账户（后续计量采用成本模式下）或"投资性房地产——成本"账户（后续计量采用公允价值模式），按照其账面余额，贷记"开发产品"账户；按照其差额，贷记"其他综合收益"账户（贷方余额情况下）或借记"公允价值变动损益"账户（借方余额情况下）。已计提存货跌价准备的，还应当同时结转存货跌价准备。

企业将自用的建筑物等转换为投资性房地产的，应当按照其在转换日的原价、累计折旧等，分别转入"投资性房地产""投资性房地产累计折旧""投资性房地产减值准备"等账户；或者按其在转换日的公允价值，借记"投资性房地产——成本"账户，按照已计提的累计折旧等，借记"累计折旧"等账户；按照其账面余额，贷记"固定资产"等账户，按其差额，贷记"其他综合收益"账户（贷方余额情况下）或借记"公允价值变动损益"账户（借方余额情况下）。已计提固定资产减值准备的，还应同时结转固定资产减值准备。

5. 投资性房地产的后续计量

投资性房地产的后续计量有成本和公允价值两种模式。通常采用成本模式计量，满足特定条件时可以采用公允价值模式计量。但是，同一企业只能采用一种模式对所有投资性房地产进行后续计量，不得同时采用两种计量模式。

（1）采用成本模式进行后续计量的投资性房地产

采用成本模式进行后续计量的投资性房地产，应当按照固定资产或无形资产的有关规定，按期（月）对投资性房地产计提折旧或进行摊销，借记"其他业务成本"等账户，贷记"投资性房地产累计折旧"账户或"投资性房地产累计摊销"账户。取得的租金收入，借记"银行存款"等账户，贷记"其他业务收入"等账户。

投资性房地产存在减值迹象的，经减值测试后确定发生减值的，应当计提减值准备，借记"资产减值损失"账户，贷记"投资性房地产减值准备"账户。

（2）采用公允价值模式进行后续计量的投资性房地产

企业有确凿证据表明其投资性房地产的公允价值能够持续可靠取得的，可以对投资性房地产采用公允价值模式进行后续计量。

投资性房地产采用公允价值模式进行后续计量的，不计提折旧或进行摊销，企业应当以资产负债表日的公允价值为基础，调整其账面余额。

在资产负债表日，投资性房地产的公允价值高于其账面余额的差额，借记"投资性房地产——公允价值变动"账户，贷记"公允价值变动损益"账户；公允价值低于其账面余额的差额做相反的会计分录。

取得的租金收入，借记"银行存款"等账户，贷记"其他业务收入"等账户。

（3）投资性房地产后续计量模式的变更

为保证会计信息的可比性，企业对投资性房地产的计量模式一经确定，就不得随意变更。只有在房地产市场比较成熟、能够满足采用公允价值模式条件的情况下，才允许企业将投资性房地产从成本模式计量变更为公允价值模式计量。成本模式转为公允价值模式的，应当作为会计政策变更处理，将计量模式变更时公允价值与账面价值的差额，调整期初留存收益。企业变更投资性房地产计量模式，符合《企业会计准则第3号——投资性房地产》规定的，应当按照计量模式变更日投资性房地产的公允价值，借记"投资性房地产——成本"账户，按照已计提的折旧或摊销，借记"投资性房地产累计折旧（摊销）"账户，原已计提减值准备的，借记"投资性房地产减值准备"账户；按照原账面余额，贷记"投资性房地产"账户，按照公允价值和其账面价值之间的差额，贷记或借记"利润分配——未分配利润""盈余公积"等账户。

已采用公允价值模式计量的投资性房地产，不得从公允价值模式转为成本模式。投资性房地产计量模式变更示意图如图6-1所示。

在极少数情况下，采用公允价值对投资性房地产进行后续计量的企业，有证据表明当企业首次取得某项投资性房地产（或者某项现有房地产在完成建造、开发活动或改变用途后首次成为投资性房地产）时，该投资性房地产的公允价值不能持续可靠取得的，应当对该投资性房地产采用成本模式计量直至处置，并且假设无残值。但是，采用成本模式对投资性房地产进行后续计量的企业,即使有证据表明,企业首次取得某项投资性房地产时,该投资性房地产的公允价值能够持续可靠取得,该企业仍应对该投资性房地产采用成本模式进行后续计量。

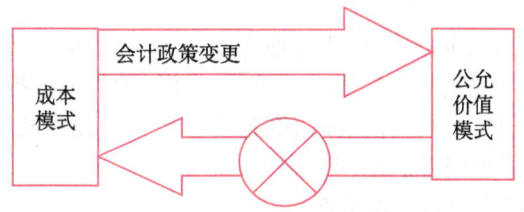

图6-1 投资性房地产计量模式变更示意图

6. 投资性房地产的转换

(1) 房地产的转换形式及转换日

房地产的转换是指房地产用途的变更。企业不得随意对自用或作为存货的房地产进行重新分类。企业有确凿证据表明房地产用途发生改变,满足下列条件之一的,才应当将投资性房地产转换为其他资产或将其他资产转换为投资性房地产。

① 投资性房地产开始自用,即将投资性房地产转为自用房地产。在这种情况下,转换日为房地产达到自用状态,企业开始将其用于生产商品、提供劳务或经营管理的日期。

② 作为存货的房地产改为出租,通常是指房地产开发企业将其持有的开发产品以经营租赁的方式出租,存货相应地转换为投资性房地产。在这种情况下,转换日为房地产的租赁期开始日。租赁期开始日是指承租人有权行使其使用租赁资产权利的日期。

③ 自用建筑物停止自用改为出租,即企业将原本用于生产商品、提供劳务或经营管理的房地产改用于出租,固定资产相应地转换为投资性房地产。在这种情况下,转换日为租赁期开始日。

④ 自用土地使用权停止自用,改用于赚取租金或资本增值,即企业将原本用于生产商品、提供劳务或者经营管理的土地使用权改用于赚取租金或资本增值,该土地使用权相应地转换为投资性房地产。在这种情况下,转换日为自用土地使用权停止自用后,确定用于赚取租金或资本增值的日期。

⑤ 房地产企业将用于经营出租的房地产重新开发用于对外销售,从投资性房地产转为存货。在这种情况下,转换日为租赁期满,企业董事会或类似机构做出书面决议明确表明将其重新开发用于对外销售的日期。

以上所指的确凿证据包括两个方面:一是企业董事会或类似机构应当就改变房地产用途形成正式的书面决议;二是房地产因用途改变而发生实际状态上的改变,如从自用状态改为出租状态。

(2) 房地产转换的账务处理

① 成本模式下的转换。

〈1〉投资性房地产转换为自用房地产。

企业将采用成本模式计量的投资性房地产转换为自用房地产时,应当按照该项投资性房地产在转换日的账面余额、累计折旧、减值准备等,分别转入"固定资产""累计折旧""固定资产减值准备"等账户,按照其账面余额,借记"固定资产"或"无形资产"账户,贷记"投资性房地产"账户;按照已计提的折旧或摊销,借记"投资性房地产累计折旧(摊销)"账户,贷记"累计折旧"或"累计摊销"账户;原已计提减值准备的,借记"投资性房地产减值准备"账户,贷记"固定资产减值准备"或"无形资产减值准备"账户。

〈2〉投资性房地产转换为存货。

企业将采用成本模式计量的投资性房地产转换为存货时,应当按照该项房地产在转换日的账面价值,借记"开发产品"账户,按照已计提的折旧或摊销,借记"投资性房地产累计折旧(摊销)"账户,原已计提减值准备的,借记"投资性房地产减值准备"账户;按照其账面余额,贷记"投资性房地产"账户。

〈3〉自用房地产转换为投资性房地产。

企业将自用土地使用权或建筑物转换为采用成本模式计量的投资性房地产时,应当按照该项建筑物或土地使用权在转换日的原价、累计折旧、减值准备等,分别转入"投资性房地产""投资性房地产累计折旧(摊销)""投资性房地产减值准备"账户;按照其账面余额,借记"投资性房地产"账户,贷记"固定资产"或"无形资产"账户;按照已计提的折旧或摊销,借记"累计折旧"或"累计摊销"账户,贷记"投资性房地产累计折旧(摊销)"账户;原已计提减值准备的,借记"固定资产减值准备"或"无形资产减值准备"账户,贷记"投资性房地产减值准备"账户。

〈4〉作为存货的房地产转换为投资性房地产。

企业将作为存货的房地产转换为采用成本模式计量的投资性房地产时,应当按照该项存货在转换日的账面价值,借记"投资性房地产"账户,原已计提跌价准备的,借记"存货跌价准备"账户;按照其账面余额,贷记"开发产品"等账户。

② 公允价值模式下的转换。

〈1〉投资性房地产转换为自用房地产。

企业将采用公允价值模式计量的投资性房地产转换为自用房地产时,应当以其转换当日的公允价值作为自用房地产的账面价值,公允价值和原账面价值之间的差额计入当期损益。在转换日,按照该项投资性房地产的公允价值,借记"固定资产"或"无形资产"账户,按照该项投资性房地产的成本,贷记"投资性房地产——成本"账户,按照该项投资性房地产的累计公允价值变动,贷记或借记"投资性房地产——公允价值变动"账户;按照其差额,贷记或借记"公允价值变动损益"账户。

〈2〉投资性房地产转换为存货。

企业将采用公允价值模式计量的投资性房地产转换为存货时,应当以其转换当日的公允价值作为存货的账面价值,公允价值和原账面价值之间的差额计入当期损益。在转换日,按照该项投资性房地产的公允价值,借记"开发产品"等账户,按照该项投资性房地产的成本,贷记"投资性房地产——成本"账户,按照该项投资性房地产的累计公允价值变动,贷记或借记"投资性房地产——公允价值变动"账户;按照其差额,贷记或借记"公允价值变动损益"账户。

〈3〉自用房地产转换为投资性房地产。

企业将自用土地使用权或建筑物转换为采用公允价值模式计量的投资性房地产时,应当按照该项土地使用权或建筑物在转换日的公允价值,借记"投资性房地产——成本"账户,按照已计提的累计摊销或累计折旧,借记"累计摊销"或"累计折旧"账户,原已计提减值准备的,借记"无形资产减值准备""固定资产减值准备"账户;按照其账面余额,贷记"固定资产"或"无形资产"账户。同时，转换日的公允价值小于账面价值的，按照其差额，借记"公允价值变动损益"账户；转换日的公允价值大于账面价值的，按照其差额，贷记"其他综合收益"账户。待处置该项投资性房地产时，因转换计入其他综合收益的部分应当转入处置当期损益。

（4）作为存货的房地产转换为投资性房地产。

企业将作为存货的房地产转换为采用公允价值模式计量的投资性房地产时，应当按照该项房地产在转换日的公允价值，借记"投资性房地产——成本"账户，原已计提跌价准备的，借记"存货跌价准备"账户；按照其账面余额，贷记"开发产品"等账户。同时，转换日的公允价值小于账面价值的，按其差额，借记"公允价值变动损益"账户；转换日的公允价值大于账面价值的，按照其差额，贷记"其他综合收益"账户。待处置该项投资性房地产时，因转换计入其他综合收益的部分应当转入处置当期损益。

7. 投资性房地产的处置

（1）采用成本模式计量的投资性房地产的处置

企业出售、转让采用成本模式计量的投资性房地产，应当按照实际收到的金额，借记"银行存款"等账户，贷记"其他业务收入"账户；按照该项投资性房地产的账面价值，借记"其他业务成本"账户，按照该项投资性房地产的累计折旧或累计摊销，借记"投资性房地产累计折旧"或"投资性房地产累计摊销"账户，按照该项投资性房地产的账面余额，贷记"投资性房地产"账户；已计提减值准备的，还应同时结转减值准备，借记"投资性房地产减值准备"账户。

（2）采用公允价值模式计量的投资性房地产的处置

企业处置采用公允价值模式计量的投资性房地产，应当按照实际收到的金额，借记"银行存款"等账户，贷记"其他业务收入"账户；按照该项投资性房地产的账面余额，借记"其他业务成本"账户，按照其成本，贷记"投资性房地产——成本"账户，按照其累计公允价值变动，贷记或借记"投资性房地产——公允价值变动"账户。同时，按照原计入该项投资性房地产的公允价值变动，借记或贷记"公允价值变动损益"账户，贷记或借记"其他业务成本"账户。如果存在原转换日计入其他综合收益的金额，则也一并结转。按照该项投资性房地产在转换日计入其他综合收益的金额，借记"其他综合收益"账户，贷记"其他业务成本"账户。

（二）任务要领

1. 投资性房地产的初始计量

（1）外购的投资性房地产

采用成本模式进行初始计量	采用公允价值模式进行初始计量
借：投资性房地产 　贷：银行存款	借：投资性房地产——成本 　贷：银行存款

（2）自行建造的投资性房地产

采用成本模式进行初始计量	采用公允价值模式进行初始计量
借：投资性房地产 　贷：在建工程/开发产品	借：投资性房地产——成本 　贷：在建工程/开发产品

2. 投资性房地产的后续计量

采用成本模式计量的投资性房地产	采用公允模式计量的投资性房地产
（1）计提折旧或进行摊销 借：其他业务成本 　　贷：投资性房地产累计折旧 　　　　投资性房地产累计摊销	（1）公允价值高于其账面余额的差额 借：投资性房地产——公允价值变动 　　贷：公允价值变动损益 公允价值低于其账面余额的差额做相反的会计分录
（2）取得的租金收入 借：银行存款 　　贷：其他业务收入	（2）取得的租金收入 借：银行存款 　　贷：其他业务收入
（3）计提减值准备 借：资产减值损失 　　贷：投资性房地产减值准备	

3. 房地产转换

成本模式下的转换	公允价值模式下的转换
（1）投资性房地产转换为自用房地产 借：固定资产（无形资产） 　　投资性房地产累计折旧（投资性房地产累计摊销） 　　投资性房地产减值准备 　　贷：投资性房地产 　　　　累计折旧（累计摊销） 　　　　固定资产减值准备	（1）投资性房地产转换为自用房地产 借：固定资产（无形资产） 　　公允价值变动损益　　注：借方余额 　　贷：投资性房地产——成本——公允价值变动 　　　　公允价值变动损益　　注：贷方余额
（2）投资性房地产转换为存货 借：开发产品 　　投资性房地产累计折旧 　　投资性房地产减值准备 　　贷：投资性房地产	（2）投资性房地产转换为存货 借：开发产品 　　公允价值变动损益　　注：借方余额 　　贷：投资性房地产——成本 　　　　投资性房地产——公允价值变动 　　　　公允价值变动损益　　注：贷方余额
（3）自用房地产转换为投资性房地产 借：投资性房地产 　　累计折旧（累计摊销） 　　固定资产减值准备（无形资产减值准备） 　　贷：固定资产（无形资产） 　　　　投资性房地产累计折旧（投资性房地产累计摊销） 　　　　投资性房地产减值准备	（3）自用房地产转换为投资性房地产 借：投资性房地产——成本 　　累计折旧（累计摊销） 　　固定资产减值准备（无形资产减值准备） 　　公允价值变动损益　　注：借方余额 　　贷：固定资产（无形资产） 　　　　其他综合收益　　注：贷方余额
（4）作为存货的房地产转换为投资性房地产 借：投资性房地产 　　存货跌价准备 　　贷：开发产品	（4）作为存货的房地产转换为投资性房地产 借：投资性房地产——成本 　　存货跌价准备 　　公允价值变动损益　　注：借方余额 　　贷：开发产品 　　　　其他综合收益　　注：贷方余额

4. 投资性房地产的处置

成本模式下的处置	公允价值模式下的处置
借：银行存款 　　贷：其他业务收入 借：其他业务成本 　　投资性房地产累计折旧（累计摊销） 　　投资性房地产减值准备 　　贷：投资性房地产	借：银行存款 　　贷：其他业务收入 借：其他业务成本 　　贷：投资性房地产——成本 　　　　投资性房地产——公允价值变动 借：其他综合收益 　　公允价值变动损益 　　贷：其他业务成本

三、任务实施

（以下金额单位为万元）

步骤 1 2021 年 3 月 1 日出租写字楼。

借：投资性房地产——成本	16 000
累计折旧	3 000
贷：固定资产	15 000
其他综合收益	4 000

步骤 2 2021 年 3 月 31 日收到租金。

借：银行存款	125
贷：其他业务收入	125

步骤 3 2021 年 12 月 31 日公允价值变动。

借：投资性房地产——公允价值变动	1 000
贷：公允价值变动损益	1 000

步骤 4 2022 年 9 月 1 日处置写字楼。

借：银行存款	17 500
贷：其他业务收入	17 500
借：其他业务成本	12 000
公允价值变动损益	1 000
其他综合收益	4 000
贷：投资性房地产——成本	16 000
投资性房地产——公允价值变动	1 000

四、任务评价

根据任务要求实施并完成任务后，请填写本任务评价参考表，如表 6-3 所示。

表 6-3　投资性房地产核算评价参考表

评价主体	评价内容	得　分
教师评价 （50 分）	1. 学生出勤情况（10 分）	
	2. 学生课堂表现（10 分）	
	3. 任务完成情况	
	（1）取得投资性房地产的账务处理（10 分）	
	（2）转换投资性房地产的账务处理（10 分）	
	（3）处置投资性房地产的账务处理（10 分）	
自我评价 （50 分）	1. 课前预习情况（10 分）	
	2. 上课回答问题积极性（10 分）	
	3. 所学知识掌握情况	
	（1）取得投资性房地产的账务处理（10 分）	
	（2）转换投资性房地产的账务处理（10 分）	
	（3）处置投资性房地产的账务处理（10 分）	
合　计		

五、任务拓展

长江公司于 2019 年 1 月 1 日将一栋商品房对外出租并采用公允价值模式计量，租期为 3 年，每年 12 月 31 日收取租金 222 万元。出租时，该栋商品房的成本为 5 000 万元，公允价值为 6 000 万元。2019 年 12 月 31 日，该栋商品房的公允价值为 6 300 万元；2020 年 12 月 31 日，该栋商品房的公允价值为 6 600 万元；2021 年 12 月 31 日，该栋商品房的公允价值为 6 700 万元。2022 年 1 月 10 日，将该栋商品房对外出售，收到 7 548 万元，存入银行。

要求：对长江公司上述经济业务进行账务处理。（假定按年确认公允价值变动损益和确认租金收入。答案中的金额单位用万元表示）

参考答案

六、任务测试

在线测试

单元七

财务成果业务

↘ 思政目标
1. 培养学生做事认真、严谨的作风。
2. 培养学生诚实守信、廉洁自律的品质。
3. 培养学生具有交流沟通、团队协作的能力。

↘ 知识目标
1. 了解营业外收入、营业外支出的核算。
2. 理解所得税费用与应缴所得税的计算。
3. 理解利润总额、净利润的计算。
4. 理解损益类账户余额结转本年利润的具体核算内容。
5. 了解财务报告的概念、结构与内容。
6. 掌握资产负债表、利润表、现金流量表和所有者权益变动表的编制方法。

↘ 技能目标
1. 能够准确计算利润总额、净利润。
2. 能够准确计算应缴所得税和所得税费用,并熟练掌握相关业务的账务处理。
3. 能够准确运用将损益类项目结转到本年利润的两种方法,并准确计算企业的利润总额和净利润。
4. 能够熟练编制资产负债表、利润表、现金流量表和所有者权益变动表。

任务一　利润核算

一、任务情境

(一)任务场景

北京陈鸿商贸有限责任公司采用表结法。2021 年有关损益类账户的年末余额如表 7-1 所示。假设该公司 2021 年度不存在所得税纳税调整因素,所得税税率为 25%;年初未分配利润为 410 000 元,法定盈余公积金的提取比例为 10%;按照公司章程任意盈余公积的提取比例为 6%；经股东大会决议，本年向股东分配的现金股利为 60 万元。

表 7-1 2021 年度损益类账户年末余额

编制单位：北京陈鸿商贸有限责任公司　　　　　　　　　　　　　　　　　　　　　　元

账户名称	借或贷	结账前余额
主营业务收入	贷	12 000 000
其他业务收入	贷	1 400 000
公允价值变动损益	贷	300 000
投资收益	贷	1 200 000
营业外收入	贷	100 000
主营业务成本	借	8 000 000
其他业务成本	借	800 000
税金及附加	借	160 000
销售费用	借	1 000 000
管理费用	借	1 540 000
财务费用	借	400 000
资产减值损失	借	200 000
营业外支出	借	500 000

（二）任务布置

① 完成该公司损益类账户余额结转本年利润的账务处理。
② 计算该公司利润总额。
③ 计算该公司应缴所得税，并完成所得税费用的相关账务处理。
④ 计算该公司净利润，并将净利润结转至"利润分配"账户。
⑤ 完成该公司提取法定盈余公积、任意盈余公积和向股东分配现金股利的账务处理。
⑥ 完成该公司年末未分配利润的结算。

二、任务准备

（一）知识准备

1. 利润概述

目标成本法是指企业以市场为导向，以目标售价和目标利润为基础确定产品的目标成本，从产品设计阶段开始，通过各部门、各环节乃至与供应商的通力合作，共同实现目标成本的成本管理方法。

（1）利润的定义

利润是指企业在一定会计期间的经营成果。通常情况下，如果企业实现了利润（即利润为正数），则表明企业所有者权益增加，业绩得到了提升；反之，如果企业发生了亏损（即利润为负数），则表明企业所有者权益减少，业绩下滑。利润是衡量企业优劣的一个重要标志，往往既是评价企业管理层业绩的一项重要指标，也是投资者等财务报告使用者进行决策时的重要参考依据。

利润包括收入减去费用后的净额、直接计入当期利润的利得和损失等。直接计入当期利润的利得和损失是指计入营业外收入与营业外支出的金额。未计入当期利润的利得和损失扣除所得税影响后的净额计入其他综合收益项目。净利润与其他综合收益的合计金额为综合收益总额，具体请参见本单元任务三中有关利润表的讲述。

（2）利润的确认条件

利润反映收入减去费用、直接计入当期利润的利得减去损失后的净额。利润的确认主要依赖于收入和费用，以及直接计入当期利润的利得和损失的确认。其金额的确定也主要取决于收入、费用、利得损失金额的计量。

（3）利润的构成

与利润相关的计算公式如下。

① 营业利润。

营业利润 = 营业收入 − 营业成本 − 税金及附加 − 销售费用 − 管理费用 − 研发费用 − 财务费用 − 信用减值损失 − 资产减值损失 + 其他收益 + 投资收益（−投资损失）+ 公允价值变动收益（−公允价值变动损失）+ 资产处置收益（−资产处置损失）

其中，营业收入是指企业经营业务所确认的收入总额，包括主营业务收入和其他业务收入；营业成本是指企业经营业务所发生的实际成本总额，包括主营业务成本和其他业务成本；信用减值损失是指计提的坏账准备及金融资产计提减值准备形成的损失；资产减值损失是指企业存货、固定资产、无形资产等计提减值准备所形成的损失；其他收益主要是指与日常活动相关，除冲减相关成本费用以外的政府补助；投资收益（或损失）是指企业以各种方式对外投资所取得的收益（或发生的损失）；公允价值变动收益（或损失）是指企业交易性金融资产等公允价值变动形成的应计入当期损益的利得（或损失）；资产处置收益是指企业生产经营期间处置固定资产、在建工程及无形资产等非流动资产而产生的利得和损失。

② 利润总额。

利润总额 = 营业利润 + 营业外收入 − 营业外支出

其中，营业外收入是指企业发生的与其日常活动无直接关系的应计入当期损益的各项利得；营业外支出是指企业发生的与其日常活动无直接关系的应计入当期损益的各项损失。

③ 净利润。

净利润 = 利润总额 − 所得税费用

其中，所得税费用是指企业确认的应从当期利润总额中扣除的所得税费用。

2. 营业外收支

（1）营业外收入

① 营业外收入核算的内容。

营业外收入并不是企业经营资金耗费所产生的，实际上是经济利益的净流入，不需要与有关的费用进行配比。营业外收入主要包括非流动资产毁损报废收益、盘盈利得（固定资产盘盈除外）、捐赠利得、债务重组利得等。

- 非流动资产毁损报废收益包括固定资产毁损报废收益和无形资产毁损报废收益。

固定资产毁损报废收益是指企业毁损报废固定资产所取得的价款或报废固定资产的材料价值和变价收入等，扣除被处置固定资产的账面价值、清理费用、与处置相关的税费后的净收益；无形资产毁损报废收益是指企业毁损报废无形资产所取得的价款，扣除被出售无形资产的账面价值、与出售相关的税费后的净收益。

- 盘盈利得是指企业对现金等资产清查盘点时发生盘盈，报经批准后计入营业外收入的金额。
- 捐赠利得是指企业接受捐赠产生的利得。
- 债务重组利得是指重组债务的账面价值超过清偿债务的现金、非现金资产的公允价值、所转股份的公允价值或重组后债务账面价值之间的差额。

提示

确实无法支付的应付账款，按规定程序报经批准后应转作营业外收入。

② 营业外收入的账务处理。

为了核算营业外收入的取得及结转情况，企业应设置"营业外收入"账户。该账户属于损益类账户，贷方登记企业确认的各项营业外收入，借方登记期末转入本年利润的营业外收入；期末结转后该账户无余额。该账户可按营业外收入项目设置明细账户进行明细核算。

〈1〉确认非流动资产毁损报废收益。

企业确认非流动资产毁损报废收益时，借记"固定资产清理""银行存款""待处理财产损溢""无形资产""原材料"等账户，贷记"营业外收入"账户。

〈2〉确认盘盈利得、捐赠利得。

企业确认盘盈利得、捐赠利得计入营业外收入时，借记"库存现金""待处理财产损溢"等账户，贷记"营业外收入"账户。

课堂训练 7-1 2021年8月20日，乙公司在现金清查中盘盈500元，接管理权限报经批准后转入营业外收入。

（1）8月20日发现盘盈时

借：库存现金　　　　　　　　　　　　　　　　500
　　贷：待处理财产损溢　　　　　　　　　　　　　　500

（2）经批准转入营业外收入时

借：待处理财产损溢　　　　　　　　　　　　　500
　　贷：营业外收入　　　　　　　　　　　　　　　　500

〈3〉期末结转

期末，应将"营业外收入"账户余额转入"本年利润"账户，借记"营业外收入"账户，贷记"本年利润"账户；结转后"营业外收入"账户应无余额。

（2）营业外支出

① 营业外支出的核算内容。

营业外支出主要包括非流动资产毁损报废损失、公益性捐赠支出、非常损失、盘亏损失、罚款支出、债务重组损失等。

- 非流动资产毁损报废损失包括固定资产毁损报废损失和无形资产毁损报废损失。

固定资产毁损报废损失是指企业毁损报废固定资产所取得的价款，或者报废固定资产的材料价值和变价收入等，抵补处置固定资产的账面价值、清理费用、处置相关税费后的净损失；无形资产毁损报废损失是指企业毁损报废无形资产所取得的价款，抵补出售无形资产的账面价值、出售相关税费后的净损失。
- 公益性捐赠支出是指企业对外进行公益性捐赠发生的支出。
- 非常损失是指企业对于因客观因素（如自然灾害等）造成的损失，扣除保险公司赔偿后应计入营业外支出的净损失。
- 盘亏损失是主要指对于财产清查盘点中盘亏的资产，查明原因并报经批准计入营业外支出的损失。
- 罚款支出是指企业支付的行政罚款、税务罚款，以及其他违反法律法规、合同协议等而支付的罚款、违约金、赔偿金等支出。
- 债务重组损失是指企业按照债务重组会计处理规定应计入营业外支出的债务重组损失。对于债务重组损失可通过以下方式确定其金额，即债务重组损失=重组债权的账面价值-现在或将来受偿金额-坏账准备。如果债权人未提坏账准备，则可通过账面价值直接减去受偿金额来确定。

② 营业外支出的账务处理。

为了核算营业外支出的发生及结转情况，企业应设置"营业外支出"账户。该账户属于损益类账户，借方登记企业发生的各项营业外支出，贷方登记期末转入本年利润的营业外支出；期末结转后该账户无余额。该账户可按营业外支出项目进行明细核算。

〈1〉确认非流动资产毁损报废损失。

企业确认毁损报废非流动资产损失时，借记"营业外支出"账户，贷记"固定资产清理""无形资产"等账户。

课堂训练 7-2 2018年1月1日，乙公司取得一项价值100万元的非专利技术，并将其确认为无形资产。采用直线法摊销，摊销期限为20年。2022年1月1日，由于该技术已被其他新技术所替代，乙公司决定将其转入报废处理，报废时已累计摊销20万元，未计提减值准备。假定不考虑增值税等其他因素。

（1）计算乙公司无形资产的报废损失

无形资产的报废损失金额=100-20=80（万元）

（2）编制相关会计分录

借：累计摊销　　　　　　　　　　　　　　　200 000
　　营业外支出　　　　　　　　　　　　　　800 000
　　　贷：无形资产　　　　　　　　　　　　　　1 000 000

〈2〉确认公益捐赠支出。

企业确认公益捐赠支出时，借记"营业外支出"账户，贷记"银行存款"等账户。

课堂训练 7-3 2021年9月，乙公司用银行存款赞助希望小学30 000元，用于购买文具。款已支付。

借：营业外支出——公益性捐赠支出　　　　30 000
　　贷：银行存款　　　　　　　　　　　　　　30 000

〈3〉确认非常损失。

企业确认非常损失时，借记"营业外支出"账户，贷记"原材料"等账户。

课堂训练 7-4 乙公司发生原材料意外灾害损失200 000元，经批准全部转作营业外支出。假定不考虑相关税费。

（1）发生原材料意外灾害损失时

借：待处理财产损溢　　　　　　　　　　　　200 000
　　贷：原材料　　　　　　　　　　　　　　　　　200 000

（2）批准处理时

借：营业外支出　　　　　　　　　　　　　　200 000
　　贷：待处理财产损溢　　　　　　　　　　　　　200 000

〈4〉确认盘亏支出、罚款支出。

确认盘亏、罚款支出计入营业外支出时，借记"营业外支出"账户，贷记"待处理财产损溢""库存现金"等账户。

课堂训练 7-5 2021年10月，乙公司以银行存款向某公司支付合同违约金30 000元。

借：营业外支出　　　　　　　　　　　　　　30 000
　　贷：银行存款　　　　　　　　　　　　　　　　30 000

〈5〉期末结转。

期末，应将"营业外支出"账户余额转入"本年利润"账户，借记"本年利润"账户，贷记"营业外支出"账户。结转后"营业外支出"账户无余额。

课堂训练 7-6 2021年12月，乙公司将本年"营业外收入"账户余额500元和"营业外支出"账户余额1 060 000元转入"本年利润"账户。

借：营业外收入　　　　　　　　　　　　　　500
　　贷：本年利润　　　　　　　　　　　　　　　　500
借：本年利润　　　　　　　　　　　　　　1 060 000
　　贷：营业外支出　　　　　　　　　　　　　　1 060 000

3. 本年利润

（1）结转本年利润的方法

会计期末结转本年利润的方法有表结法和账结法两种。

① 表结法。

在表结法下，各损益类账户每月月末只需要结计出本月发生额和月末累计余额，不用结转到"本年利润"账户，只有在年末时才将全年累计余额结转入"本年利润"账户。但每月月末要将损益类账户的本月发生额合计数填入利润表的本月数栏，同时将本月末累计余额填入利润表的本年累计数栏，通过利润表计算反映各期的利润（或亏损）。在表结法下，年中损益类账户无须结转入"本年利润"账户，从而减少了转账环节和工作量，同时并不影响利润表的编制及有关损益指标的利用。

② 账结法。

在账结法下，每月月末均需要编制转账凭证，将在账上结计出的各损益类账户的余额结转入"本年利润"账户。结转后"本年利润"账户的本月余额反映当月实现的利润或发生的亏损，"本年利润"账户的本年余额反映本年累计实现的利润或发生的亏损。账结法在各月均可通过"本年利润"账户提供当月及本年累计的利润（或亏损）额，但增加了转账环节和工作量。

(2) 结转本年利润的账务处理

企业应设置"本年利润"账户核算企业本年度实现的净利润（或发生的净亏损）。该账户属于所有者权益类账户。

① 损益类账户余额转入本年利润。

在会计期末，企业应将"主营业务收入""其他业务收入""营业外收入"等账户的余额分别转入"本年利润"账户的贷方，将"主营业务成本""其他业务成本""税金及附加""销售费用""管理费用""财务费用""资产减值损失""营业外支出""所得税费用"等账户的余额分别转入"本年利润"账户的借方；企业还应将"公允价值变动损益""投资收益"账户的净收益转入"本年利润"账户的贷方，将"公允价值变动损益""投资收益"账户的净损失转入"本年利润"账户的借方。结转后，"本年利润"账户如为贷方余额，表示当年实现的净利润；如为借方余额，表示当年发生的净亏损。

② 本年利润转入利润分配。

年度终了，企业还应将"本年利润"账户的本年累计余额转入"利润分配——未分配利润"账户。"本年利润"如为贷方余额，借记"本年利润"账户，贷记"利润分配——未分配利润账户；如为借方余额，做相反的会计分录。结转后，"本年利润"账户应无余额。

4. 利润分配的核算

(1) 利润分配的内容

利润分配是指企业根据国家有关规定、企业章程和股东大会决议等，对企业净利润进行的分配。企业本年实现的净利润加上年初未分配利润为可供分配的利润。企业利润分配的主要内容和程序如下。

① 弥补以前年度亏损。

企业如果发生亏损，则既可以用以后年度实现的利润弥补，也可以用以前年度提取的盈余公积弥补。企业当年发生的亏损，也可以用以前年度结余的盈余公积来弥补。

② 提取法定盈余公积。

法定盈余公积按照企业本年实现净利润的一定比例提取，公司制企业（包括国有独资公司、有限责任公司和股份有限公司等）依据《中华人民共和国公司法》的规定，按照净利润的10%提取，其他企业可以根据需要确定比例，但至少应按10%提取。法定盈余公积累计额已达注册资本的50%时可以不再提取。

③ 提取任意盈余公积。

公司制企业提取法定盈余公积后，经过股东大会决议，可以按照企业本年实现净利润的一定比例提取任意盈余公积；其他企业也可以根据需要提取任意盈余公积。任意盈余公积的提取比例由企业视情况而定。

④ 向投资者分配利润。

企业提取法定盈余公积后可以按规定向投资者分配利润。

上述利润分配的顺序说明，企业在以前年度亏损未弥补完之前，不得提取盈余公积；企业在提取法定盈余公积金之前（按规定可以不再提取法定盈余公积金的情况除外），不得向投资者分配利润；企业以前年度未分配利润，可以并入本年向投资者分配。

(2) 利润分配核算的账户设置

①"利润分配"账户。

"利润分配"账户用来核算企业利润的分配（或亏损的弥补）和历年分配（或弥补）

后的余额。该账户借方登记企业已经分配的利润（包括提取法定盈余公积、提取任意盈余公积、分配现金股利或利润、转作股本的股利等）和年终结转的亏损总额，贷方登记企业以盈余公积弥补的亏损和年终结转的净利润总额；如果年末余额在贷方，则为年末未分配利润，如果在借方，则为年末未弥补亏损。

"利润分配"账户应当分别设置"提取法定盈余公积""提取任意盈余公积""应付现金股利或利润""转作股本的股利""盈余公积补亏""未分配利润"等明细账户进行明细核算。

②"利润分配——未分配利润"明细账户。

企业未分配利润通过"利润分配"账户进行账户处理。年终应将全年净利润从"本年利润"账户转入"利润分配——未分配利润"明细账户，年终结转以后"本年利润"账户应无余额。企业分配本年净利润后，应将"利润分配"账户所属的其他明细账户余额转入"利润分配——未分配利润"明细账户。年终结转后，除"利润分配——未分配利润"明细账户以外，"利润分配"账户所属的其他明细账户应无余额。"利润分配"总账如果有余额，则其余额与所属"未分配利润"明细账户余额完全一致。也就是说，企业年末未分配利润是通过"利润分配——未分配利润"明细账户计算出来的。未分配利润是企业的留存收益，属于所有者权益。

（3）利润分配的账务处理

企业用当年实现的利润弥补亏损，不需要单独编制会计分录进行账务处理。这是因为以前年度的亏损额，在弥补前表现为"利润分配——未分配利润"账户的年初借方余额，企业在年末将全年净利润自"本年利润"账户转入"利润分配——未分配利润"账户的贷方时就弥补了亏损。

（4）年末未分配利润的结算

年末未分配利润 = 年初未分配利润 + 本年净利润 − 本年已分配利润

（二）任务要领

① 区分损益类账户借贷方余额，损益类账户余额期末转入"本年利润"账户后无余额。

② 年度终了，"本年利润"账户余额转入"利润分配——未分配利润"账户后无余额。

③ 根据利润总额计算应缴所得税，将所得税费用余额结转至"本年利润"账户后无余额。

④ 如果以前年度有亏损，则要先弥补以前年度亏损后再提取法定盈余公积、任意盈余公积和向投资者分配利润。

三、任务实施

（一）任务流程

① 将各损益类账户年末余额结转入"本年利润"账户。

② 计算利润总额、应缴所得税，并将所得税费用结转至"本年利润"账户。

③ 计算净利润，并将净利润结转至"利润分配"账户。

④ 如果以前年度发生亏损，则可以用当年实现的利润来弥补亏损后提取法定盈余公积、任意盈余公积和向股东分配现金股利。

⑤ 结算年末未分配利润。

（二）任务操作

步骤1 将各损益类账户年末余额结转入"本年利润"账户。

（1）结转各项收入、利得类账户至"本年利润"账户的账务处理

借：主营业务收入　　　　　　　　　　　　　　　　12 000 000
　　　其他业务收入　　　　　　　　　　　　　　　　 1 400 000
　　　公允价值变动损益　　　　　　　　　　　　　　 300 000
　　　投资收益　　　　　　　　　　　　　　　　　　 1 200 000
　　　营业外收入　　　　　　　　　　　　　　　　　 100 000
　　贷：本年利润　　　　　　　　　　　　　　　　　15 000 000

（2）结转各项费用、损失类账户至"本年利润"账户的账务处理

借：本年利润　　　　　　　　　　　　　　　　　　12 600 000
　　贷：主营业务成本　　　　　　　　　　　　　　　 8 000 000
　　　　 其他业务成本　　　　　　　　　　　　　　　 800 000
　　　　 税金及附加　　　　　　　　　　　　　　　　 160 000
　　　　 销售费用　　　　　　　　　　　　　　　　　 1 000 000
　　　　 管理费用　　　　　　　　　　　　　　　　　 1 540 000
　　　　 财务费用　　　　　　　　　　　　　　　　　 400 000
　　　　 资产减值损失　　　　　　　　　　　　　　　 200 000
　　　　 营业外支出　　　　　　　　　　　　　　　　 500 000

步骤2 计算利润总额。

经过上述结转后，"本年利润"账户的贷方发生额合计15 000 000元减去借方发生额合计12 600 000元即为税前会计利润，即利润总额为2 400 000元。

步骤3 计算应缴所得税，并完成所得税费用的有关账务处理。

（1）2021年度应缴所得税税额=2 400 000×25%=600 000（元）

（2）确认所得税费用的账务处理

借：所得税费用　　　　　　　　　　　　　　　　　 600 000
　　贷：应交税费——应交所得税　　　　　　　　　　 600 000

（3）将所得税费用结转入"本年利润"账户的账务处理

借：本年利润　　　　　　　　　　　　　　　　　　 600 000
　　贷：所得税费用　　　　　　　　　　　　　　　　 600 000

步骤4 计算净利润，并将净利润结转至"利润分配"账户。

① 2021年净利润=2 400 000-600 000=1 800 000（元）

② 将"本年利润"账户年末余额1 800 000（2 400 000-600 000）元转入"利润分配——未分配利润"账户。

借：本年利润　　　　　　　　　　　　　　　　　　 1 800 000
　　贷：利润分配——未分配利润　　　　　　　　　　 1 800 000

> **提示**
> 完成上述步骤后，企业就可以进行利润分配了。提取盈余公积、宣告分配现金股利等利润分配的账务处理请参见单元二任务三中未分配利润的讲述。

步骤5　提取法定盈余公积、任意盈余公积和向股东分配现金股利的账务处理。
（1）提取法定盈余公积金、任意盈余公积
　　借：利润分配——提取法定盈余公积　　　　　　180 000
　　　　利润分配——提取任意盈余公积　　　　　　108 000
　　　贷：盈余公积——法定盈余公积　　　　　　　180 000
　　　　　盈余公积——任意盈余公积　　　　　　　108 000
（2）向股东分配现金股利
　　借：利润分配——应付现金股利　　　　　　　　600 000
　　　贷：应付利润　　　　　　　　　　　　　　　600 000

步骤6　年末未分配利润的结算。
① 年末将"利润分配"账户所属"提取法定盈余公积""提取任意盈余公积""应付现金利润"等明细账户余额转入"利润分配——未分配利润"明细账户。
　　借：利润分配——未分配利润　　　　　　　　　888 000
　　　贷：利润分配——提取法定盈余公积　　　　　180 000
　　　　　利润分配——提取任意盈余公积　　　　　108 000
　　　　　利润分配——应付现金股利　　　　　　　600 000

② 年末未分配利润＝年初未分配利润＋本年净利润－本年已分配利润＝410 000＋1 800 000－888 000＝1 322 000（元）

四、任务评价

根据任务要求实施并完成任务后，请填写本任务评价参考表，如表7-2所示。

表7-2　利润核算评价参考表

评价主体	评价内容	得　分
教师评价（50分）	1. 学生出勤情况（10分）	
	2. 学生课堂表现（10分）	
	3. 任务完成情况	
	（1）损益类账户余额结转本年利润的账务处理（10分）	
	（2）利润总额的计算（10分）	
	（3）年末未分配利润的结算（10分）	
自我评价（50分）	1. 课前预习情况（10分）	
	2. 上课回答问题积极性（10分）	
	3. 所学知识掌握情况	
	（1）损益类账户余额结转本年利润的账务处理（10分）	
	（2）利润总额的计算（10分）	
	（3）年末未分配利润的结算（10分）	
合　计		

五、任务拓展

乙公司经股东大会决议，用以前年度结余的法定盈余公积 100 000 元弥补本年度亏损；丙公司本年年初"利润分配——未分配利润"账户的余额为借方余额 120 000 元（即未弥补的亏损 120 000 元），本年全年实现净利润为 210 000 元。

要求：完成乙公司弥补本年度亏损的账务处理；完成丙公司年末结转全年净利润的账务处理。

参考答案

六、任务测试

在线测试

任务二　所得税核算

一、任务情境

（一）任务场景

2021 年北京陈鸿商贸有限责任公司实现利润总额（税前会计利润）240 万元，所得税税率为 25%；递延所得税负债年初数为 40 万元，年末数为 50 万元；递延所得税资产年初数为 25 万元，年末数为 20 万元。假定该公司在未来期间能够产生足够的应纳税所得额可抵扣暂时性差异的所得税影响。

2021 年纳税调整事项如下。

① 本年度实发工资、薪金 15 万元；职工福利费 3 万元；工会经费 1 万元；职工教育经费 2 万元。

② 本年度发生广告费 80 万元，北京陈鸿商贸有限责任公司当年销售收入 1 340 万元。

③ 本年度收到国债利息 10 万元。

④ 本年度因违反环保法规被环保部门处以罚款 20 万元。

（二）任务布置

① 计算该公司当期应纳税所得额。

② 计算该公司当期应缴所得税。

③ 计算该公司递延所得税。

④ 确定利润表中的所得税费用，并完成所得税费用的有关账务处理。

二、任务准备

（一）知识准备

1. 所得税会计概述

所得税会计是研究处理会计收益和应税收益差异的会计理论与方法，是反映企业所得税的确认、计量和报告的一整套会计原理、程序与方法。我国所得税会计采用资产负债表债务法核算所得税。

2. 所得税会计的一般程序

① 按照相关会计准则规定确定资产负债表中除递延所得税资产和递延所得税负债以外的其他资产与负债项目的账面价值。

② 按照《企业会计准则》中对于资产和负债计税基础的确定方法，以适用的税收法规为基础，确定资产负债表中有关资产、负债项目的计税基础。

③ 比较资产、负债的账面价值及其计税基础，对于两者之间存在差异的，按照应纳税暂时性差异与可抵扣暂时性差异，分别确定资产负债表日递延所得税负债和递延所得税资产的应有金额。

④ 按照适用的税法规定计算确定当期应纳税所得额，将应纳税所得额与适用的所得税税率计算的结果确认为当期应交所得税，作为利润表中应予确认的当期所得税。

⑤ 确定利润表中的所得税费用。

具体的程序如图7-3所示。

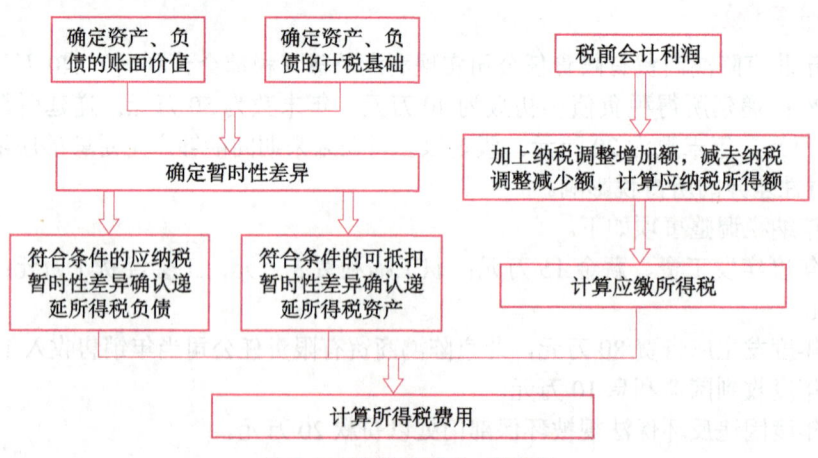

图7-3 所得税会计的一般程序

3. 递延所得税资产与负债

（1）递延所得税资产

资产、负债的账面价值与其计税基础不同产生可抵扣暂时性差异的，在估计未来期间能够取得足够的应纳税所得额用以利用该可抵扣暂时性差异时，应当以很可能取得用来抵扣可抵扣暂时性差异的应纳税所得额为限，确认相关的递延所得税资产。

课堂训练 7-7 2021年12月28日，乙公司因销售商品、提供售后服务等原因于当期确认了100万元的预计负债。税法规定，有关产品售后服务等与取得经营收入直接相关的费用于实际发生时允许税前列支。假定公司在确认预计负债的当期未发生售后服务费用。

预计负债账面价值＝100（万元）

预计负债计税基础＝账面价值100万元－未来期间按照税法规定可于税前扣除的金额100万元＝0

负债账面价值100万元＞计税基础0万元，产生可抵扣暂时性差异，确认递延所得税资产＝100×25%＝25（万元）。

（2）递延所得税负债

递延所得税负债是指根据资产、负债的账面价值与其计税基础不同产生的应税暂时性差异计算的未来期间应付所得税的金额。递延所得税负债的确认，体现了会计上的谨慎性原则，即企业进行会计核算时既不应高估资产，也不应低估负债。

课堂训练 7-8 2021年12月20日，乙公司购入一项生产用固定资产750万元。按照该项固定资产的预计使用情况，乙公司在会计核算时估计其使用寿命为10年。税法规定，该资产折旧年限5年，该公司计税时按照5年计算确定可税前扣除的折旧额。假定会计与税法均按年限平均法计列折旧、净残值均为0、固定资产未发生减值。

该项固定资产在2021年12月31日的账面价值＝750－750÷10＝675（万元）

该项固定资产在2021年12月31日的计税基础＝750－750÷5＝600（万元）

资产账面价值675万元＞计税基础600万元，产生应纳税暂时性差异，确认递延所得税负债＝75×25%＝18.75（万元）。

4. 所得税费用

（1）当期所得税

当期所得税是指企业按照税法规定计算确定的针对当期发生的交易和事项应缴纳给税务部门的所得税金额。其计算依据是应纳税所得额。应纳税所得额是企业按照税法规定计算确定的收益，在企业税前会计利润（即利润总额）的基础上调整确定的。其计算公式为：

当期应纳税所得额＝税前会计利润＋纳税调整增加额－纳税调整减少额

当期应缴所得税税额＝当期应纳税所得额×当期适用所得税税率

① 纳税调整增加额。

- 某项收益和利得，会计上不作为收益和利得，而税法规定应该纳税的项目，应调整增加当期的应纳税所得额。
- 某项费用和损失，企业已按照实际发生额全部计入当期费用和损失，但税法规定按照限额标准扣除或不允许扣除，则超过规定标准或不允许扣除的部分，应调整增加当期的应纳税所得额。税法规定的限额扣除标准如表7-3所示。

表7-3 税法规定的限额扣除标准

项　目	税法规定
职工福利费	不超过工资、薪金总额14%的部分准予扣除
工会经费	不超过工资、薪金总额2%的部分准予扣除
职工教育经费	不超过工资、薪金总额8%的部分准予扣除，超过部分准予结转以后纳税年度扣除
业务招待费	企业发生的与生产经营活动有关的业务招待费支出，按照发生额的60%扣除，但最高不得超过当年营业收入的5‰

（续表）

项　目	税法规定
广告费和业务宣传费	企业发生的广告费、业务宣传费不超过当年销售收入15%的部分，准予扣除；超过部分，准予在以后纳税年度结转扣除
公益性捐赠支出	在年度利润总额12%以内的部分准予扣除；超过年度利润总额12%的部分，准予结转以后3年内扣除
研发支出、技术开发费用	企业为开发新技术、新产品、新工艺发生的研究开发费用，未形成无形资产计入当期损益的，在按照规定据实扣除的基础上，按照研究开发费用的50%加计扣除。制造业企业开展研发活动中实际发生的研发费用，未形成无形资产计入当期损益的，在按规定据实扣除的基础上，自2021年1月1日起，再按照实际发生额的100%在税前加计扣除
税收滞纳金、罚金、罚款	不允许扣除

② 纳税调整减少额。

- 某项收益和利得，会计上作为收益和利得，而税法规定为免税项目的，如国债利息收入、政府补助等，应调整减少当期的应纳税所得额。
- 某项费用和损失，企业未计入当期费用和损失，但税法规定允许扣除的，如按税法规定允许税前利润弥补的亏损等，应调整减少当期的应纳税所得额。

（2）递延所得税

递延所得税是指按照《企业会计准则第18号——所得税》规定当期应予确认的递延所得税资产和递延所得税负债金额，即递延所得税资产及递延所得税负债当期发生额的综合结果，但不包括计入所有者权益的交易或事项的所得税影响。其计算公式为：

递延所得税 = 当期递延所得税负债的增加 + 当期递延所得税资产的减少 - 当期递延所得税负债的减少 - 当期递延所得税资产的增加

= （递延所得税负债的期末余额 - 递延所得税负债的期初余额）-
（递延所得税资产的期末余额 - 递延所得税资产的期初余额）

注意，如果某项交易或事项按照《企业会计准则》规定应计入所有者权益，则由该交易或事项产生的递延所得税资产或递延所得税负债及其变化也应计入所有者权益，不构成利润表中的递延所得税。

（3）所得税费用的核算

计算确定了当期所得税及递延所得税以后，利润表中应予确认的所得税费用为两者之和。其计算公式为：

所得税费用 = 当期所得税 + 递延所得税

企业通过"所得税费用"账户来核算企业所得税的确认及其结转情况。期末，应将"所得税费用"账户的余额转入"本年利润"账户，借记"本年利润"账户，贷记"所得税费用"账户；结转后"所得税费用"账户无余额。

（二）操作准备

对纳税调整项目进行仔细审核。

（三）任务要领

① 准确审核纳税调整项目，计算纳税调整增加额和减少额。

② 根据应纳税所得额计算应缴所得税,将所得税费用余额结转至"本年利润"账户后无余额。

三、任务实施

(一)任务流程

① 计算当期应纳税所得额。
② 计算当期应缴所得税。
③ 计算递延所得税。
④ 确定利润表中的所得税费用,并完成所得税费用的有关账务处理。

(二)任务操作

步骤1 根据北京陈鸿商贸有限责任公司税前会计利润加上纳税调整增加额(见表7-4),减去纳税调整减少额,计算当前应纳税所得额。

任务操作

表 7-4 纳税调整项目表   元

项 目	实际发生额	税法允许扣除额	纳税调整增减额
工资福利费	30 000	150 000×14%=21 000	9 000
工会经费	10 000	150 000×2%=3 000	7 000
职工教育经费	20 000	150 000×8%=12 000	8 000
广告费	800 000	13 400 000×15%=2 010 000	0
罚款	200 000	0	200 000
国债利息收入	100 000	免税项目	-100 000
合 计			124 000

2021年度应纳税所得额 =2 400 000+124 000=2 524 000(万元)

步骤2 将应纳税所得额与适用的所得税税率计算的结果确认为当期应缴所得税税额。

2021年度应缴所得税税额 =2 524 000×25%=631 000(万元)

步骤3 计算递延所得税税额。

递延所得税税额 = (500 000-400 000)-(200 000-250 000)=150 000(万元)

步骤4 确定利润表中的所得税费用,并完成所得税费用的相关账务处理。

① 2021年度利润表中的所得税费用 =631 000+150 000=781 000(万元)。
② 确认所得税费用的账务处理。

借:所得税费用　　　　　　　　　　　　　　　781 000
　　贷:应交税费——应交所得税　　　　　　　　631 000
　　　　递延所得税资产　　　　　　　　　　　　50 000
　　　　递延所得税负债　　　　　　　　　　　　100 000

③ 将所得税费用结转入"本年利润"账户的账务处理。

借：本年利润　　　　　　　　　　　　　　　　　　　781 000
　　贷：所得税费用　　　　　　　　　　　　　　　　　　　781 000

四、任务评价

根据任务要求实施并完成任务后，请填写本任务评价参考表，如表7-5所示。

表7-5　所得税核算评价参考表

评价主体	评价内容	得　分
教师评价 （50分）	1. 学生出勤情况（10分）	
	2. 学生课堂表现（10分）	
	3. 任务完成情况	
	（1）当期应缴所得税的计算（10分）	
	（2）递延所得税的计算（10分）	
	（3）所得税费用的账务处理（10分）	
自我评价 （50分）	1. 课前预习情况（10分）	
	2. 上课回答问题积极性（10分）	
	3. 所学知识掌握情况	
	（1）当期应缴所得税的计算（10分）	
	（2）递延所得税的计算（10分）	
	（3）所得税费用的账务处理（10分）	
合　计		

五、知识拓展

六、任务测试

知识拓展

在线测试

任务三　财务报告编制

子任务一　资产负债表的编制

一、任务情境

（一）任务场景

北京陈鸿商贸有限责任公司2021年12月总账和明细账余额表如表7-6所示。假设该公司应收票据未计提坏账准备、存货未计提跌价准备、固定资产和无形资产均未发生减值；长期借款到期期限不低于1年；年初盈余公积为174 000元，其中法定盈余公积为108 750元、任意盈余公积为65 250元、年初未分配利润为410 000元；本年净利润为1 619 000元，法定盈余公积的提取比例为10%、任意盈余公积的提取比例为6%；经股东大会决议，本年向股东分配的现金股利为600 000元。

表7-6　2021年12月总账和明细账余额表

编制单位：北京陈鸿商贸有限责任公司　　　2021年12月　　　　　　　　　　元

总　账	明细账	借方余额	贷方余额	总　账	明细账	借方余额	贷方余额
库存现金		4 020		短期借款	中国银行		100 000
银行存款	基本户	607 320		应付票据	乙公司		287 400
	一般户	302 680		应付账款	乙公司	25 000	
其他货币资金	外埠存款	12 500			丙公司		187 600
交易性金融资产		100 000		预收账款	丁公司	10 000	
应收票据	A公司	635 000			戊公司		53 000
应收账款	B公司	8 462 300		合同负债	B公司		25 000
	C公司		74 560		F公司		53 000
预付账款	D公司	681 690		应付职工薪酬	应付工资		202 530
	E公司		12 000		应付社保费		32 404
其他应收款	张三	5 000			应付工会经费		4 050
	李四	3 500			应付教育经费		8 116
合同资产	B公司	65 000		应交税费	应交增值税		39 513
	F公司	35 000			应交所得税		600 000
坏账准备			32 300		应交城建税		1 975
材料采购	a1材料	22 000			教育费附加		1 185
	b1材料	15 000		应付利息			345 000
原材料	a1材料	161 310		其他应付款	代扣代缴社保费		18 592
	b1材料	20 460		长期借款	专用借款		5 000 000

227

(续表)

总　账	明细账	借方余额	贷方余额	总　账	明细账	借方余额	贷方余额
材料成本差异	a1 材料	7 876		实收资本			8 000 000
	b1 材料	1 420		资本公积	资本溢价		4 500 000
库存商品	电器 A	4 353 060		盈余公积	法定盈余公积		270 650
	电器 B	685 740			任意盈余公积		162 390
周转材料	包装物	2 919		利润分配	未分配利润		1 169 960
	低值易耗品	26 235					
生产成本	基本生产成本（电器 A）	69 650					
	基本生产成本（电器 B）	32 830					
固定资产	厂房	1 870 000					
	生产线	6 250 000					
累计折旧	厂房		444 125				
	生产线		2 968 750				
无形资产	专利权	226 000					
	专有技术	33 480					
累计摊销	专利权		113 000				
	专有技术		16 740				

（二）任务布置

根据上述资料，编制北京陈鸿商贸有限责任公司 2021 年 12 月 31 日的资产负债表。

二、任务准备

（一）知识准备

1. 资产负债表的概念

资产负债表是反映企业在某一特定日期的财务状况的财务报表。它是根据"资产＝负债＋所有者权益"会计恒等式编制的。

2. 资产负债表的结构和内容

在我国，资产负债表采用账户式的格式，即左侧列示资产、右侧列示负债和所有者权益。左侧资产按照流动性分为流动资产和非流动资产列示，右边负债按照流动性分为流动负债和非流动负债列示。左边资产总计等于右边负债总计与所有者权益总计之和。

资产负债表由表头和表体两部分组成：表头部分应列明报表名称、编制单位名称、资产负债表日和人民币金额单位；表体部分反映资产、负债和所有者权益的内容，是资产负债表的主体和核心，各项资产、负债和所有者权益按流动性排列，所有者权益项目按稳定性排列。资产负债表的具体格式如表 7-7 所示。

单元七　财务成果业务

表7-7　资产负债表

会企01表

编制单位：　　　　　　　　　　年　月　日　　　　　　　　　　　　　　　　单位：元

资　产	期末余额	上年年末余额	负债和所有者权益（或股东权益）	期末余额	上年年末余额
流动资产：			流动负债：		
货币资金			短期借款		
交易性金融资产			交易性金融负债*		
衍生金融资产*			衍生金融负债*		
应收票据			应付票据		
应收账款			应付账款		
预付款项			预收款项		
其他应收款			合同负债		
存货			应付职工薪酬		
合同资产			应交税费		
持有待售资产*			其他应付款		
一年内到期的非流动资产			持有待售负债*		
其他流动资产			一年内到期的非流动负债		
流动资产合计			其他流动负债		
非流动资产：			流动负债合计		
债券投资			非流动负债：		
其他债权投资*			长期借款		
长期应收款*			应付债券*		
长期股权投资*			其中：优先股		
其他权益工具投资*			永续债		
投资性房地产*			长期应付款*		
固定资产			专项应付款*		
在建工程			预计负债*		
工程物资*			递延收益*		
固定资产清理			递延所得税负债*		
生产性生物资产*			其他非流动负债		
油气资产*			非流动负债合计		
无形资产			负债合计		
开发支出			所有者权益（或股东权益）：		
商誉*			实收资本（或股本）		
长期待摊费用			其他权益工具*		
递延所得税资产*			其中：优先股		
其他非流动资产*			永续债		
非流动资产合计			资本公积		
			其他综合收益*		
			专项储备*		
			盈余公积		
			未分配利润		
			所有者权益（或股东权益）合计		
资产总计			负债和所有者权益（或股东权益）合计		

注：标有*字的报表项目高职院校不要求掌握。

3. 资产负债表的编制方法

资产负债表各项目均需要填列"期末余额"和"上年年末余额"两栏。

（1）上年年末余额的填列

资产负债表的"上年年末余额"栏内各项数字，应根据上年年末资产负债表的"期末余额"栏内所列数字填列。

如果上年度资产负债表规定的各个项目的名称和内容与本年度不相一致，则应按照本年度的规定对上年年末资产负债表各项目的名称和数字进行调整，填入本表"上年年末余额"栏内。

（2）期末余额的填列

资产负债表的"期末余额"栏内各项数字的填列方法如下。

① 根据总账账户余额填列。

资产负债表中的有些项目可直接根据有关总账账户的期末余额填列，如"短期借款""资本公积"等项目；有些项目则需要根据几个总账账户的期末余额计算填列，如"货币资金"项目，需要根据"库存现金""银行存款""其他货币资金"3个总账账户的期末余额合计数填列；"其他应付款"项目，需要根据"其他应付款""应付利息""应付股利"3个总账账户的期末余额合计数填列。

② 根据明细账户余额计算填列。

如"应付账款"项目，需要根据"应付账款"和"预付账款"两个账户所属的相关明细账户的期末贷方余额计算填列；"应收账款"项目需要根据"应收账款"和"预收账款"两个账户所属的相关明细账户的期末借方余额减去与应收账款有关的坏账准备贷方余额计算填列；"预付款项"项目需要根据"预付账款"账户借方余额和"应付账款"账户借方余额减去与"预付账款"账户有关的坏账准备贷方余额计算填列。

"预收款项"项目需要根据"应收账款"账户贷方余额和"预收账款"账户贷方余额计算填列；"开发支出"项目需要根据"研发支出"账户中所属的"资本化支出"明细账户期末余额计算填列；"应付职工薪酬"项目需要根据"应付职工薪酬"账户的明细账户期末余额计算填列。

"一年内到期的非流动资产"和"一年内到期的非流动负债"项目需要根据有关非流动资产和非流动负债项目的明细账户余额计算填列；"未分配利润"项目需要根据"利润分配"账户中所属的"未分配利润"明细账户期末余额填列。

③ 根据总账账户和明细账户的余额分析计算填列。

长期待摊费用 = "长期待摊费用"总账账户余额 - "一年内摊销的长期待摊费用"明细账户金额

"一年内摊销的长期待摊费用"明细账户金额计入"一年内到期的非流动资产"项目。

长期借款 = "长期借款"总账账户余额 - 自资产负债表日起一年内到期且企业不能自主地将清偿义务展期的长期借款

一年内到期且企业不能自主地将清偿义务展期的长期借款记入"一年内到期的非流动负债"项目。

④ 根据有关账户余额减去其备抵账户余额后的净额填列。

固定资产 = 固定资产 - 累计折旧 - 固定资产减值准备

无形资产 = 无形资产 - 累计摊销 - 无形资产减值准备

⑤ 综合运用上述填列方法分析填列。

"合同资产"和"合同负债"项目应根据"合同资产"账户和"合同负债"账户的明细账户期末余额分析填列。同一合同下的合同资产和合同负债应当以净额列示，其中净额为借方余额的，应当根据其流动性在"合同资产"项目中填列——已计提减值准备的，还应减去"合同资产减值准备"账户中相应的期末余额后填列；其中净额为贷方余额的，应当根据其流动性在"合同负债"项目中填列。

存货 = 原材料 + 库存商品 + 委托加工物资 + 周转材料 + 材料采购 + 在途物资 + 发出商品 + 生产成本 +（-）材料成本差异 - 存货跌价准备

其中，材料成本差异期末借方有余额用"+"，期末贷方有余额用"-"。

（二）任务要领

① 资产负债表编制完后要注意是否左右平衡，即资产是否等于负债与所有者权益之和。

② 资产负债表左右平衡后，还要注意和利润表之间的钩稽关系，即资产负债表的盈余公积和未分配利润期末余额与期初余额的差额合计是否等于利润表的净利润减去分配的股利的金额。

三、任务实施

（一）任务流程

① 取得上年年末资产负债表数据，将上年年末余额数据填制到本年年初余额上。

② 按照流动性依次填制本年年末的资产类各个项目，特别注意"货币资金""应收账款""存货""其他应收款""固定资产"等项目的填制。

③ 按照流动性依次填制本年年末的负债类各个项目，特别注意"应付账款""其他应付款""长期应付款"等项目的填制。

④ 按照稳定性编制所有者权益的各个项目，特别注意"盈余公积""未分配利润"项目的填制。

⑤ 报表编制完后，查验左右是否平衡，如果不平衡，就要寻找原因，继续调整，直到平衡为止。

（二）任务操作

步骤1 将公司名称、日期等填入表头（略）。

步骤2 取得上年年末资产负债表数据，将上年年末余额填制到本年年初余额上（简化处理，略）。

步骤3 按照流动性依次填制本年年末的资产类各个项目金额。

货币资金 = 库存现金 + 银行存款 + 其他货币资金 = 4 020+607 320+302 680+12 500=926 520（元）

交易性金融资产 =100 000（元）

应收票据 = 应收票据期末余额 - 坏账准备 =635 000-0=635 000（元）

应收账款 = 应收账款明细借方 + 预收账款明细借方 - 坏账准备 = 8 462 300+10 000-32 300=8 440 000（元）

预付款项 = 预付账款明细借方 + 应付账款明细借方 =681 690+25 000=706 690（元）

其他应收款 = 其他应收款 + 应收利息 + 应收股利 =5 000+3 500+0+0=8 500（元）

假定 B 公司合同资产和合同负债来自同一合同。

合同资产 =65 000-25 000+35 000=75 000（元）

存货 = 原材料 + 库存商品 + 委托加工物资 + 周转材料 + 材料采购 + 在途物资 + 发出商品 + 生产成本 +(-) 材料成本差异 - 存货跌价准备 =161 310+20 460+4 353 060+685 740+0+2 919+26 235+22 000+15 000+0+0+69 650+32 830+7 876+1 420-0=5 398 500（元）

固定资产 = 固定资产 - 累计折旧 - 固定资产减值准备 =1 870 000+6 250 000-444 125-2 968 750=4 707 125（元）

无形资产 = 无形资产 - 累计摊销 - 无形资产减值准备 =226 000+33 480-113 000-16 740=129 740（元）

步骤 4　按照流动性依次填制本年年末的负债类各个项目金额。

短期借款 =100 000

应付票据 =287 400

应付款项 = 应付账款明细贷方 + 预付账款明细贷方 =187 600+12 000=199 600（元）

预收款项 = 预收账款明细贷方 + 应收账款明细贷方 =53 000+74 560=127 560（元）

合同负债 =53 000（元）

应付职工薪酬 =202 530+32 404+4 050+8 116=247 100（元）

应交税费 =39 513+600 000+1 975+1 185=642 673（元）

其他应付款 = 其他应付款 + 应付利息 + 应付股利 =18 592+345 000+0=363 592（元）

长期借款 =5 000 000（元）

步骤 5　按照稳定性编制所有者权益的各个项目。

实收资本 =80 000 000（元）

资本公积 =45 000 000（元）

盈余公积 = 法定盈余公积 + 任意盈余公积 =270 650+162 390=433 040（元）

未分配利润 =1 169 960（元）

步骤 6　查验报表是否平衡，并结合净利润检验两者之间的钩稽关系。

报表编制结果如表 7-8 所示。

表 7-8　资产负债表

会企 01 表

编制单位：北京陈鸿商贸有限责任公司　　2021 年 12 月 31 日　　元

资　产	期末余额	负债和所有者权益	期末余额
流动资产：		流动负债：	
货币资金	926 520	短期借款	100 000
交易性金融资产	100 000	交易性金融负债	
衍生金融资产		衍生金融负债	
应收票据	63 500	应付票据	287 400
应收账款	8 440 000	应付账款	199 600
预付款项	706 690	预收款项	127 560
其他应收款	5 350	合同负债	53 000
存货	5 398 500	应付职工薪酬	247 100

（续表）

资　产	期末余额	负债和所有者权益	期末余额
合同资产	75 000	应交税费	642 673
持有待售资产		其他应付款	363 592
一年内到期的非流动资产		持有待售负债	
其他流动资产		一年内到期的非流动负债	
流动资产合计	16 287 060	其他流动负债	
非流动资产：		流动负债合计	2 020 925
债券投资		非流动负债：	
其他债权投资		长期借款	5 000 000
长期应收款		应付债券	
长期股权投资		其中：优先股	
其他权益工具投资		永续债	
投资性房地产		长期应付款	
固定资产	4 707 125	专项应付款	
在建工程		预计负债	
工程物资		递延收益	
固定资产清理		递延所得税负债	
生产性生物资产		其他非流动负债	
油气资产		非流动负债合计	5 000 000
无形资产	129 740	负债合计	7 020 925
开发支出		所有者权益：	
商誉		实收资本	8 000 000
长期待摊费用		其他权益工具	
递延所得税资产		其中：优先股	
其他非流动资产		永续债	
非流动资产合计	4 836 865	资本公积	4 500 000
		其他综合收益	
		专项储备	
		盈余公积	433 040
		未分配利润	1 169 960
		所有者权益合计	14 103 000
资产总计	21 123 925	负债和所有者权益合计	21 123 925

报表编制完后经查验，资产＝负债＋所有者权益，报表左右平衡。根据条件"年初盈余公积为 174 000 元、年初未分配利润为 410 000 元、本年净利润为 1 619 000 元，经股东大会决议，本年向股东分配的现金股利为 600 000 元"可以得出：（年末盈余公积＋年末未分配利润）－（年初盈余公积＋年初未分配利润）＝(433 040＋1 169 960)－(174 000＋410 000)＝1 019 000（元），净利润－分配的股利＝1 619 000－600 000＝1 019 000（元）。资产负债表和净利润也存在对应的钩稽关系。

四、任务评价

根据任务要求实施并完成任务后，请填写本任务评价参考表，如表 7-9 所示。

表 7-9　资产负债表编制评价参考表

评价主体	评价内容	得　分
教师评价 （50分）	1. 学生出勤情况（10分）	
	2. 学生课堂表现（10分）	
	3. 任务完成情况	
	（1）资产负债表各项目的编制（15分）	
	（2）资产负债表左右是否平衡（5分）	
	（3）资产负债表和利润表的钩稽关系（10分）	
自我评价 （50分）	1. 课前预习情况（10分）	
	2. 上课回答问题积极性（10分）	
	3. 所学知识掌握情况	
	（1）资产负债表各项目的编制（15分）	
	（2）资产负债表左右是否平衡（5分）	
	（3）资产负债表和利润表的钩稽关系（10分）	
合　计		

五、任务测试

在线测试

子任务二　利润表的编制

一、任务情境

（一）任务场景

承任务一中的案例，北京陈鸿商贸有限责任公司 2021 年有关损益类账户的发生额如表 7-10 所示。假设该公司 2021 年度管理费用的明细项研发费用为 300 000 元，财务费用的明细项利息支出为 395 000 元、利息收入为 4 000 元、手续费为 9 000 元。

表 7-10　2021 年度损益类账户发生额

编制单位：北京陈鸿商贸有限责任公司　　　　　　　　　　　　　　　　　　　　　　元

账户名称	借或贷	发生额
主营业务收入	贷	12 000 000
其他业务收入	贷	1 400 000
公允价值变动损益	贷	300 000
投资收益	贷	1 200 000

（续表）

账户名称	借或贷	发生额
营业外收入	贷	100 000
主营业务成本	借	8 000 000
其他业务成本	借	800 000
税金及附加	借	160 000
销售费用	借	1 000 000
管理费用	借	1 540 000
财务费用	借	400 000
信用减值损失	借	200 000
营业外支出	借	500 000
所得税费用	借	781 000

（二）任务布置

根据上述资料，编制北京陈鸿商贸有限责任公司2021年度利润表。

二、任务准备

（一）知识准备

1. 利润表的概念

利润表是反映企业在一定会计期间的经营成果的财务报表。

2. 利润表的结构与内容

常见的利润表结构主要有单步式和多步式两种。在我国，企业利润表采用的基本上是多步式结构，即通过对当期的收入、费用、支出项目按性质加以归类，按利润形成的主要环节列示一些中间性利润指标，分步计算当期净损益，便于使用者理解企业经营成果的不同来源。

利润表主要反映以下几方面的内容。

① 营业收入。营业收入由主营业务收入和其他业务收入组成。

② 营业利润。营业收入减去营业成本、税金及附加、销售费用、管理费用、研发费用、财务费用、信用减值损失、资产减值损失加上其他收益、投资收益、公允价值变动收益、资产处置收益，即为营业利润。

③ 利润总额。营业利润加上营业外收入，减去营业外支出，即为利润总额。

④ 净利润。利润总额减去所得税费用，即为净利润，按照经营可持续性具体分为"持续经营净利润"和"终止经营净利润"两项。

⑤ 其他综合收益。其他综合收益具体分为"不能重分类进损益的其他综合收益"和"将重分类进损益的其他综合收益"两类，并以扣除相关所得税影响后的净额列报。

⑥ 综合收益总额。净利润加上其他综合收益税后净额为综合收益总额。

⑦ 每股收益。每股收益包括基本每股收益和稀释每股收益两项指标。

3. 利润表的一般格式

利润表通常包括表头和表体两部分：表头应列明报表名称、编制单位名称、财务报表涵盖的会计期间和人民币金额单位等内容；表体反映形成经营成果的各个项目和计算过程。利润表的具体格式如表 7-11 所示。

表 7-11 利润表

编制单位：　　　　　　　　　　　　　　　年　月　　　　　　　　　　　　　　　元

项　目	本期金额	上期金额
一、营业收入		
减：营业成本		
税金及附加		
销售费用		
管理费用		
研发费用		
财务费用		
其中：利息费用		
利息收入		
资产减值损失		
信用减值损失		
加：其他收益		
投资收益（损失以"-"号填列）		
其中：对联营企业和合营企业的投资收益		
公允价值变动收益（损失以"-"号填列）		
资产处置收益（损失以"-"号填列）		
二、营业利润（亏损以"-"号填列）		
加：营业外收入		
减：营业外支出		
三、利润总额（亏损总额以"-"号填列）		
减：所得税费用		
四、净利润（净亏损以"-"号填列）		
持续经营净利润		
终止经营净利润*		
五、其他综合收益的税后净额*		
（一）不能重分类进损益的其他综合收益		
1. 重新计量设定受益计划变动额		
2. 权益法下不能转损益的其他综合收益		
（二）将重分类进损益的其他综合收益		
1. 权益法下可转损益的其他综合收益		
2. 其他债权投资公允价值变动		
3. 金融资产重分类计入其他综合收益的金额		
4. 现金流量套期储备		

（续表）

项　　目	本期金额	上期金额
5.外币财务报表折算差额		
6.其他		
六、综合收益总额*		
1.归属于母公司所有者的综合收益总额		
2.归属于少数股东的综合收益总额		
七、每股收益*		
（一）基本每股收益		
（二）稀释每股收益		

注：标有*字项目，高职院校的学生不要求掌握。

4.利润表的填列方法

（1）利润表"本期金额"栏的填列方法

本表"本期金额"栏一般应根据损益类账户和所有者权益类有关账户的发生额填列。

①"营业收入""营业成本""税金及附加""销售费用""管理费用""财务费用""其他收益""投资收益""公允价值变动收益""信用减值损失""资产减值损失""资产处置收益""营业外收入""营业外支出""所得税费用"等项目应根据有关损益类账户的发生额分析填列。

其中，营业收入＝主营业务收入＋其他业务收入；营业成本＝主营业务成本＋其他业务成本；税金及附加＝消费税＋城市维护建设税＋教育费附加＋资源税＋房产税＋土地使用税＋车船税＋印花税。

②"研发费用"项目应根据"管理费用"账户下的"研发费用"明细账户的发生额填列。

③"利息费用"和"利息收入"项目应根据"财务费用"账户所属的相关明细账户的发生额分析填列，且这两个项目作为"财务费用"项目的"其中"项以正数填列。

④"其他综合收益的税后净额"项目及其各组成部分应根据"其他综合收益"账户及其所属明细账户的本期发生额分析填列。

⑤"营业利润""利润总额""净利润""综合收益总额"项目应根据本表中相关项目计算填列。

（2）利润表"上期金额"栏的填列方法

本表中的"上期金额"栏应根据上年同期利润表"本期金额"栏内所列数字填列。如果上年同期利润表规定的项目名称和内容与本期不一致，则应对上年同期利润表各项目的名称和金额按照本期的规定进行调整，填入"上期金额"栏。

（二）任务要领

①正确填制营业收入和营业成本。其中，营业收入为"主营业务收入"和"其他业务收入"两项合计；营业成本为"主营业务成本"与"其他业务成本"两项合计。

②区分损益类项目发生额的借贷方，正确计算"营业利润"和"利润总额"项目。

三、任务实施

（一）任务流程

① 根据上年同期利润表"本期金额"栏填写"上期金额"栏。

② 计算"本期金额"栏的营业收入和营业成本，填制到利润表的相应表格中。

③ 除营业收入、营业成本外，将其他损益类账户发生额依次填制到相应表格中。注意，管理费用中应将"研发费用"单列；财务费用要列示"利息费用"和"利息收入"。

④ 计算本期营业利润。

⑤ 计算本期利润总额。

⑥ 计算本期净利润。

（二）任务操作

任务操作

步骤 1 将公司名称、日期等填入表头（略）。

步骤 2 根据上年同期利润表"本期金额"栏填写"上期金额"（略）。

步骤 3 计算本期营业收入和营业成本。

营业收入 =12 000 000+1 400 000=13 400 000（元）

营业成本 =8 000 000+800 000=8 800 000（元）

步骤 4 除营业收入、营业成本外，将其他损益类账户发生额依次填制到相应表格中（略，具体参见表 7-12）。

步骤 5 计算本期营业利润。

营业利润 = 营业收入 - 营业成本 - 税金及附加 - 销售费用 - 管理费用 - 研发费用 - 财务费用 - 信用减值损失 - 资产减值损失 + 其他收益 + 投资收益（- 投资损失）+ 公允价值变动收益（- 公允价值变动损失）+ 资产处置收益（- 资产处置损失）= 13 400 000-8 800 000-160 000-1 000 000-(1 540 000-300 000)-300 000-400 000-200 000-0+0+1 200 000+300 000+0=2 800 000（元）

步骤 6 计算本期利润总额。

利润总额 = 营业利润 + 营业外收入 - 营业外支出 =2 800 000+100 000 -500 000=2 400 000（元）

步骤 7 计算本期净利润。

净利润 = 营业利润 - 所得税费用 =2 400 000-781 000=1 619 000（元）

利润表编制结果如表 7-12 所示。

表 7-12 利润表

编制单位：北京陈鸿商贸有限责任公司　　　　2021 年　　　　　　　　　　元

项　目	本期金额
一、营业收入	13 400 000
减：营业成本	8 800 000
税金及附加	160 000
销售费用	1 000 000

（续表）

项　目	本期金额
管理费用	1 240 000
研发费用	300 000
财务费用	400 000
其中：利息费用	395 000
利息收入	4 000
资产减值损失	0
信用减值损失	200 000
加：其他收益	0
投资收益（损失以"-"号填列）	1 200 000
公允价值变动收益（损失以"-"号填列）	300 000
资产处置收益（损失以"-"号填列）	0
二、营业利润（亏损以"-"号填列）	2 800 000
加：营业外收入	100 000
减：营业外支出	500 000
三、利润总额（亏损总额以"-"号填列）	2 400 000
减：所得税费用	781 000
四、净利润（净亏损以"-"号填列）	1 619 000

四、任务评价

根据任务要求实施并完成任务后，请填写本任务评价参考表，如表 7-13 所示。

表 7-13　利润表编制评价参考表

评价主体	评价内容	得　分
教师评价 （50 分）	1. 学生出勤情况（10 分）	
	2. 学生课堂表现（10 分）	
	3. 任务完成情况	
	（1）营业利润的计算（15 分）	
	（2）利润总额的计算（5 分）	
	（3）净利润的计算（10 分）	
自我评价 （50 分）	1. 课前预习情况（10 分）	
	2. 上课回答问题积极性（10 分）	
	3. 所学知识掌握情况	
	（1）营业利润的计算（15 分）	
	（2）利润总额的计算（5 分）	
	（3）净利润的计算（10 分）	
合　计		

五、任务拓展

假如本子任务中北京陈鸿商贸有限责任公司投资收益为-120万元、公允价值变动收益为-30万元,其他损益类账户发生额不变,如何编制利润表?

参考答案

六、任务测试

在线测试

子任务三　现金流量表编制

一、任务情境

(一) 任务场景

承任务一中的案例,2021年发生以下与现金流量有关的业务。

① 本年度营业收入为13 400 000元。其中,现销收入12 000 000元,赊销收入1 400 000元;当年预收货款1 000 000元,因质量不合格销售退回支付现金200 000元,收回前期的坏账50 000元,取得国债利息收入100 000元。

② 以银行存款支付购买材料款4 000 000元;偿还应付账款2 000 000元;支付厂房租金150 000元;支付广告费800 000元;支付财产保险费120 000元;支付业务招待费30 000元;支付合同违约金30 000元;支付因违反环保法规被环保部门处以的罚款200 000元;支付捐赠支出30 000元;支付利息400 000元;支付购买固定资产款2 000 000元。

③ 支付的工资等各种职工薪酬共计30 000 000元;代扣职工个人所得税共计50 000元。

④ 支付增值税、城市维护建设税、企业所得税等共计670 000元。

(二) 任务布置

完成北京陈鸿商贸有限责任公司2021年度现金流量表的编制。

二、任务准备

(一) 知识准备

1. 现金流量表的概念

现金流量表是反映企业在一定会计期间现金和现金等价物流入与流出的财务报表。

① 现金是指企业库存现金及可以随时用于支付的存款,主要包括库存现金、银行存款和其他货币资金。不能随时用于支付的存款不属于现金。

② 现金等价物是指企业持有的期限短、流动性强、易于转换为已知金额现金、价值变动风险很小的投资。其中,期限短一般是指从购买日起算3个月内到期。例如,可在证券市场上流通的3个月内到期的短期债券等。

2. 现金流量表的作用

现金流量表有助于评价企业支付能力、偿债能力和周转能力，有助于预测企业未来现金流量，有助于分析企业收益质量及影响现金流量的因素，从而掌握企业经营活动、投资活动和筹资活动的现金流量，以便从现金流量的角度了解净利润的质量，为分析和判断企业财务前景提供信息。

3. 现金流量表的结构

现金流量表一般包括表首、正表和补充资料3个部分。其中，表首部分列示报表名称、编制单位、编制日期、报表编号、货币名称、计量单位等内容，报表编号的形式为"会企03表"；正表是现金流量表的基本部分，主要反映现金流量的分类和每一类现金流量的流入量与流出量；补充资料是对正表部分的补充，可以起到与主表进行核对，全面揭示企业的理财活动的作用。

4. 现金流量表的编制方法

现金流量表的编制是根据资产负债表和利润表、会计核算记录和业务发生情况进行重分类。因此，编制现金流量表的过程就是将权责发生制下的会计资料调整为收付实现制下的现金流量。现金流量信息要求分经营活动、投资活动和筹资活动报告。

现金流量表的编制方法常见的有直接法和间接法，企业应当采用直接法反映经营活动产生的现金流量。

（1）直接法

直接法是指通过现金收入和现金支出的主要类别列示经营活动产生的现金流量。在直接法下，一般以利润表中的营业收入为起点，调节与经营活动有关的各项目增减变动，然后计算出经营活动产生的现金流量。

（2）间接法

间接法是以净利润为起点，调整不涉及现金的收入、费用、营业外收支等有关项目，剔除投资活动、筹资活动对现金流量的影响，据此计算出经营活动产生的现金流量。

5. 现金流量表主要项目的填列方法

（1）经营活动产生的现金流量

①"销售商品、提供劳务收到的现金"项目反映企业本期销售商品、提供劳务收到的现金，以及前期销售商品、提供劳务本期收到的现金（包括向购买者收取的增值税销项税额）和本期预收的款项，减去本期销售本期退回的商品和前期销售本期退回的商品支付的现金。

②"收到的税费返还"项目反映企业收到返还的所得税、增值税、消费税、关税和教育费附加等各种税费返还款。

③"收到其他与经营活动有关的现金"项目反映所有属于经营活动范畴，但不属于以上内容的现金流入。例如，罚款收入、流动资产损失中由个人赔偿的现金收入、经营租赁收到的现金等。

④"购买商品、接受劳务支付的现金"项目反映企业本期购买商品、接受劳务实际支付的现金（包括增值税进项税额），以及本期支付前期购买商品、接受劳务的未付款项和本期预付款项，减去本期发生的购货退回收到的现金。企业购买材料和代购代销业务支付的现金，也在本项目反映。

⑤"支付给职工以及为职工支付的现金"项目反映企业实际支付给职工的工资、奖金、各种津贴和补贴等职工薪酬（包括代扣代缴的职工个人所得税）。

⑥"支付的各项税费"项目反映企业发生并支付、前期发生本期支付及预缴的各项税费，包括企业所得税、增值税、消费税、印花税、房产税、土地增值税、车船税、教育费附加等。

⑦"支付其他与经营活动有关的现金"项目反映企业经营租赁支付的租金，支付的差旅费、业务招待费、保险费、罚款支出等其他与经营活动有关的现金流出。金额较大的应单独列示。

（2）投资活动产生的现金流量

①"收回投资收到的现金"项目反映企业出售、转让或到期收回除现金等价物以外的对其他企业长期股权投资等收到的现金，但处置子公司及其他营业单位收到的现金净额除外。

②"取得投资收益收到的现金"项目反映企业除现金等价物以外的对其他企业的长期股权投资等分回的现金股利和利息等。

③"处置固定资产、无形资产和其他长期资产收回的现金净额"项目反映企业出售、报废固定资产、无形资产和其他长期资产（如投资性房地产）所取得的现金（包括因资产毁损而收到的保险赔偿收入），减去为处置这些资产而支付的有关费用后的净额。

④"处置子公司及其他营业单位收到的现金净额"项目反映企业处置子公司及其他营业单位所取得的现金，减去相关处置费用及子公司和其他营业单位持有的现金与现金等价物后的净额。

⑤"购建固定资产、无形资产和其他长期资产支付的现金"项目反映企业购买、建造固定资产，取得无形资产和其他长期资产（如投资性房地产）支付的现金（含增值税税款等），以及用现金支付的应由在建工程和无形资产负担的职工薪酬。

⑥"投资支付的现金"项目反映企业取得的除现金等价物以外的权益性投资和债权性投资所支付的现金，以及支付的手续费等附加费用。

⑦"取得子公司及其他营业单位支付的现金净额"项目反映企业购买子公司及其他营业单位出价中以现金支付的部分，减去子公司或其他营业单位持有的现金和现金等价物后的净额。

⑧"收到其他与投资活动有关的现金"和"支付其他与投资活动有关的现金"项目反映企业除上述①至⑦各项目外，收到或支付的其他与投资活动有关的现金流入或流出。金额较大的应当单独列示。

（3）筹资活动产生的现金流量

①"吸收投资收到的现金"项目反映企业以发行股票等方式筹集资金实际收到的款项，减去直接支付给金融企业的佣金、手续费、宣传费、咨询费、印刷费等发行费用后的净额。

②"取得借款收到的现金"项目反映企业举借各种短期、长期借款而收到的现金及发行债券实际收到的款项净额（发行收入减去直接支付的佣金等发行费用后的净额）。

③"偿还债务支付的现金"项目反映企业以现金偿还债务的本金。

④"分配股利、利润或偿付利息支付的现金"项目反映企业实际支付的现金股利、支付给其他投资单位的利润或用现金支付的借款利息、债券利息。

⑤ "收到其他与筹资活动有关的现金""支付其他与筹资活动有关的现金"项目反映企业除上述①至④各项目外，收到或支付的其他与筹资活动有关的现金流入或流出，如捐赠现金支付、融资租入固定资产支付的租赁费等。如果某项流出金额较大，则应单独列示。

（4）汇率变动对现金及现金等价物的影响

该项目反映企业外币现金流量及境外子公司的现金流量折算为人民币时，所采用的现金流量发生日的即期汇率或按照系统合理的方法确定的、与现金流量发生日即期汇率折算的人民币金额和"现金及现金等价物净增加额"项目中的外币现金净增加额按期末汇率折算的人民币金额之间的差额。

（二）任务要领

区分现金流量表各项目的具体内容，认真分析每项现金流入和现金流出应归属于哪个项目。

三、任务实施

（一）任务流程

① 分析各项业务，确定其归属的现金流量表项目。
② 对分析结果进行汇总。
③ 根据汇总结果填入现金流量表。

（二）任务操作

步骤 1　分析业务①。

① "现销收入 12 000 000 元、预收货款 1 000 000 元、因质量不合格销售退回支付现金 200 000 元、收回前期的坏账 50 000 元"都属于经营活动中"销售商品、提供劳务收到的现金"。

② "赊销收入 1 400 000 元"与现金流量无关。

③ "取得国债利息收入 100 000 元"属于投资活动中的"取得投资收益收到的现金"。

步骤 2　分析业务②。

① "以银行存款支付购买材料款 4 000 000 元、偿还应付账款 2 000 000 元"属于经营活动中"购买商品、接受劳务支付的现金"。

② "支付厂房租金 150 000 元、支付广告费 800 000 元、支付财产保险费 120 000 元、支付业务招待费 30 000 元、支付合同违约金 30 000 元、支付因违反环保法规被环保部门处以的罚款 200 000 元"属于经营活动中"支付的其他与经营活动有关的现金"。

③ "支付捐赠支出 30 000 元"属于筹资活动中"支付其他与筹资活动有关的现金"。

④ "支付利息 400 000 元"属于筹资活动中"分配股利、利润或偿付利息支付的现金"。

⑤ "支付购买固定资产款 2 000 000 元"属于投资活动中"购建固定资产、无形资产和其他长期资产支付的现金"。

步骤 3　分析业务③。

"支付的工资等各种职工薪酬共计 30 000 000 元、代扣职工个人所得税共计 50 000 元"属于经营活动中"支付给职工以及为职工支付的现金"。

步骤4 分析业务④。

"支付增值税、城市维护建设税、企业所得税等共计670 000元"属于经营活动中"支付的各项税费"。

编制完成的现金流量表如表7-14所示。

表7-14 现金流量表

编制单位：北京陈鸿商贸有限责任公司　　　　　　　2021年度　　　　　　　　　　会企03
　　元

项　目	本期金额	上期金额
一、经营活动产生的现金流量		
销售商品、提供劳务收到的现金	12 850 000	
收到的税费返还		
收到其他与经营活动有关的现金		
经营活动现金流入小计	12 850 000	
购买商品、接受劳务支付的现金	6 000 000	
支付给职工以及为职工支付的现金	3 050 000	
支付的各项税费	670 000	
支付其他与经营活动有关的现金	1 330 000	
经营活动现金流出小计	11 050 000	
经营活动产生的现金流量净额	1 800 000	
二、投资活动产生的现金流量		
收回投资收到的现金		
取得投资收益收到的现金	100 000	
处置固定资产、无形资产和其他长期资产收回的现金净额		
收到其他与投资活动有关的现金		
投资活动现金流入小计	100 000	
购建固定资产、无形资产和其他长期资产支付的现金	2 000 000	
投资支付的现金		
取得子公司及其他营业单位支付的现金净额		
支付其他与投资活动有关的现金		
投资活动现金流出小计	2 000 000	
投资活动产生的现金流量净额	-1 900 000	
三、筹资活动产生的现金流量		
吸收投资收到的现金		

（续表）

项　目	本期金额	上期金额
取得借款收到的现金		
收到其他与筹资活动有关的现金		
筹资活动现金流入小计		
偿还债务支付的现金		
分配股利、利润或偿付利息支付的现金	400 000	
支付其他与筹资活动有关的现金	30 000	
筹资活动现金流出小计	430 000	
筹资活动产生的现金流量净额	−430 000	
四、汇率变动对现金及现金等价物的影响		
五、现金及现金等价物净增加额	−530 000	
加：期初现金及现金等价物余额	1 456 520	
六、期末现金及现金等价物余额	926 520	

四、任务评价

根据任务要求实施并完成任务后，请填写本任务评价参考表，如表7-15所示。

表7-15　现金流量表编制评价参考表

评价主体	评价内容	得　分
教师评价 （50分）	1. 学生出勤情况（10分）	
	2. 学生课堂表现（10分）	
	3. 任务完成情况	
	（1）现金流量表相关知识掌握情况（5分）	
	（2）现金流量表的结构（10分）	
	（3）现金流量表的编制（15分）	
自我评价 （50分）	1. 课前预习情况（10分）	
	2. 上课回答问题积极性（10分）	
	3. 所学知识掌握情况	
	（1）现金流量表的相关概念（5分）	
	（2）现金流量表的主要结构（10分）	
	（3）现金流量表的编制（15分）	
合　计		

五、任务拓展

假如本子任务中，2021 年 1 月 10 日北京陈鸿商贸有限责任公司向股东支付现金股利 600 000 元，该笔支出应计入现金流量中的哪个项目？购进商品时支付的增值税税额应记入"购买商品、接受劳务支付的现金"项目还是"支付的各项税费"项目？

参考答案

六、任务测试

在线测试

子任务四　所有者权益变动表及附注

一、任务情境

（一）任务场景

承子任务一中的案例资料，北京陈鸿商贸有限责任公司 2021 年年初实收资本 8 000 000 元；资本公积 4 500 000 元；盈余公积 174 000 元，其中法定盈余公积为 108 750 元、任意盈余公积为 65 250 元；年初未分配利润为 410 000 元；本年净利润为 1 619 000 元。法定盈余公积金的提取比例为 10%，任意盈余公积的提取比例为 6%。经股东大会决议，本年向股东分配的现金股利为 600 000 元。

（二）任务布置

完成北京陈鸿商贸有限责任公司 2021 年度所有者权益变动表的编制。

二、任务准备

（一）知识准备

1. 所有者权益变动表的概念

所有者权益变动表是指反映构成所有者权益各组成部分当期增减变动情况的报表。通过所有者权益变动表，既可以为财务报表使用者提供所有者权益总量增减变动的信息，也能为其提供所有者权益增减变动的结构性信息，特别是能够让财务报表使用者理解所有者权益增减变动的根源。

企业至少应当单独列示反映下列信息的项目。

① 综合收益总额。

② 会计政策变更和差错更正的累积影响金额。

③ 所有者投入资本和向所有者分配利润等。

④ 提取的盈余公积。

⑤ 实收资本、其他权益工具、资本公积、其他综合收益、专项储备、盈余公积、未分配利润的期初和期末余额及其调节情况。

所有者权益变动表以矩阵的形式列示：一方面，列示导致所有者权益变动的交易或事项，即所有者权益变动的来源，对一定时期所有者权益的变动情况进行全面反映；另一方面，按照所有者权益各组成部分（即实收资本、其他权益工具、资本公积、库存股、其他综合收益、盈余公积、未分配利润）列示交易或事项对所有者权益各部分的影响。

我国一般企业所有者权益变动表的格式参见表7-16。

2. 附注

（1）概念及作用

附注是对资产负债表、利润表、现金流量表和所有者权益变动表等报表中列示项目的文字描述或明细资料，以及对未能在这些报表中列示项目的说明等。

附注主要起到两方面的作用：第一，附注的披露，是对资产负债表、利润表、现金流量表和所有者权益变动表列示项目含义的补充说明，以帮助财务报表便用者更准确地把握其含义；第二，附注提供了对资产负债表、利润表、现金流量表和所有者权益变动中未列示项目的详细或明细说明。

通过附注与资产负债表、利润表、现金流量表和所有者权益变动表列示项目的相互参照关系，以及未能在财务报表中列示项目的说明，可以使财务报表使用者全面了解企业的财务状况经营成果和现金流量及所有者权益的情况。

（2）附注的主要内容

（二）操作准备

1. 所有者权益变动表项目的填列方法

① 所有者权益变动表各项目均需要填列"本年金额"和"上年金额"两栏。

② 所有者权益变动表"上年金额"栏内各项数字，应根据上年度所有者权益变动表"本年金额"栏内所列数字填列。上年度所有者权益变动表规定的各个项目的名称和内容与本年度不一致的，应对上年度所有者权益变动表各项目的名称和数字按照本年度的规定进行调整，填入所有者权益变动表的"上年金额"栏内。

③ 所有者权益变动表"本年金额"栏内各项数字一般应根据"实收资本（或股本）""其他权益工具""资本公积""库存股""其他综合收益""专项储备""盈余公积""利润分配""以前年度损益调整"账户的发生额分析填列。

④ 企业的净利润及其分配情况作为所有者权益变动的组成部分，不需要单独编制利润分配表列示。

2. 所有者权益变动表的主要项目说明

① "上年年末余额"项目反映企业上年资产负债表中实收资本（或股本）、其他权益工具、资本公积、库存股、其他综合收益、专项储备、盈余公积、未分配利润的年末余额。

② "会计政策变更""前期差错更正"项目分别反映企业采用追溯调整法处理的会计政策变更的累积影响金额和采用追溯重述法处理的会计差错更正的累积影响金额。

③ "本年增减变动金额"项目：

〈1〉"综合收益总额"项目反映净利润和其他综合收益扣除所得税影响后的净额相加后的合计金额。

〈2〉"所有者投入和减少资本"项目反映企业当年所有者投入的资本和减少的资本。

- "所有者投入的普通股"项目反映企业接受投资者投入形成的实收资本(或股本)和资本溢价或股本溢价。
- "其他权益工具持有者投入资本"项目反映企业发行的除普通股以外分类为权益工具的金融工具的持有者投入资本的金额。
- "股份支付计入所有者权益的金额"项目反映企业处于等待期中的权益结算的股份支付当年计入资本公积的金额。

〈3〉"利润分配"项目反映企业当年的利润分配金额。

〈4〉"所有者权益内部结转"项目反映企业构成所有者权益的组成部分之间当年的增减变动情况。

- "资本公积转增资本(或股本)"项目反映企业当年以资本公积转增资本或股本的金额。
- "盈余公积转增资本(或股本)"项目反映企业当年以盈余公积转增资本或股本的金额。
- "盈余公积弥补亏损"项目反映企业当年以盈余公积弥补亏损的金额。
- "设定受益计划变动额结转留存收益"项目反映企业因重新计量设定受益计划净负债或净资产所产生的变动计入其他综合收益,结转至留存收益的金额。
- "其他综合收益结转留存收益"项目主要反映:第一,企业指定为以公允价值计量且其变动计入其他综合收益的非交易性权益工具投资终止确认时,之前计入其他综合收益的累计利得或损失从其他综合收益中转入留存收益的金额;第二,企业指定为以公允价值计量且其变动计入当期损益的金融负债终止确认时,之前由企业自身信用风险变动引起而计入其他综合收益的累计利得或损失从其他综合收益中转入留存收益的金额等。

(三)任务要领

1. 重点

"综合收益总额""利润分配"下相关项目的填列及本年年末余额的计算。

2. 难点

"利润分配"下相关项目的填列及本年年末余额的计算。

三、任务实施

(一)任务流程

① 将2021年年初所有者权益各项目金额填入所有者权益变动表。

② 将2021年年初所有者权益各项目金额填入所有者权益变动表(上年年末余额即本年年初余额)。

③ 根据2021年所有者权益情况,填写"综合收益总额"项目。

④ 根据2021年所有者权益情况,填写"利润分配"下的相关项目。

⑤ 结出本年年末和上年年末余额。

(二)任务操作

所有者权益变动表编制结果如表7-16所示。

表7-16　所有者权益变动表

编制单位：北京陈鸿商贸有限责任公司　　2021年度　　单位：元

项目	本年金额										上年金额									
	实收资本（或股本）	其他权益工具			资本公积	减:库存股	其他综合收益	专项储备	盈余公积	未分配利润	所有者权益合计	实收资本（或股本）	其他权益工具			资本公积	减:库存股	其他综合收益	专项储备	盈余公积	未分配利润	所有者权益合计
		优先股	永续股	其他									优先股	永续股	其他							
一、上年年末余额	8 000 000				4 500 000				174 000	410 000	13 084 000	8 000 000				4 500 000				174 000	410 000	13 084 000
加：会计政策变更																						
前期差错更正																						
其他																						
二、本年年初余额	8 000 000				4 500 000				174 000	410 000	13 084 000											
三、本年增减变动金额（减少以"-"号表示）										1 619 000	1 619 000											
（一）综合收益总额																						
（二）所有者投入和减少资本																						
1.所有者投入的普通股																						
2.其他权益工具持有者投入资本																						
3.股份支付计入所有者权益的金额																						

(续表)

项目	本年金额											上年金额										
	实收资本（或股本）	其他权益工具		资本公积	减：库存股	其他综合收益	专项储备	盈余公积	未分配利润	所有者权益合计		实收资本（或股本）	其他权益工具		资本公积	减：库存股	其他综合收益	专项储备	盈余公积	未分配利润	所有者权益合计
		优先股	永续股 其他										优先股	永续股 其他							
4. 其他																					
（三）利润分配																					
1. 提取盈余公积								259 040	−259 040	0										
2. 对所有者（或股东）的分配									−600 000	−600 000										
3. 其他																					
（四）所有者权益内部结转																					
1. 资本公积转增资本（或股本）																					
2. 盈余公积转增资本（或股本）																					
3. 盈余公积弥补亏损																					
4. 设定受益计划变动额结转留存收益																					
5. 其他综合收益结转留存收益																					
6. 其他																					
四、本年年末余额	8 000 000			4 500 000				433 040	1 169 960	14 103 000		8 000 000			4 500 000				174 000	410 000	13 084 000

四、任务评价

根据任务要求实施并完成任务后，请填写本任务评价参考表，如表 7-17 所示。

表 7-17　所有者权益变动表及附注评价参考表

评价主体	评价内容	得　分
教师评价（50 分）	1. 学生出勤情况（10 分）	
	2. 学生课堂表现（10 分）	
	3. 任务完成情况	
	（1）上年年末余额（本年初余额）的填列（5 分）	
	（2）综合收益总额项目的填列（10 分）	
	（3）利润分配相关项目的填列（10 分）	
	（4）本年年末余额相关项目的填列（5 分）	
自我评价（50 分）	1. 课前预习情况（10 分）	
	2. 上课回答问题积极性（10 分）	
	3. 所学知识掌握情况	
	（1）上年年末余额（本年初余额）的填列（5 分）	
	（2）综合收益总额项目的填列（10 分）	
	（3）利润分配相关项目的填列（10 分）	
	（4）本年年末余额相关项目的填列（5 分）	
合　计		

五、任务测试

在线测试

尊敬的老师：

您好。

请您认真、完全地填写以下表格的内容(务必填写每一项)，索取相关图书的教学资源。

教学资源索取表

书　名			作者名	
姓　名		所在学校		
职　称		职　务		讲授课程
联系方式	电话：		E-mail：	
地址(含邮编)				
贵校已购本教材的数量(本)				
所需教学资源				
系／院主任姓名				

系／院主任：_____（签字）

（系／院办公室公章）

20____年____月____日

注意：

① 本配套教学资源仅向购买了相关教材的学校老师免费提供。

② 请任课老师认真填写以上信息，并**请系／院加盖公章**，然后传真到(010)80115555转718438上索取配套教学资源。也可将加盖公章的文件扫描后，发送到fservice@126.com上索取教学资源。欢迎各位老师扫码关注我们的微信号，随时与我们进行沟通和互动。

微信号